Bibliografische Information der Deutschen Nationalbibliothek:

Die Deutsche Bibliothek verzeichnet diese Publikation in der Deutschen National-
bibliografie; detaillierte bibliografische Daten sind im Internet über http://dnb.d-
nb.de/ abrufbar.

Coverbild: davidsansegundo @Shutterstock.com

Impressum:

Copyright © 2017 GRIN Verlag, Open Publishing GmbH
Druck und Bindung: Books on Demand GmbH, Norderstedt Germany
ISBN: 9783668506589

Dieses Buch bei GRIN:

http://www.grin.com/de/e-book/373834/bildhauer-seiner-selbst-sein-moeglichkeiten-
einer-bewussten-lebensgestaltung

Manfred Klein

Bildhauer seiner selbst sein. Möglichkeiten einer bewussten Lebensgestaltung

GRIN Verlag

Bildhauer seiner selbst sein

Möglichkeiten einer bewussten Lebensgestaltung

Dr. Manfred Klein

Für Kirsten

Philosophie beschäftigt sich mit dem Kern der Dinge.
Lebenskunst mit dem Fruchtfleisch
(Alec Guinnes)

Vorwort

Das Thema Lebensgestaltung beschäftigt mich schon eine ganze Zeit meines philosophischen Denkens, schließlich betrifft es jeden von uns. Gleichzeitig ist die Problematik der Lebensgestaltung an Hochschulen und allgemein sehr unterrepräsentiert. Also gute Gründe sich der Frage nach dem bewusst gestaltetem Leben zu nähern, was hiermit geschieht.

Ich habe mich dazu mit einschlägigen Autoren befasst, die zum Thema einiges beizutragen haben. Wert gelegt wurde aber auch auf die konkreten Praktiken und Haltungen zur Gestaltung des je eigenen Lebens, ohne ein Ratgeber im engen Sinn sein zu müssen, der ganz einfach sagt, was zu tun ist um sein Leben so und so zu leben. Denkanstöße, offene Wege und Möglichkeiten, aber auch Wegweiser, die diesen Weg noch nicht gegangen sind, zeichnen dieses Buch aus. Es bietet so genügend Spielraum für eigene Ergänzungen und Ausdehnungen des je gelebten und zu lebenden Lebens.

Auszuloten ist auch eine Ethik, die sich mit diesem Konzept des bewussten Lebensvollzugs verträgt. Dazu wird der Versuch einer individuellen Ethik unternommen.

Das Buch richtet sich an Studierende sowie Dozenten, an Lehrer, wie auch Schüler und nicht zuletzt an den allgemein interessierten Leser.

Ich bedanke mich bei Prof. Dr. Theo Kobusch, Prof. Dr. Helmut Meinhardt, Prof. Dr. Matthias Vogel und Dr. Holger Speier für zahlreiche Gespräche, Korrekturen und die Vermeidung von Um- und Irrwegen.

Gießen im Juni 2017, Manfred Klein

Inhaltsverzeichnis

Einleitung

Die Vorstellungen von dem, was als Lebenskunst verstanden wird, bildet ein breites Spektrum und reicht vom unbeschwerten Leben im Sinne des französischen *Savoir-vivre* bis hin zum gelassenen Leben, das mit allen Anforderungen, Krisen und Verwirrungen, die sich aus dem Lebenskontext ergeben, meistert – bis hin zum Anspruch das eigene Leben in ein Kunstwerk zu verwandeln. Zur Lebenskunst gehören aber auch der Entschluss, die Fähigkeit und der Wille, die eigenen Lebensumstände bewusst wahrzunehmen und die Lebensführung im Bereich der Möglichkeiten, die sich daraus ergeben, persönlich und gezielt zu gestalten. So spricht bereits der Volksmund davon, dass *ein jeder seines eigenen Glückes Schmied sei*. Damit wird Lebenskunst zu einer Art von 'geistigem Handwerk', was der Verwirklichung, Wahrung und Erfahrbarkeit des Selbst im Sein dient, eingeschlossen die Herausforderung an die Persönlichkeit in Bezug zum eigenen Lebensstil. Lebenskunst ist wesentlich ein innerer Vorgang mentaler Dispositionen, der sich selten nachweisbar nach außen hin offenbart.

Auf die Frage, wie viel Philosophie bzw. Lebenskunst das Leben braucht, antwortet Robert Nozick auf originelle Weise. Er stellt sich vor, wie es wäre, wenn die Bestandteile der Existenz nach einer Art Punktesystem vergeben werden würden. Die Höchstpunktzahl wäre 100, so könnte es 50 Punkte bringen, lebendig zu sein, das Menschsein brächte 30 Punkte und eine vernünftige Schwelle von Kompetenz und Funktionsfähigkeit ließe es zu, weitere 10 Punkte dazu zu addieren, was dann 90 Punkte ergäbe. Die restlichen 10 Punkte entfielen darauf, wie man leben soll, etwa nach welcher speziellen Philosophie. Diese maximalen 10 Punkte wären durch unsere Handlungen kontrollierbar. Jedoch ist es wichtiger, dass wir bereits 90 Punkte haben, als die 6 oder 7 Punkte, die wir erreichen könnten, so Nozick. Alles was wir an Einzelentscheidungen getroffen haben, wäre unbedeutender vor der Tatsache, dass wir leben und Entscheidungen fällen können. Die Konzentration auf die verbliebenen 10 Punkte könnte weniger wichtig sein, als das man die großen Grenzsteine im Bewusstsein behält, die wir bereits ohne jedes Handeln unsererseits überschritten haben.[1] Philosophisch könnte hier geraten werden, sich auf die 90 Prozent, die bereits vorhanden sind,

---

[1] Nozick nennt hierzu folgendes Beispiel: „Wenn wir in einer dunklen und kalten Ecke des Universums säßen, würden wir da nicht mit *allem* fühlen, was lebte – vorausgesetzt, es bedrohte uns nicht?

zu konzentrieren. Es bezeugte ein Verständnis für die Größe des Lebens und hälfe auch bei den übrigen 10 Prozent.[2] Soweit Robert Nozick.

Die vorliegende Untersuchung wird sich sowohl um die 90 „sicheren", als auch um die „zusätzlichen" 10 Prozent zu bemühen versuchen, ohne eine mathematische Berechnung durchführen zu wollen. Der Begriff „Lebensphilosophie" wäre dann im Sinne einer Lebensgestaltung zu begreifen.

1. Problemsituation

Die Frage nach Lebenskunst scheint zeitbedingt aufzutauchen und auch wieder zu verschwinden. Wobei diejenigen nach Lebenskunst Fragen, für die das Leben an Selbstverständlichkeit verliert, gleichgültig in welchem Zeit- und Kulturkontext sie leben. Traditionen, Konventionen und Normen, selbst wenn sie in der Moderne präsent sind, nicht oder nicht mehr überzeugen können und der Einzelne beginnt sich um sich selbst zu sorgen. Beziehungen brechen auseinander, Zusammenhänge sind in Auflösung und das Individuum sieht sich mit Situationen konfrontiert, die ihm völlig unbekannt sind.[3]

Dabei stand die Lebensführung des Menschen immer schon im Focus philosophischer Reflexionen, denn ihre Geburtsstunde hatte sie in der antiken Philosophie, als ein Philosoph jemand war, der sein Leben nicht einfach an sich vorüber ziehen ließ, sondern auf das hin reflektierte, was ihm Sinn und Erfüllung geben könnte. Diese frühen Überlegungen sind bis heute maßgeblich, wie einschlägige Autoren zu diesem Thema immer wieder beteuern und was sich auch in der vorliegenden Arbeit eindrucksvoll zeigen wird.[4] Nach der Antike, also im Mittelalter wandert die Lebenskunst-Philosophie im Prinzip in die Theologie ab, wo sie auch für das klösterliche Leben attraktiv zu werden beginnt. Philosophie wird damit zu einer gelebten Weisheit im Rahmen der Leitung durch die Vernunft.[5] Erst viel später, etwa ab dem neunzehnten Jahrhundert kehrt sie mit der Philoso-

---

[2] Vgl. Nozick, Robert: The Examined Life. Philosophical Meditations. New York 1989. Dt.: Vom richtigen, guten und glücklichen Leben. A. d. amerikanischen v. Martin Pfeiffer. München, Wien 1991. S. 333 f.

[3] Schmid, Wilhelm: Philosophie der Lebenskunst. Eine Grundlegung. Frankfurt am Main 1998. S. 9.

[4] So Michel Foucault mindestens in seinem *Hermeneutik des Subjekts*, Pierre Hadot in seinem Buch *Philosophie als Lebensform*.

[5] Vgl. Hadot, Pierre: Exercices spirituels et philosophie antique. Paris 1981. Dt.: Philosophie als Lebensform. Antike und moderne Exerzitien der Weisheit. 2. Aufl. Frankfurt am Main 2005. S. 170.

phie vor allem Schopenhauers und Nietzsches in philosophische Gefilde zurück und entfaltet im zwanzigsten Jahrhundert weitere Wirkung, die bis in die Gegenwart anhält. Die Philosophie hat gerade auf diesem Gebiet einen ursprünglich praktischen Charakter, dem erst in der Gegenwart von beispielsweise Michel Foucault und Wilhelm Schmid größere Aufmerksamkeit geschenkt wird. Somit kehrt sie wie ein verlorener Sohn in die gegenwärtige Philosophie zurück. Dennoch hat es Lebenskunst bzw. Lebensgestaltung als philosophisches Problem heute angesichts der einseitigen Kopf- und Theorielastigkeit der akademischen Philosophie nicht leicht.

Schmid bietet in seiner *Philosophie der Lebenskunst* eine Grundlegung von Inhalten, die einer adäquaten Lebensgestaltung zukommen können, ohne dabei en Detail zu gehen.[6] Dennoch zeigt das Buch facettenreich die möglichen Teilbereiche der Lebenskunstphilosophie, die bei diesem Thema beachtenswert sind. Angesprochen wird darin auch das Selbstbewusstsein, erfährt aber aus vorher genannten Gründen keine größere Aufmerksamkeit. Diesen Aspekt soll die vorliegende Untersuchung berücksichtigen und damit eine größere Fundierung für eine philosophisch begründete Lebensgestaltung liefern.

Ich werde in der vorliegenden Arbeit den Begriff "Lebensgestaltung" und "Lebenskunst" synonym verwenden. Mit dem Begriff Lebenskunst bzw. Lebensgestaltung wird grundsätzlich die Möglichkeit und die Anstrengung bezeichnet, „das Leben auf reflektierte Weise zu führen und es nicht unbewusst einfach nur dahingehen zu lassen."[7] Das bedeutet, das Leben gezielt zu leben, ihm einen Sinn zu geben und es nicht bloß unbewusst an sich vorbei ziehen zu lassen. Oft beginnt die Philosophie der Lebenskunst an einem Punkt, an dem der Mensch das eigene Leben zu hinterfragen beginnt, weil er plötzlich merkt, dass das bloße Führen des Lebens keinen Sinn mehr hat, es ihn nicht mehr erfüllt. Dieser Anstoß kann sich aus dem Leben heraus entwickeln: Der Mensch als selbstbewusster Einzelner hat Willen und wird dadurch zu seinem Verhalten, Tun und Lassen motiviert. Er weiß um seine Eigenheiten und kann sich von seinem Mitmenschen als Organismus verschieden erkennen. In seinem Seelenleben ist jeder Mensch mit sich allein, intimer als er es je mit seinen Liebsten ist. Aus der Eigenperspektive besitzt er einen privilegierten Zugang zu sich selbst und weiß, dass seine subjektiven Zustände seine eigenen sind. Das personale Subjekt ist

---

[6] Vgl. Schmid, Wilhelm: Philosophie der Lebenskunst. S. 10.
[7] Ebd.

ursprünglich und im Wesentlichen mit sich selbst bekannt. Dieses Mit-sich-Vertrautsein ist exklusiv, denn niemand anderer kann dort hinein drängen. Jedoch kommt es unvermittelt zur Frage: Wer bin ich? Woher komme ich, wohin gehe ich? Die Suche nach dem Seinsverständnis setzt an, nach einem Sinn meines Hierseins und meiner Lebens- oder auch Leidensgeschichte.[8]

Das Verständnis des eigenen Lebens geht für diesen Menschen dadurch nicht mehr von selbst, gleichgültig in welcher Zeit und Kultur er lebt. Eine „Exkursion in die Philosophie" ergibt sich immer dann, wenn die Existenz in Frage steht und das Denken entwickelt sich im Rahmen der Verzweiflung, die sich daraus ergibt. An dieser Schwelle betritt man einen eigenartigen Raum, der sich Philosophie nennt und in dem die Frage nach dem Leben gestellt werden darf um die Antwort zu suchen, die das Leben-können wieder möglich macht. Dieser „Raum der Orientierung" entsteht durch die Macht der Philosophie: individuelle „Fragen und Grundprobleme der Existenz können zu dem Forum, das die Philosophie ist, gebracht werden, um eine Sprache dafür zu finden und darüber zu reflektieren."[9] Dieser Mechanismus setzt im Alltag an, bei jedem einzelnen Individuum, ausgehend von Fragen, die das vertraute Leben aufzuwerfen beginnt. Dies liegt jedoch hinter dem Individuum und ist ihm fremd geworden. Die Geschichte der Philosophie kann zeigen, welche Bedeutung den Lebensfragen zugemessen wurde und welche Antworten bezüglich einer Lebenskunst gegeben wurden. Der Begriff Lebenskunst verweist hierbei schon auf das, was sie letztlich ausmacht, nämlich „die Probleme des Lebens nach den Regeln einer Kunst zu lösen und damit dem Menschen Wege zum Glück zu ebnen."[10] Anweisungen gemäß dem Schema "Tue dies um das zu erreichen" hält die Philosophie jedoch nicht bereit und genau dies unterscheidet sie von der zahlreichen Ratgeber-Literatur, die so etwas verspricht. Diese hält zwar in der Regel nicht was sie verspricht, ist aber dennoch hilfreich, denn gerade darin liegt der Hinweis, dass jeder selbst ganz individuell sein Leben gestalten muss, womit das Ziel der Lebenskunst im Vollzug des Lebens selbst liegt.[11] Sie leitet also nicht präskriptiv, sondern optativ, Möglichkeiten eröffnend, an. So kann jenseits von Beratung die „Philosophie der Lebenskunst dazu anleiten, ein realistisches Selbstbild zu ge-

---

[8] Vgl. Kessler, Herbert: Philosophie als Lebenskunst. Sankt Augustin 1998. S. 46.

[9] Schmid, Wilhelm: Philosophie der Lebenskunst. S. 21 u. 49.

[10] Fellmann, Ferdinand: Philosophie der Lebenskunst (zur Einführung). Hamburg 2009. S. 15.

[11] Ebd.

winnen und Fehler in der Einschätzung der Lebenswirklichkeit zu erkennen"[12] Aus dieser Definition ergibt sich die Forderung, das Leben *bewusst* zu leben und zu reflektieren.

Selbst die Arbeit des Philosophen setzt mit dem Alltag an, so wie Michel Foucault dies in einem Interview sagt, als er gefragt wird, wie er seine Zeitungslektüre beginnt: „Oh, puh, wissen Sie, ich glaube, meine Lektüre ist sehr banal. Meine Lektüre beginnt beim Kleinsten, Alltäglichen. Ich schaue auf die im Ausbrechen begriffene Krise und dann drehe ich meine Runden um die großen Kerne, die großen, ein wenig ewigkeitlichen, ein wenig theoretischen Zonen, ohne Tag und ohne Datum,…"[13] Auch die Lebensgestaltung birgt Momente des Allerkleinsten, ja des fast unbedeutend Scheinenden, welches zu bemerken und zu durchdenken ist. Zumal die Lebensgestaltung ein komplexes Gebilde darstellt, welches vielgliedrige Probleme einschließt. Dieser Forderung gemäß, führe ich konstitutive Praktiken an, die, so meine ich, wichtige Elemente der Selbstgestaltung sind. Sie kommen im Alltag scheinbar auf triviale Art vor, werden in dieser Arbeit jedoch eine wichtige Rolle besetzen, in dem sie das bestimmen, was als Lebensgestaltung auch ausmachen kann.

Lebensgestaltung ist eine Sache des je eigenen Lebens, so scheinen die bisherigen Ausführungen sagen zu wollen. In erster Linie kann man dies bejahen, aber es gibt auch immer eine Lebensführung im Verhalten zum Anderen, was eine Ethik zu erfordern scheint.

Will der Mensch sein Leben in der geschilderten Form gestalten, so muss er *bewusst* agieren und reflektieren. Subjektivität, Bewusstsein und Wissen von sich selbst bilden die Grundlage dieser Untersuchung, die dazu weitgehend den Arbeiten Dieter Henrichs folgen wird, die sich u. a. selbst an der Schwelle zur Lebensgestaltung verstehen, was sich im weiteren Verlauf zeigen wird. Daneben ist eine Beschäftigung mit den *Meditationes de prima philosophia* von Renè Descartes vorgesehen, worin dieser im Grunde einen Entwurf für eine bewusste Lebensgestaltung legt. Gleichzeitig bemühe ich mich aber auch um die Kritik, die Nietzsche an Descartes übte, weil sie das Leib-Seele-Problem, das Descartes aufwarf zu überwinden sucht. Dem Menschen im Ganzen ist somit die Kunst des Lebens zu widmen.

---

[12] Ebd. S. 17.

[13] Foucault, Michel: Worüber denken Philosophen nach? In: Foucault, Michel: Ästhetik der Existenz: Schriften zur Lebenskunst. Hg. v. Daniel Defert u. a. Frankfurt am Main 2007. S. 29-32. S. 29.

Der Mensch lebt nicht nur, er führt sein Leben auch aus sich heraus, wozu ihm das Wissen von sich selbst dient. Das Selbstbewusstsein ist ihm elementar und unmittelbar und es ist das, was ihn als Mensch ausmacht, jedoch ist es nicht undifferenziert. Das Selbstbewusstsein ist aber von komplexer Verfassung und äußert sich spontan und in einer besonderen Weise der Gedanken. Der Mensch muss sich dazu in Beziehung zum Ganzen der Welt setzen, und zwar auch dann, wenn es andere gering ausgedachte Gedanken sind. Dadurch wird er ins Reflektieren über sein Selbstsein gezogen.[14] In dieser Überlegung zeigt sich, wie wichtig das Selbstbewusstsein für eine adäquate Lebensgestaltung ist. Dies wird im Kommenden natürlich weiter zu verfolgen sein.

Wie nach der Zusammenstellung brauchbarer Praktiken eine Lebensgestaltung aussehen könnte, wird an Friedrich Nietzsches *Die Fröhliche Wissenschaft* und *Also sprach Zarathustra* exemplifiziert, dazu wurden diese Texte entsprechend neu gelesen und analysiert. Für diesen Kontext erschienen auch Schriften seines Nachlasses fruchtbar zu sein, die ebenfalls Berücksichtigung finden werden. Aus dieser Untersuchung wird sich ein ganzer Katalog an Ingredienzen für eine adäquate Lebensgestaltung ergeben, die letztlich das ganze Konzept, welches in den vorhergehenden Kapiteln bereits erarbeitet wurde, abrunden wird. Selbstverständlich bringt dieser Teil nur *eine* Möglichkeit von Lebenskunst von sicherlich weiteren zur Sprache. Ein größerer Modellvergleich schließt allerdings die Intention dieser Arbeit aus. Es zeigt sich in dem Untersuchten jedoch, dass die Grundorientierung des fragenden Menschen bezüglich seiner Stellung zu seinem eigenen Leben durchaus reflektierbar sein kann.

Lebensgestaltung als Reflexion des Lebens des einzelnen Menschen bedeutet gleichzeitig auch auf andere Individuen durch Handeln oder Unterlassen einzuwirken. Somit impliziert Lebensgestaltung auch ethische Normen. Dafür wird die Untersuchung am Ende einen Versuch einer individuellen Ethik unternehmen – bei aller Schwierigkeit, die diese Forderung mit sich bringt. Hängt adäquat verstandene Moral doch auch immer an einem letzten Grund, wie der Idee des Guten oder Gott, aus dem das Sollen gefolgert wurde bzw. wird. „Mag das sittliche Sollen religiös oder sozial, vernunftmäßig oder naturalistisch, auf Glück oder auf Aszese gerichtet sein, immer tritt es mit einer Abgeschlossenheit, einer selbstgenugsamen Einheit auf, die eine tiefe Fremdheit, etwas wie eine Unbe-

---

[14] Vgl. Henrich, Dieter: Denken und Selbstsein: Vorlesungen über Subjektivität. Frankfurt am Main 2007. S. 9.

rührsamkeit zwischen all jenen Moralprinzipien und der unbeschreiblichen, nur zu erlebenden Bewegtheit des Lebens selbst stiftet."[15]

Dies bedingt allgemeine ethische Gesetzmäßigkeiten, die immer und in jeder Situation gleich gelten, letztlich ohne Rücksicht auf den einzelnen und seiner augenblicklichen Lebenslage zu nehmen. Normen und Wirklichkeit klaffen so auseinander.

Ich werde mich für dieses durchaus schwierige Unternehmen auf die französischen Moralisten, Immanuel Kant und Friedrich Nietzsche konzentrieren, wobei Georg Simmels *Das individuelle Gesetz* einen Kulminationspunkt setzen wird. Erst danach wird sich zeigen, ob das erarbeitete Modell Tragfähigkeit für eine individualistische Ethik sein kann.

Da schon der Begriff des „Guten Gottes" gefallen ist, bleibt anzumerken, dass religiöse Bezüge in dieser Arbeit keine umfangreiche Berücksichtigung finden werden, da die Lebensgestaltung aus möglichst autonomen Kontexten zu generieren ist. Heteronomie, die durch Religion aber auch Politik und Gesellschaft auf das Individuum wirken kann, ist möglichst weit zu begrenzen.[16]

Mit diesen Ausführungen sind die Ziele der Untersuchung bereits weitgehend abgesteckt.

2. Methodologische Überlegungen

Methodisch ergibt sich zunächst eine Situation, die die Grundverfasstheit des Menschen freilegen und herausarbeiten muss. Ich frage daher nach dem Selbst und der Selbstgewissheit als Fundament bzw. Ausgangspunkt der Lebensgestaltung und weiter nach den Haltungen und Praktiken, die eine Lebensgestaltung tragfähig machen. Der vorliegende Versuch richtet sein Augenmerk auf diejenigen Philosophien, die für diese Anforderung ein entsprechendes Organon bereitstellen. Somit ergeben sich Ausgangspunkte in der antiken Tradition, die sich im Mittelalter besonders bei Meister Eckhart[17] fortsetzen und in der Neuzeit bei

---

[15] Simmel, Georg: Nietzsches Moral. In: ders.: Gesamtausgabe Band 12: Aufsätze und Abhandlungen 1909-1918. Hg. von Rüdiger Kramme u. a. Frankfurt am Main 2001. S. 170.

[16] Zum Kontext Autonomie und Heteronomie sowie Lebenskunst und Christentum verweise ich auf meine Arbeit: Klein, Manfred: Zwischen Vorsehung und Freiheit - Lebenskunst in christlichem Kontext. In: Giessener Hochschulgespräche und Hochschulpredigten (GHH). Band XX. WS 2011/12.

[17] Hier besonders der Begriff der Gelassenheit.

Nietzsche, Heidegger und Foucault kulminieren. Selbstverständlich hat die Lebenskunst etwas endloses, sei dies im historischen oder auch im systematischen Kontext, woraus sich ersehen lässt, dass der vorliegende Versuch kein abschließendes Gedankengebäude sein kann.

Im ersten Kapitel wird es um das gehen, was die Selbstgestaltung fundieren soll: das Selbstbewusstsein, Vertrautheit mit sich selbst im Sinne der stoischen Oikeosis und der Selbsterhaltung, sowie um das Wissen von sich selbst. Es wird sich der Kohärenz Selbst – Selbstbewusstsein – Subjektivität angenommen, wobei der Philosophie von René Descartes eine größere Rolle zukommt, denn er wagt sich, angeblich sichere Wahrheiten in Frage zu stellen. Ereignet sich jedoch Wahrheit, so ist dies eine Aufgabe der Vernunft. Ferner interessiert Descartes die Urheberschaft des *Cogito* und des Ichs, wobei die Eigenschaft geistiger Substanzen das Denken ist. Descartes geht den Weg des Zweifelns und möchte ihn gleichzeitig überwinden. Insgesamt bietet die Basis des descart'schen Denkens eine Basis für die Lebensgestaltung des Menschen.

Die Kritik von Nietzsche an Descartes wird danach in diesem Kapitel aufgegriffen, weil sie die Rationalität des Franzosen radikal hinterfragt, insbesondere das cogito ergo sum steht auf dem Prüfstein, sieht Nietzsche doch gerade darin eine Untermauerung des Leib-Seele-Dualismus, der den Leib jedoch vollkommen aus dem Lebensgestaltungsprogramm herausfallen lässt. Gerade diesen Leib-Seele-Dualismus will Nietzsche überwinden. Letztlich wird es um den Knackpunkt der denkenden Substanz gehen, denn das cogito lässt offen, wer überhaupt und wie denkt. Die Frage der Selbstgewissheit erscheint denn auch plötzlich nicht mehr so sicher, wie Descartes diese beschrieben hatte. In diesem Kontext wird die Vernunftkritik, die Nietzsche in diesem Zusammenhang entwickelt, aufgezeigt.

Im Abschnitt 1.3. wird die Untersuchung zu einer Synthese des Selbstbewusstseins und der Oikeiosis führen, nachdem eine Explikation der Begriffe Selbst und Selbstreflexion erfolgt ist. Zu erarbeiten ist die Korrelation von ‚Ich' und ‚Sich'. Das sich ergebende epistemische Selbstbewusstsein führt zur bewussten Einwirkung auf das je eigene Selbst. Ein weiterer Schritt entschlüsselt das Vertrauen des Menschen auf sich selbst, den Kern der Oikeiosis-Lehre der antiken (stoischen) Tradition. Die Oikeiosis sucht eine Vermittlung von vormoralischem Streben und vernünftigem Handeln. Gekennzeichnet ist diese Lehre durch eine Teleologie in Form *des* Lebensziels des Menschen, bei aller Unklarheit, was ein solches denn überhaupt sein kann. Die historisch-systematische Analyse wird zeigen wie und ob eine Integration dieser Theorie in die Gegenwart möglich ist.

Im darauf folgenden Abschnitt (1.4.) wird es zunächst um die Trennung von aristotelischer und stoischer Selbsterhaltung gehen. Der Akzent wird danach eindeutig auf der stoischen Denkrichtung von Selbsterhaltung liegen. Zusätzlich ist der religiös-theologische Aspekt, der die Selbsterhaltung durch ein numinoses Wesen bedingt, wissen will. Auch von der naturwissenschaftlichen Konzeption der Selbsterhaltung ist abzusehen. Die Aufmerksamkeit wird sich besonders auf Thomas Hobbes' *De Cive* und den *Leviathan* richten, die eine Anthropologie im Rahmen der Selbsterhaltung aufzeigen.

Sind wir bei Bewusstsein, so können wir die Welt gedanklich erschließen. Dies ist eines der Themen der Abschnitte 1.5. und 1.6. Dazu werden Arbeiten von Dieter Henrich und Helmut Kuhn herangezogen, zumal sie einen engen Bezug von Selbstbewusstsein und Lebensführung herstellen. Subjekte müssen in kontinuierliche und mannigfaltige Einheitsstiftungen eingebunden sein, so lautet eine der einschlägigen Thesen Henrichs zu diesem Kontext. Gleichzeitig muss sich ein Subjekt unter Normen und Konflikten von Normen verhalten, wobei die Diskrepanz zwischen Selbstgewissheit und Ungewissheit in Bezug auf das, was wirklich ist, bestehen bleibt. Im Wissen von sich, als bewusstes Leben, wird ein Leben geführt, wobei der Unterschied von Wissen von etwas und ob man selbst es ist, worüber man etwas weiß, berücksichtigt werden muss. Die Beziehung zum Anderen und dessen Erschließung ereignet sich im „Mitsein", während das Subjekt auch im Zustand des Für-sich-Seins sich verhalten muss. Dieses Für-sich-Sein im Verhalten zur Welt wird daher ebenfalls einer Analyse unterzogen. Der „Fundamentalgedanke", den Henrich in Form der Selbstexplikation des Subjekts postuliert, wird bestimmend für die weitere Untersuchung sein. Bei Kuhn ist das wichtige Moment die Welt, die in uns vorhanden ist als Summe von uns Vorgestelltem, was als evidente Wahrheit die Welt zu „meiner Welt" macht. Die Welt wird nicht nur gedacht, sondern wir leben denkend in ihr. Ein besonderer Schwerpunkt für Kuhn ist die Korrelation von Selbstbewusstsein und Tun mit der These, dass sich der Lebensvollzug aus dem Bewusstsein heraus erhellen lässt.

Grundlegende Haltungen sind das Thema des zweiten Kapitels, worin zunächst die Gelassenheit analysiert werden wird. Die Geschichte und Bedeutung des Terminus Gelassenheit (Kap. 2.1.1.) entwickle aus dem Denken Meister Eckharts heraus, der diesen Begriff in die deutsche Sprache gebracht hatte, bis hin zu den heideggerschen Reden, die sich um diesen Terminus bemühen. Besonnenheit (Kap. 2.2.) behandelt Platon u. a. in seinen Frühdialogen und hat im Grunde die höchstmögliche Präzision dieses wichtigen Begriffs in einem Teil seiner Frühdialoge geliefert. Ich erläutere ihn deshalb auch ausschließlich in platonischem Kontext. Die Sorge (Kap. 2.3.) als „Existenzial" werde ich vor dem Hintergrund der heideggerschen und foucaultischen Philosophie explizieren. Da sie jedem Menschen grundsätzlich zukommt, ist es wichtig sie in den lebensgestalterischen Raum zu integrieren. Unter Aneignung (Kap. 2.4.) ist nicht die Oikeiosis gemeint, die bereits ausführlich dargestellt wurde, denn sie unterscheidet sich exorbitant vom griechischen Konzept des ‚zu eigen machens'. Dieses Kapitel enthält drei Unterkapitel, die sich zuerst mit einer Hermeneutik des Selbst (2.4.1.) im Sinne einer Aneignung von Interpretationen philosophische Texte und Kunstwerke betreffend, die auf das Leben einen bedeutenden Einfluss nehmen können, wozu die Haltung des Verstehens zwingend hinzugehört. Philosophische Lebensläufe, die für die Lebensgestaltung einen nachvollziehbaren, moralischen Vorbildcharakter haben, werden im Abschnitt 2.4.2. Behandelt. Die Überlegung dazu basieren auf einem Kapitel von Richard Shustermans *Philosophie als Lebenspraxis*. Ich versuche aber eine allgemeinere Darstellung vom Nutzen philosophischer Lebensweisen zu geben. Die Aneignung, die noch um die Bestimmung erweitert werden wird, findet sich schließlich in Kapitel 2.4.3.

Das dritte Kapitel befasst sich mit den konstituierenden Praktiken, die erst durch die grundlegenden Haltungen ermöglicht werden. Es wird zunächst nicht klar sein, warum ich erst reden, schreiben, lesen usw. kann, wenn ich gelassen und besonnen bin. Darum wird es in diesem Teil der Untersuchung nicht zuletzt gehen. Die einzelnen Praktiken werden in den Unterkapiteln 3.1. bis 3.4. vorgestellt und sich befruchtend auf die Problemstellung auswirken.

Kapitel vier befasst sich mit Friedrich Nietzsches Denken insofern es in den Bezug eines Lebensgestaltungskonzeptes passt. Nietzsche entwickelt aus der ‚Tugend der Redlichkeit' ein System der Selbstgestaltung, welches er dann in anderen Bereichen der beiden genannten Werken vertiefte. Die Redlichkeit entsteht aus einer Übung des Intellekts. Dogmen und Verstellungen möchte er dabei möglichst aus dem Weg räumen und dem Menschen zu einem klaren Blick auf sich selbst verhelfen. Nietzsche wird dies im Rahmen seiner von ihm genannten ‚Experimentalphilosophie' versuchen, die ebenfalls hier erläutert werden soll (4.1.). Im darauf folgenden Abschnitt 4.2. wird Nietzsche eine Ist-Aufnahme des befangenen Lebens und des defizitären Modus des Menschen durchführen. Der Mensch ist zu passiv, er hat viel in Faulheit und Furcht verharrt, hat keinen Hang zur Wahrhaftigkeit. Es ist gleichzeitig eine Mahnung an diejenigen, die nicht ihrem rufenden Gewissen folgen. Es gilt, selbst das Steuer für das eigene Leben in die Hand zu nehmen, obwohl der Naturtrieb der Arterhaltung scheinbar dagegen spricht. Ein weiterer Kontext ergibt sich aus der „Einverleibung" der Wahrheit. Was Nietzsche mit diesem Begriff meint, soll ebenfalls in diesem Abschnitt behandelt werden. Eine Befreiung und das Schaffen über sich hinaus als hohes Maß von Selbstgestaltung ist ein weiteres Thema. In 4.3. und auch noch in 4.4. werden die Techniken für eine Selbstgestaltung konkreter formuliert, was einer Theorie sehr nahe kommt. Das klingt sehr vorsichtig, aber sie ist konsequent, weil es gar nicht *die* Theorie darüber geben kann. Wichtig ist hierbei, das überkommene Wertesystem mit seinem gewaltigen ‚Du sollst' zu überwinden und in Freiheit seinen Willen zu gestalten. Um dies plausibel zu machen, wird besonders auf die erste Rede Zarathustras' "„Von den drei Verwandlungen" eingegangen. Ein Neubeginn nach dem Nein-Sagen des ‚Löwen' und ein Anfang eines Lebens ohne Fremdbestimmung, Autonomie bestimmend in Form des Ja-Sagens. Auch die Tugend der Redlichkeit wird hier weiter spezifiziert. Das, was der Übermensch sein kann, wird an dieser Stelle heraus zu präparieren sein. Permanente Selbstüberwindung ist dazu nötig, wobei etwas Neues, Treibendes entstehen kann, überkommene Konventionen und Traditionen sind in diesem Prozess zu überwinden.

In Kapitel fünf wird der Versuch einer Individualethik unternommen, was sich im Grunde aber schon aus den vorherigen Kapiteln ergibt, sodass hier ein konsequenter Schritt vollzogen wird. Ausgehend von der französischen Moralistik, respektive von Francois La Rochefoucaulds Maximen und Reflexionen, die eine sehr funktionalistische Morallehre darstellt, falls man sie überhaupt als Moral im traditionellen Sinn verstehen kann. Welchen Preis hat man zu investieren, wenn man ein gutes Leben führen möchte, ist quasi die Leitfrage des Unternehmens. Es wird ihr zu folgen sein. Danach interessiert Nietzsches Moralkritik und sein Konzept des Willens zur Macht, der eine Keimzelle der Moral konstituiert. Dies wird zu erläutern und zu begründen sein. Zum Schluss gilt es noch, den Entwurf Georg Simmels zu einer möglichen Individualethik zu behandeln: *Das individuelle Gesetz,* erschienen 1913. Darin findet sich eine massive Kritik an Immanuel Kants Ethik. Wichtigster Terminus ist der des Gesetzes, wie es schon im Titel anklingt. Simmel möchte es deutlich anders verstanden wissen als Kant, wo es etwas Allgemeines, Objektives darstellt, daher kann auch für Simmel kein Sollen daraus abgeleitet werden. Die Kategorie des Sollens kann nicht über der Handlung stehen. Erst am Schluss dieses fünften Kapitels wird es sich entscheiden, inwieweit wirklich eine "Individualethik" aus den vorhandenen Analysen resultiert, auch nicht zuletzt daher rührt die Überschrift, die das Kapitel letztlich als "Versuch" ausweist.

1. Selbst – Selbstbewusstsein – Subjektivität

Die Grundlage für die Selbstgestaltung, die ja schon begrifflich auf das „Selbst" verweist, gilt es hier zu erhellen. Was für ein sicheres Fundament für eine Selbstgestaltung kann es geben? Eine Antwort auf diese Frage kann Descartes bieten, der mit seinem Cogito ergo sum die Grundlage der Existenz suchte. Selbstverständlich kann in dieser Untersuchung nicht in großer Breite der cartesische Gedankengang durchgespielt werden. Es geht lediglich darum zu zeigen, dass es eine Begründung der Selbstgestaltung geben kann, die den Begriff "Selbstgestaltung" auch festigen kann. Ich werde mich daher im Folgenden an Descartes' Überlegungen zu einer Gewissheit der eigenen Existenz orientieren. Die Kritik von Nietzsche an der cartesischen Konzeption wird ebenfalls behandelt.

1.1. Selbst und Selbstgewissheit

Bevor ich in die Diskussion um die Selbstgewissheit mit Descartes einsteige, möchte ich noch auf eine wichtige Grundbedingung des cartesischen Denkens eingehen, welche Michel Foucault treffend auf den Punkt gebracht hat, nachdem er feststellte, dass Descartes nicht einfach skeptisch denkt, was bezweifelbar oder unbezweifelbar in der Welt vorkommt, genauso wenig spielte er mit seinem Denken, sondern: „Descartes versetzt sich in das Subjekt, das an allem zweifelt, ohne sich übrigens zu fragen, was alles zweifelhaft sein oder in Zweifel gezogen werden könne. Und er versetzt sich in die Lage dessen, der sich auf die Suche nach allem Unbezweifelbaren macht. Es ist in keinem Fall eine auf das Denken und dessen Inhalt bezogene Übung."[18] Dadurch begibt sich das Subjekt in eine bestimmte Perspektive. Foucault bezeichnet dies gemäß dem Titel des Werkes von Descartes als *meditatio*, die das Verständnis des Problems, wodurch sich das Subjekt in eine fiktive Situation versetzt.[19] Dazu an anderer Stelle mehr.

Seit seiner Jugendzeit hatte Descartes unter angeblichen Wahrheiten, die sich als Unsicherheiten gezeigt hatten, sehr gelitten. Er wollte deshalb die Philosophie auf ganz neue Grundlagen stellen. Dies deutet sich bereits in seinem *Discours de la Méthode* an: „Aber wie ein Mensch, der allein und im Dunkeln geht, habe ich

---

[18] Foucault, Michel: Hermeneutik des Subjekts: Vorlesung am Collège de France (1981/82). Frankfurt 2009. S. 436.

[19] Vgl. ebd. S. 437.

mich entschlossen, So langsam zu gehen und bei allen Dingen so viel Vorsicht zu gebrauchen, dass ich mich, auch wenn ich nur sehr langsam vorwärts komme, doch wenigstens vor einem Sturz bewahre."[20] Descartes beschreibt die Änderung der Standpunkte der Menschen verschiedener Völker und Lebensumständen, wie auch die Änderung des Modegeschmacks im Wandel der Zeit, auch die philosophischen Lehren in der Schule führt er an: „Aber da ich schon seit der Schule gelernt habe, dass man sich nichts so Sonderbares und Unglaubliches vorstellen kann, was nicht bereits von irgendeinem der Philosophen gesagt worden ist..."[21] Auch die Sinneserkenntnis ist keinesfalls sicher, denn sie täuscht uns bisweilen. Somit kann man sich auf sie nicht verlassen, denn sie hat uns ja mindestens einmal getäuscht und die Klugheit wird es gebieten, dass wir ihr in diesem Fall nicht mehr trauen. Selbst die Gegenstände der Logik und Mathematik sind keinesfalls sicher, ja selbst für die Realität der Außenwelt gilt das Gleiche. Eine Täuschung unterstellt Descartes Gott indes nicht, sondern geht von einem bösen Geist aus, der mächtig und verschlagen genug ist, ihn in die Irre zu führen.[22] Der Zweifel Descartes' ist, wie zu bemerken war, ein absoluter. Er soll der Ausgangspunkt sein, um zu einer absoluten Wahrheit zukommen. „...während ich auf diese Weise denken wollte, alles sei falsch, doch notwendig ich, der dies dachte, irgendetwas sei. Und indem ich bemerkte, dass diese Wahrheit: *Ich denke, also bin ich*, so fest und so sicher ist, dass sämtliche ausgefallensten Unterstellungen der Skeptiker nicht in der Lage sind, sie zu erschüttern, urteile ich, dass ich sie ohne Bedenken als das erste Prinzip der Philosophie, die ich suchte, annehmen konnte." [23] Descartes sucht die absolute Gewissheit der eigenen Existenz, wobei für ihn fest steht, dass das Denken und sein Ich eine Tatsache sind. Die berühmte Sentenz *Cogito ergo sum*, die bei ihm allerdings bestenfalls zwischen den Zeilen lesbar ist[24], steht für eine Gewissheit der Existenz, während des Denkens. Beim Schauen unserer selbst, erleben wir uns als denkend und gleichzeitig existierend. Dabei erhebt das *Cogito* durchaus An-

---

[20] Descartes, René: Discours de la Méthode/Bericht über die Methode. Frz./Dt. Übers. u. hg. v. Holger Ostwald. Stuttgart 2001. II, 5, S. 37.

[21] Vgl. Descartes, René: Meditationes de prima philosophia. Lat./Dt. Hg. v. Lüder Gäbe. 3. Aufl. Hamburg 1992. Zitat aus: Dicours II, 4. S. 35.

[22] Vgl. Descartes, René: Meditationes. I, 12, S. 39.

[23] Descartes, René: Discours. IV, 1, S. 65.

[24] Gemeint ist hier dieser exakte lateinische Satz, nicht die deutsche Formulierung aus dem Discurs, denn dort stellt er lediglich eine Übersetzung aus dem Französischen *je pense, donc je suis dar*.

spruch eine erste Wahrheit zu sein. Descartes war dabei aber schnell klar geworden, dass man immer wieder an der eigenen Existenz zweifeln kann. Irgendwann jedoch muss der Zweifel ein Ende haben und man muss wissen, dass man, wenn man denkt auch existiert. Es geht also um die Wahrheit des *Cogito*. Diese Wahrheitsfindung beschreibt Descartes als Intuition und meint damit: „Unter Intuition verstehe ich nicht das mannigfach wechselnde Zeugnis der Sinne oder das trügerische Urteil, das sich auf die verworrenen Bilder der sinnlichen Anschauung stützt, sondern ein so einfaches und instinktes Begreifen des reinen und aufmerksamen Geistes, daß über das Erkannte weiterhin kein Zweifel übrigbleibt, oder, was dasselbe ist, das über jeden Zweifel erhabene Begreifen eines reinen und aufmerksamen Geistes, das allen dem Lichte der Vernunft entspringt."[25] Solch eine Intuition ist unter anderem die Existenz und das Bewusstsein, wie z. B. auch die, dass das Dreieck von drei Seiten begrenzt ist. Das Ereignis der Wahrheit ist demnach eine Aufgabe der Vernunft im Sinne einer Wesens- oder Ideenschau in Verbindung der platonischen Tradition. Schritt für Schritt arbeitet sich dieses intuitive Denken vor, von der verwickelteren bis zu einer weniger verwickelten Stufe, hin zum Einfacheren und Allereinfachsten ist letztlich das Geheimnis der ganzen Methode. Die Wahrheitsautonomie des „Ich habe diesen Gedanken" ergibt sich aus eigener Kraft, indem er sich selbst bewahrheitet. Dies wäre der höchste Standard für die Gewissheit und wäre damit eine evidente Wahrheitsautonomie, was ansonsten nur bei Tautologien zutrifft. Die Selbstbewahrheitung ist aus expliziter Selbstbezüglichkeit entstanden.[26] Die Frage ist hierbei, welche Art des „Ichs" von Descartes verwendet wird? Erstaunlicherweise benutzt er es in den *Meditationes* in einer gewöhnlichen Weise, sodass man dies in die Überlegungen mit einbeziehen kann: das Ich bezieht sich dann genau auf ein Individuum (singulärer Term). Eine Selbstzuschreibung setzt notwendig voraus, dass es einen Urheber dieser Selbstzuschreibung gibt. Das Ich kommt also einem Sprecher oder, wie in diesem Fall, dem Denker zu, der diesen Gedanken gerade hat. „Im Alltag ist der Übergang zu einer explizit pronominalisierten oder einer betonten Verbform der 1. Person Singular unproblematisch,

---

[25] Descartes, René: Regeln zur Leitung des Geistes. Regulae ad directionem ingenii. Übers. und hg. von Artur Buchenau. Unveränd. Abdr. d. 2, durchges. Aufl. 1920. Hamburg 1966. III, 5, S. 12.

[26] Vgl. Kemmerling, Andreas: Ideen des Ichs. Studien zu Descartes' Philosophie. Frankfurt am Main 1996. S. 87 ff.

weil wir die Alltagsontologie von Personen und Gegenständen sowie Existenz von sprachlichen Handelnden voraussetzen dürfen."[27]

In der *cogito*-Überlegung wird das Ich bzw. *ego* sozusagen „entdeckt". Der sprachlich Handelnde indiziert seine Tätigkeit mit dem ausdrücklichen „Ich"-Gebrauch und zeigt sich dadurch als Urheber der im Verb beschriebenen Tätigkeit.[28] Was lässt sich mit dem *Cogito ergo sum* letztlich beweisen? Nur so viel, *dass* der Denker ist (im Sinne von existieren), jedoch nicht *was* er ist. Das Ich wird hier in absolutem Sinn gebraucht und nicht als Kopula genommen.

Das *Cogito ergo sum* ist also dasselbe wie „Ich existiere". Der Descartes-Interpret Andreas Kemmerling arbeitet dabei drei Bestimmungen heraus: 1. Die reflexive Deutung sagt etwas über den kognitiven Gehalt von „ich" aus. 2. Eine Erklärung, warum „Ich existiere" eine *pragmatische* Tautologie ist. 3. Der kognitive Gehalt von „ich" wird jetzt für den semantischen genommen. Das *Cogito ergo Sum* ist ein in sich kreisender Gedanke, so konstatiert Kemmerling an dieser Stelle.[29] Für die vorliegende Untersuchung soll dieses Ergebnis zunächst übernommen werden.

Obwohl schon erwähnt wurde, dass Descartes das Ich in einem gewöhnlichen Sinn verwendet, bedarf es hier noch einer Ergänzung. Das „Ich" bei Descartes hat nichts mit seiner möglichen Deutung als z. B. Persönliches, Individuelles oder wesentlich Einziges zu tun! Es bezeichnet bei Descartes nicht – wie im stringenten Sinne – eine Person, sondern benennt ganz im Gegenteil keine Person. Unter einer Person versteht Descartes die Vereinigung eines menschlichen Körpers und eines menschlichen Geistes, die zwar von den Sinnen erkannt werden kann, was jedoch nicht rein verstandesgemäß erfassbar ist. Descartes möchte das „Ich" im Satz „Ich existiere" dem großen Zweifel im Kontext einer ersten Gewissheit entgegensetzen. Das Ich bezeichnet bei Descartes die eigene Seele und den eigenen Geist, woraus klar wird, dass das Ich nur vom reinen Intellekt begriffen werden kann.[30] Was aber bedeutet Seele im Kontext cartesischen Denkens? Sie „ist eine Substanz, und das heißt bei Descartes: eine Sache, die so existiert, dass sie keiner andern Sache (außer Gott) bedarf, um zu existieren."[31]

---

[27] Röska-Hardy, Luise: „Cogito" – „Ich"-Gebrauch und Solipsismus. In: Descartes im Diskurs der Neuzeit. Hg. v. Niebel, Wilhelm F. u. a. Frankfurt am Main 2000. S. 259-285. S. 278.

[28] Vgl. ebd. S. 283.

[29] Vgl. ebd. S. 98.

[30] Vgl. ebd. S. 100 ff.

[31] Ebd. S. 103.

Entgegen der scholastischen Tradition ist die Substanz bei Descartes auch in der Frage der Existenzform und damit auch in den Daseinsgrund integriert worden. Die Substanz kann nicht sinnlich affiziert werden, obwohl sie existiert. Dazu benötigt sie den Modus (Attribut, Qualität), der den komplementären Begriff zur Substanz bildet. Modi wiederum benötigen die Substanz, denn deren Modi sind sie. Liegt uns ein Modus vor, so schließen wir auf das Existieren irgendeiner Substanz. Ein Modus ist z. B. rund zu sein, was an einer Substanz vorliegt, wenn sie tatsächlich rund ist. Wechseln die Akzidenzien (z. B. von rund zu eckig), so bleibt die Substanz davon unberührt.

Das Ich ist real von jeder körperlichen und von jeder ihm verschiedenen geistigen Substanz unterschieden. Das Ich lässt sich somit in einer Welt ohne Körper und anderer Seelen denken. Gleichsam sind das Ich und seine Gedanken modal unterschieden, denn wir können uns explizit als etwas begreifen, dass von unseren Gedanken verschieden ist, denn die Gedanken sind Modi des Ichs. Das Ich hat zu einem gewissen Zeitpunkt einen Gedanken, den es zu einem anderen Zeitpunkt tatsächlich hat. Die grundlegenden Eigenschaften nennt Descartes Attribute, die zufälligen jedoch Modi oder Akzidenzien. Wird eine Substanz gegenüber einer anderen als eine eigene und verschiedene erkannt, dann mit ihren Attributen alleine und nicht mithilfe anderer Attribute. Beispiele dafür ist die denkende Substanz Geist bzw. Seele, sowie die dem Körper, der die ausgedehnte Substanz ist. Dadurch stehen in der cartesischen Auffassung res cogitans und res extensa beziehungslos nebeneinander.

Eine Einschränkung ergibt sich daraus, dass jede Substanz eine außergewöhnliche Eigenschaft hat, „die ihre Natur und Wesen ausmacht und auf die sich alle anderen Eigenschaften beziehen."[32] Auf das Ich bezogen, ist diese außergewöhnliche Eigenschaft das Denken. Das Ich ist nicht denkbar, wenn ihm die Eigenschaft des Denkens fehlt. Alle restlichen Eigenschaften des Ichs setzen diese außergewöhnliche voraus. Zwischen Substanz und ihrer außergewöhnlichen Eigenschaft gibt es keinen wirklichen Unterschied, lediglich einen Vernunftunterschied, eine „distinctio rationis". In diesem Fall wird der Substanz kein echter Modus zugesprochen, denn die außergewöhnliche Eigenschaft gibt an, um was für eine Art von Substanz es sich handelt. Zwei verschiedene Arten von geschaffenen Substanzen, geistige und körperliche, unterscheidet Descartes. Die außergewöhnliche Eigenschaft von allen geistigen Substanzen ist das Denken und die

---

[32] Ebd. S. 104.

aller körperlichen die Ausdehnung. Ferner kann das Ich als existierend verstanden werden, „auch wenn die Existenz körperlicher Substanzen bezweifelt wird"[33]. Das wichtigste Vermögen des Ichs ist der Intellekt, welcher dafür sorgt, dass sich das Ich als Ganzes, was somit auch seine Natur bedeutet, begreifen kann.

Versteht man das Ich als denkende Substanz, so ist es nicht teilbar. Die Modi wie z. B. Wollen, Empfinden, Begreifen stellen keine Teile des Ichs dar, denn es ist immer dasselbe ich, welches will, empfindet oder begreift. Werden von einem Körper Teile abgetrennt oder wird der Körper in Teile zerlegt, so ändert er seine Gestalt. Der Körper wird so ein anderer. Würde dies dem eigenen Körper widerfahren, bliebe das Ich doch dasselbe. Der einzelne Körper ist somit keine Substanz, weil er unter der Veränderung seiner Modi nicht derselbe bleibt. Der bedeutendste körperliche Gegenstand ist die *res extensa*, die eine Substanz darstellt. Diese res extensa ist als Substanz unzerstörbar, so wie dies zum Wesen der Substanz gehört. Da das Ich eine reine Substanz ist, wird einsichtig, dass es unsterblich ist.[34]

Descartes beschreibt das Ich als eine begreifende Substanz, ein Vermögen, welches die Ideen zu perzipieren vermag. Im dem das Ich eine denkende Substanz ist, kann es sie perzipieren und dies ist auch der hauptsächliche Sinn von „denken". Nicht von großer Bedeutung sind die Modi des bildlichen Vorstellens und des Wollens, die dem substanziellen Ich zukommen könnten.[35]

Das „Ich existiere" ist unumstößlich wahr, dies schreibt Descartes in seiner *Zweiten Meditation*. Die Gewissheit ergibt sich aus dem Denken, denn wenn ich denke, habe ich die Gewissheit, dass ich existiere. Gewissheit setzt also das Denken voraus, welches konstitutiv für die Unbezweifelbarkeit der Existenz des Ichs ist.[36]

Die erste Gewissheit ist die Existenz des Ichs, zu der der Denker gelangt ist. Entscheidend für diese Gewissheit ist das Cogito, was durch eine zwingende Konklusion aus einer nicht zu bezweifelnden Selbstzuschreibung, die an belie-

---

[33] Ebd.

[34] Vgl. ebd. S. 105.

[35] Vgl. ebd. S. 105 ff. Kemmerling beschreibt ausführlich, warum die Modi Empfinden und Wollen keine große Rolle im Bezug zur Substanz des Ichs darstellen. Entscheidend für die vorliegende Arbeit bleibt daher die facultas intelligendi, die auf die Perzeption der Ideen aus ist.

[36] Vgl. Ebd. S. 111.

bigen Stellen des geistigen Vorgangs eingreift. Konkreter lässt sich dies folgendermaßen exemplifizieren: Berichtet jemand mit dem Wort „ich" anfangend, so folgt daraus die unumstößliche Gewissheit der Existenz des Berichtenden.

Jeder, der denkt kann um seine Existenz wissen, ohne aber genau zu wissen, wer bzw. was er ist. Jeder weiß aber dennoch, dass er existiert und dies mit höchster Gewissheit. Genau wie man weiß, dass Hasen Lebewesen sind, ohne *genau* zu wissen was Hasen und Lebewesen sind und ohne ein genaues Wissen, weiß man, dass Hasen Hasen sind, ohne wiederum genau zu wissen, was Hasen sind.[37] Nicht einmal der *genius malignus* (der von Descartes angenommene böse Täuschergott) könnte diese hohe Intensität der Gewissheit nehmen.

War im Vorhergehenden von der Gewissheit des *Existo* die Rede, so blieb der Zweifel in der Argumentation weitgehend unbeachtet. Diesem soll sich an dieser Stelle zugewandt werden. Zunächst fragt Descartes was er selber ist: „Ein denkendes Wesen! Was heißt das? Nun, – ein Wesen, das zweifelt, einsieht, bejaht, verneint, will, nicht will und das sich auch etwas bildlich vorstellt und empfindet."[38] In dieser anthropologischen Betrachtung hat er den Zweifel mit eingeschlossen und er wird ihm noch großes Kopfzerbrechen bereiten. Die Grundlage dazu war der angenommene Täuschergott und so überlegt Descartes: „Täusche mich, wer er es vermag, niemals wird er doch bewirken, daß ich nichts bin, solange ich mir bewusst bin, etwas zu sein, oder dass es zu irgendeiner Zeit war wird, daß ich nie existiert habe, wo es doch jetzt wahr ist, dass ich existiere oder etwa, daß 2 + 3 mehr oder weniger seien als 5 und dergleichen, worin ich nämlich einen offenen Widerspruch erkenne."[39]

Er berichtet darüber, wie er zu sprechen neigt, wenn er an seine eigene Existenz oder an mathematisches Grundrechnen denkt. Das Gegenteil dieses Berichts ist widersinnig und somit muss es wahr sein, da diese Worte spontan aus ihm heraus brechen. Und so fährt Descartes an dieser Stelle fort: „Und da ich sicherlich gar keine Veranlassung habe zu glauben, dass es einen betrügerischen Gott gibt, da ich noch nicht einmal zur Genüge weiß, ob es überhaupt einen Gott gibt, so ist der nur von diesem Vorurteil abhängige Grund zum Zweifel in der Tat recht schwach und, sozusagen, metaphysisch. Um aber auch ihn zu heben, muß ich, sobald sich Gelegenheit bietet, untersuchen, ob es einen Gott gibt, und wenn, ob

---

[37] Vgl. ebd. S. 125.
[38] Descartes, René: Meditationes. II, 8. S. 51.
[39] Ebd. S. 65.

er ein Betrüger sein kann. Denn solange das unbekannt ist, glaube ich nicht, daß ich über irgendetwas anderes jemals völlig gewiß sein kann."[40] Manche Dinge können einfach nicht bezweifelt werden, denn wenn man über sie nachdenkt, kommt man sehr bald dazu, ihr Gegenteil für widersinnig zu halten. Andererseits könnte es sein, dass wir physisch und psychisch so gebaut sind, dass wir gar nicht anders können, als nicht zu zweifeln. Die Zweifelsfähigkeit des Menschen ist in solchen Fällen vielleicht konstitutionell unterentwickelt. Die Schwierigkeit liegt also darin, dass an gewissen Dingen einesteils nicht gezweifelt werden kann; andererseits aber scheinbar doch.[41] Descartes möchte die gesamten Grenzen des Zweifelns ausleuchten um ihn gleichsam zu beseitigen. Dazu hatte er in den *Meditationes* mehrere Stufen des Zweifelns aufgestellt. Erste Stufe: seine Sinneswahrnehmung irrt; zweite: vielleicht wird das alles nur von ihm geträumt und schließlich die dritte Stufe: ein böses und allmächtiges Wesen führt ihn an der Nase herum. Sind diese Zweifelsgründe auch nicht besonders schwerwiegend, so nimmt sie Descartes durchaus ernst. Er stellt sie so hin, „als seien diese Zweifelsgründe ebenso gewichtig wie das, was gegen sie spricht"[42]

In unserem alltäglichen Leben sind wir gewohnt, uns auf unsere Sinne zu verlassen, genauso wenig werden wir nicht daran denken, unser gesamtes Leben für einen Traum zu halten. Geschweige denn von einem bösen Dämon, der uns über die wirkliche Beschaffenheit unserer Welt täuscht. Vorausgesetzt sei natürlich, dass „der Unterschied zwischen vermeintlichen und tatsächlichen Beschaffenheit der Welt für alle praktischen Zwecke keinerlei spürbaren Unterschied macht."[43] Ohne Frage, Descartes möchte zudem gelangen, was wirklich unbezweifelbar wahr ist. Das Fundament für die menschliche Gewissheit ist, Descartes' Ansicht nach: „Sobald wir glauben, etwas richtig zu perzipieren, sind wir spontan davon überzeugt, dass es wahr ist. Wenn nun aber diese Überzeugung derart fest ist, dass wir keinerlei Grund haben können, an ihr ... zu zweifeln, dann gibt es nichts, wonach wir außerdem noch Ausschau halten könnten; wir haben dann alles, was man vernünftigerweise wünschen kann ... Denn wir nehmen hier ja an, daß die Überzeugung derart fest ist, daß sie auf keinerlei Weise erschüttert werden kann; und daher ist solch eine Überzeugung offenkundig

---

[40] Ebd.
[41] Vgl. Kemmerling, Andreas: Ideen des Ichs. S. 128.
[42] Ebd.
[43] Ebd.

nichts anderes als die vollkommenste Gewissheit."[44] An der eigenen Existenz kann nicht gezweifelt werden, wenn der Gedanke an das *Existo* vorliegt. Zweifle ich an diesem Gedanken während ich ihn habe, so führt die Negation desselben unweigerlich in einen Widerspruch, denn meine Existenz ist mir unmittelbar bewusst. Um unmittelbaren Zweifel an der eigenen Existenz zu haben, müsste man denken, dass man existiert ohne von der Wahrheit dieses Gedankens überzeugt zu sein, was aber nach Descartes nicht sein kann.[45] Die cartesische Vergewisserung ist eine Selbstbeziehung im Denken, und dies in einem Zustand des Zweifels. Diese Vergewisserung ist ein meditativer Akt: „Ich muß mich auf den Gedanken konzentrieren, dass ich zweifle, und habe insofern die Aufmerksamkeit meines Erwägens auf mein Selbstverhältnis im Wissen von mir einzustellen."[46] Wird der Zweifel vollzogen, dann ist die Gewissheit daran gebunden. Mit dieser Selbstgewissheit im Existieren verbindet sich ein Wissen von *Grenzen* im Wesen desjenigen, der in dieser Selbstgewissheit steht. Das denkende Ich entschlüsselt von dort aus Stück für Stück die Welt. Das Cogito stellte sich als wahr heraus, wenn auch als wesentlich wahr und die Möglichkeit sich darin zu irren ist prinzipiell ausgeschlossen.[47] Natürlich ist daran zu erinnern, dass es Descartes nicht primär um die Selbstgewissheit im Sinne der Existenz ging, sondern um den methodisch sicheren Gang der Wissenschaft. Der Erweis des Enthaltenseins bezeichnet diesen Erkenntnisweg. Es müssen begriffliche Bestimmungen aufgefunden werden, die zwingend ineinander enthalten sind, wie in „Ich zweifle" das „Ich existierte" bereits eingeschlossen ist. Dadurch ist Descartes auch ein Denker der neuzeitlichen Philosophie geworden, er leistet dem Vorschub, was unter dem Titel Subjektivismus zusammengefasst werden kann. Der Primat des Subjektes vor dem Objekt. Mag man dem Zweifel Descartes' und der daraus resultierenden Selbstgewissheit kritisch gegenüber stehen[48] – wir werden dies im Übrigen bei Nietzsche sehen – so hat das Subjekt ganz nah für sich eine gewisse Klarheit in der Erfahrung seiner selber mit der es der Welt begegnen kann.

---

[44] Zitiert in ebd. S. 137.

[45] Vgl. ebd. S. 143.

[46] Henrich, Dieter: Denken und Selbstsein. S. 25.

[47] Vgl. Frank, Manfred: Selbstbewußtsein und Selbsterkenntnis. Essays zur analytischen Philosophie der Subjektivität. Stuttgart 1991. S.405.

[48] Luise Röska-Hardy zeigt in ihrem Aufsatz. beispielsweise, wie sich der „Ich"–Gebrauch durch das radikale Zweifeln letztlich selbst auflöst. Der systematische Zweifel löst ihrer Meinung nach die Anordnung, die die Syntax und die Semantik und somit den alltäglichen „Ich"-Gebrauch fundiert, auf. Vgl. dazu „Cogito" – „Ich"-Gebrauch und Solipsismus. S. 283.

1.2. Friedrich Nietzsches Kritik am Cogito ergo sum und der denkenden Substanz

Das Denken Descartes hinterließ eine weitreichende Wirkung in der weiteren Philosophie-Tradition, jedoch klafft ein Riss im cartesischen Philosophieren, die Trennung des Menschen in res cogitans und res extensa. Friedrich Nietzsche versuchte diesen Riss zu füllen und ihn so zu überwinden. Dies soll Thema des nun folgenden Abschnitts sein.

Um die Kritik Nietzsches an Descartes' Selbstgewissheit verständlich zu machen, ist es nötig, einen kurzen Überblick seines Philosophiebegriffs zu geben. Nietzsche steht mit seinem Denken in der Tradition der Aufklärungsphilosophie, deren Intention Kant so definiert hatte: „Aufklärung ist der Ausgang des Menschen aus seiner selbst verschuldeten Unmündigkeit." [49] Dabei soll sich der Mensch ohne Anleitung seines eigenen Verstandes bedienen. Dies setzt allerdings voraus, dass der „öffentliche Gebrauch" der Vernunft zur Aufklärung befähigt und aus der Freiheit stammt. Kant meint, es sei etwas „Ungereimtes, von der Vernunft Aufklärung zu erwarten, und ihr doch vorher vorzuschreiben auf welche Seite sie notwendig ausfallen müsse." Die „Vernunft" wird „schon von selbst durch Vernunft sowohl gebändigt und in Schranken gehalten."[50] Nietzsche setzt kein Vertrauen in solch eine autonome und unparteiische Macht der Vernunft, vielmehr würde er von einem Vorurteil sprechen. Mit seiner Kritik der Vernunft setzt er radikaler an, als es alle Philosophie bis dahin je getan hatte. Durch eine Selbstkritik der Vernunft einschließlich ihres Erkenntnisvermögens wollte Kant die Metaphysik in Schranken weisen, so blieb aber die Vernunft dennoch das Werkzeug der Kritik samt der Kritik ihres eigenen Wirkungsbereichs der Kritik. Nietzsche geht weiter und möchte nach der Vernunft selbst Fragen. Das Problem der Vernunft erkennt Nietzsche als ein *historisch* bedingtes, denn in ihren angeblich ‚reinen' Begriffen und einer Grammatik der besonderen Sprache, in deren Strukturen wir denken, sind wir letztlich völlig eingeflochten. Die Reflexionsmöglichkeit, die die neuere Philosophie als einen grundlegenden Denkansatz vorgelegt hatte, stellt Nietzsche damit in Frage. Ein sich

---

[49] Kant, Immanuel: Beantwortung der Frage: Was ist Aufklärung? In ders.: Schriften zur Anthropologie, Geschichtsphilosophie, Politik und Pädagogik. 1.-9. Aufl. Werke in zwölf Bänden. Band XI. Hg. von Wilhelm Weischedel. Frankfurt am Main: 1991. Zitat S. 53 und vgl. S. 55.

[50] Kant, Immanuel: Kritik der reinen Vernunft. 12. Aufl. Werkausgabe in zwölf Bänden. Band IV 2. Hg. v. Wilhelm Weischedel. Frankfurt am Main 1992. B 774-776.

selbst denkendes Denken wurde in der Antike und im Mittelalter mit einer Gottheit gleichgesetzt. Besonders seit Descartes versteht sich auch das endliche Denken als eines, welches sich selbst innerhalb der Grenzen seiner ‚Möglichkeiten‘ bestimmen und durch Methoden leiten lassen könne und sogar leiten *solle*. Damit kommt ein im Grunde imperativisches, moralisches Moment in den Terminus Vernunft. Durch Nietzsches historisch bedingten Ansatz, kann die Vernunft nie überzeitlich adäquat sein, sondern ist ein sich verändernder Begriff. Damit fiele das Vorurteil mit dem bestimmt wird, was ‚rein‘ aus Vernunftgründen zu bestimmen versucht wird, also ‚was‘ Vernunft und ‚was‘ demnach vernünftig sei, weg.

Dieses radikale Denken stellt einen, wenn nicht *den* Grundpfeiler der Philosophie, nämlich ihr Selbstverständnis „rational" zu sein in Frage. Wie steht es dann aber mit dem Erkenntnisstatus solcher Äußerungen? Welchen Anspruch hat diese radikale Vernunftkritik, wenn sie praktisch selbst zur Disposition steht? Diese Problematik ist immer noch eine Hauptfrage an Nietzsches Philosophie, die die Geister scheidet, ob er zur Philosophie zu zählen sei oder nicht. Man muss zur Annäherung an diesen Problemkontext sehen, wie sich Nietzsche selbst versteht. Dies soll zunächst in diesem Kapitel in Bezug auf die Selbstgewissheit vorgenommen werden, wodurch sich eine Brücke zu descart'schen Philosophie schlagen lässt.

Zwar stellt Descartes *Cogito* den Anfang der modernen Philosophie dar, dennoch fällt die nietzscheanische Kritik auf sein Philosophieren, das im Grunde eine breite Verwerfung der Metaphysik mit sich zog, hart aus. Die Gewissheiten an dem fundamentum inconcussum des Subjekts, die Dichotomie von ‚Ding an sich‘ und ‚Erscheinung‘ das Vertrauen und die Einsicht in den Geschichtsverlauf oder die Sinnstiftung durch die Moral sind für Nietzsche hinfällig und diese Gegebenheiten, die dogmatisch scheinen, braucht man dann nur noch „stoßen", weil sie sowieso schon im Begriff sind, zu fallen.[51] Für Nietzsche ist der Gott des Descartes', der den Menschen nicht täuscht, genauso unhaltbar wie die Selbstgewissheit des *cogito, ergo sum*: „Es giebt keine unmittelbaren Gewißheiten: cogito, ergo sum setzt voraus, daß man weiß, was ‚denken‘ ist und zweitens was ‚sein‘ ist."[52] Die Kritik Nietzsches an Descartes ist meist sprachphiloso-

---

[51] Vgl. Ottmann, Henning: Philosophie der Neuzeit (17.-19. Jahrhundert In: ders. (Hg.): Nietzsche Handbuch. Leben-Werk-Wirkung. Stuttgart; Weimar 2000. S. 409.

[52] Nietzsche, Friedrich: N, August – September 1885, 40 [24], KSA 11, S. 641. Die Zitation des Nachlasses (jeweils mit N, KSA) folgt der Ausgabe von Nietzsche, Friedrich W.:

phisch motiviert, und gegen die „Gläubigkeit an die Grammatik"[53] gerichtet. Dieser Glaube an Grammatik betrifft Denker wie Descartes, die ihre Erkenntnis durch die Subjekt-Prädikat-Struktur der Sprache oder von der Tätigkeit auf den Täter schließen.[54] Der Leib - Seele-Dualismus hat seinen Ursprung im sprachvermittelten, also bewussten Denken. Nach Nietzsches Leib-Begriff dürfen Körperlichkeit und Geistigkeit nicht als Eigenschaften des Leibes aufgefasst werden und auch nicht als Attribute einer Substanz.[55] „Der Philosoph [ist] in den Netzen der Sprache eingefangen"[56] Somit bleibt lediglich ein Glaube an das cogito und keine Selbstgewissheit des Subjekts. Ganz so wie die Ansicht, dass Gott auch nicht tot ist. Das Problem der Sprachlichkeit auf der einen Seite und das Problem des am Leben-vorbei-Philosophierens auf der anderen, hat er so ausgedrückt: „Zerbröckelt und auseinandergefallen, im Ganzen in ein Inneres und ein Äußeres halb mechanisch zerlegt, mit Begriffen wie mit Drachenzähnen übersäet, Begriffs-Drachen erzeugend, dazu an der Krankheit der Worte leidend und ohne Vertrauen zu jeder eignen Empfindung, die noch nicht mit Worten abgestempelt ist: als eine solche unlebendige und doch unheimlich regsame Begriffs- und Wort-Fabrik habe ich vielleicht noch das Recht von mir zu sagen cogito, ergo sum, nicht aber vivo, ergo cogito. Das leere „Sein", nicht das volle und grüne „Leben" ist mir gewährleistet; meine ursprüngliche Empfindung verbürgt mir nur, dass ich ein denkendes, nicht dass ich ein lebendiges Wesen, dass ich kein animal, sondern höchstens ein cogital bin."[57] Cogito als Nicht-Leben, als seinsleer so erklärt es Nietzsche an dieser Stelle, eine Philosophie, die am Leben vorrübergeht und den Menschen nur auf sein „Ich denke" festlegt, dies ist deutlich zu wenig. Nietzsche ist nicht klar, warum eine unmittelbare Gewissheit, die auf einer Art von Intuition beruht, einsichtig sein soll. „Abergläubisch" nennt er „das ein Gedanke kommt, wenn ‚er will', und nicht wenn ‚ich' will…"[58] Subjekt und Ich trennen sich in Nietzsches Denken in eine Vielheit von Affekten, subti-

---

Sämtliche Werke, Kritische Studienausgabe. 15 Bde. Hg. v. Giorgo Colli und Mazzino Montinari. München 1999.

[53] Nietzsche, Friedrich: Jenseits von Gut und Böse 34. KSA 6, S. 54. Im Folgenden mit JGB abgekürzt.

[54] Vgl. dazu ebd. 17. KSA 6. S. 31.

[55] Vgl. Schlimgen, Erwin: Nietzsches Theorie des Bewußtseins. Berlin, New York 1998. S. 171.

[56] N, KSA 7. S. 463.

[57] Nietzsche, Friedrich: Unzeitgemäße Betrachtungen II. In der: Die Geburt der Tragödie. KSA 1. S. 329.

[58] JGB 17.

len Trieben, Machtquanten und Interpretationen auf.[59] Viele Philosophen haben trotz Vorbehalten gegen die cartesische Philosophie die Schlussfolgerung übernommen, dass die Skepsis erst mit dem Wissen über uns selbst und unsere unmittelbar gegebenen Bewusstseinsgehalte beruhigt wird. Diesen Luxus gönnt sich Nietzsche keinesfalls, denn er ist sich darüber im Klaren, dass wir uns oft genug über uns selbst täuschen.[60] Wir entgleiten uns selbst in jedem Augenblick.

Nietzsche wehrt sich darüber hinaus gegen die rationalistische und idealistische Tradition, die das Ich, das sich seiner bewusst ist, vom Körper trennt und zu einer eigenständigen geistigen Substanz hypostasiert. Wo der Glaube an materielle Substanzen verloren gegangen ist, so ist der Glaube an mentale Substanzen ebenso ein Irrweg. So schreibt Nietzsche: „[D]ie Materie ist ein eben solcher Irrthum, wie der Gott der Eleaten."[61] Und weiter: „Wenn es nichts Materielles giebt, giebt es auch nichts Immaterielles."[62] Selbst die Unterscheidung Innen und Außen, Materie und Geist, ferner – wie bereits erwähnt – Geist und Leib u. a. haben für Nietzsche keine Aussagekraft mehr, sondern sind ein unhaltbarer Dogmatismus. Die Bewusstseinszustände werden dabei zur Basis einer gesicherten Welterkenntnis gemacht und die ratio bzw. der ‚Geist' wird zum Wesen der Wirklichkeit erklärt.[63] Nietzsche wendet dies und stellt den Leib in den Vordergrund seiner Überlegungen: „Wesentlich vom Leibe ausgehen und ihn als Leitfaden zu benutzen"[64], lautet sein Credo. Entgegen dem Geist und dem Bewusstsein ist „[d]as Phänomen des Leibes .. das reichere, deutlichere, fassbare Phänomen: methodisch voranzustellen, ohne etwas aufzumachen über seine letzte Bedeutung"[65]. Die Verachtung des Leibes ist für Nietzsche Zeichen für die krankhafte, absterbende und untergehende Kultur, die nicht mehr über sich hinaus schaffen will.[66] Nietzsches Plädoyer erinnert auch an die Kultur des Körpers

---

[59] Vgl. Ottmann, Henning: Philosophie der Neuzeit. S. 410.

[60] Vgl. Danto, Arthur: Nietzsche als Philosoph. A. d. Englischen von Burkhardt Wolf. München 1998. S. 129.

[61] Nietzsche, Friedrich: Fröhliche Wissenschaft. KSA 3. S. 468. Im Folgenden mit FW abgekürzt.

[62] N, Herbst 1887, 9 [98], KSA 12. S. 391.

[63] Vgl. Salehi, Djavid: Subjekt. In: Henning Ottmann (Hg.): Nietzsche Handbuch. S. ebd. S. 554.

[64] N, August – September 1885, 40 [15], KSA 11. S. 635.

[65] N, Sommer 1886-Herbst 1887, 5 [56], S. 205 f.

[66] Nietzsche, Friedrich: Also sprach Zarathustra I, Von den Verächtern des Leibes. KSA 4, S. 40 f. im Folgenden mit Z abgekürzt.

in der stoischen und epikureischen Lehre. Nietzsche schreibt gegen die rationalistische Strömung seit Descartes und den damit zusammen hängenden Leib-Geist-Dualismus.[67] „Hinter deinen Gedanken und Gefühlen, mein Bruder, steht ein mächtiger Gebieter, ein unbekannter Weiser – der heisst Selbst. In deinem Leibe wohnt er, dein Leib ist er … Der schaffende Leib schuf sich den Geist als eine Hand seines Willens."[68] Das "Selbst" steht in Nietzsches Philosophie für die Gesamtheit des Menschen als ein *leibliches* Individuum und bekommt höchste Ehren, indem es als ein „Weiser" auftritt. Dies richtet er gegen die traditionelle Auffassung, nach der das Wesen des Menschen die Seele, der Geist oder das "Ich" ist.[69] Nietzsche möchte damit die Leib-Seele-Spaltung überwinden. Die Triebe des Leibes nutzen das bewusste Ich, indem sie dessen Anlagen zur sprachlichen Mitteilungsfähigkeit oder zur strategischen Planung zur Erreichung ihrer Ziele einsetzen. An jedem leiblichen Geschehen sind auch geistige Wirkungen (Urteile und Wertschätzungen) beteiligt, treten aber dort nicht als solche auf.

Allerdings gibt es zum Kontext des "Selbst": auch andere Stellungnahmen Nietzsches: „Es ist Mythologie zu glauben, daß wir unser eigentliches Selbst finden werden, nachdem wir dies und jenes, gelassen oder vergessen haben. So dröseln wir uns auf bis ins Unendliche zurück: sondern u n s   s e l b e r m a c h e n, aus allen Elementen eine Form g e s t a l t e n – ist die Aufgabe! Immer die eines Bildhauers! Eines produktiven Menschen! N i c h t durch Erkenntniß, sondern durch Übung und ein Vorbild werden wir   s e l b e r! Die Erkenntniß hat bestenfalls den Werth eines Mittels!"[70] Die Betonung des Wortes *eigentlich* ist hier entscheidend, denn in die Tiefe des Selbst können wir nicht vordringen, selbst dann nicht, wenn wir alles lassen und vergessen. Dieser Umstand zwingt uns zur Produktivität unserer selber. Durch Übung, weniger durch Erkenntnis, ist die Selbstgestaltung möglich, wenn auch "nur" mit dem leiblichen Selbst als Ausgangsbasis. Es stellt wohl kein größeres Problem für Nietzsche dar, auf dieser Basis den Leib als „Eine grosse Vernunft" zu bezeichnen, während die „kleine Vernunft" ein „Werkzeug des Leibes" ist. Damit assoziiert Nietzsche Sinn und Geist als „Werk- und Spielzeuge" der großen Vernunft des Leibes. Die große Vernunft ist bedeutender als die Weisheit und das, was von

---

[67] Vgl. Kap. 4.4. dieser Arbeit.

[68] Ebd. S. 40.

[69] Vgl. Christians, Ingo: Selbst. In: Henning Ottmann (Hg.): Nietzsche Handbuch. S. 523 f.

[70] N, Notizbuch Ende 1880, 7 [213]. S. 361.

uns ‚Geist' genannt wird, und in ihr sind Leib und Seele nicht unterscheidbar.[71] Das Selbst sucht mit Sinnlichkeit und Rationalität, „es vergleicht, bezwingt, erobert, zerstört." Gleichsam ist es Herrscher über das Ich.[72] Auf diesen Zusammenhang wird noch näher einzugehen sein, aber vorerst bleibt es wichtig, die scheinbare Dichotomie der Vernunft näher zu erläutern.

Der Leib im Sinne der großen Vernunft meint bei Nietzsche nicht den Körper Descartes' wobei nicht nur Seele und Leib, sondern auch *res cogitans* und *res extensa* untrennbar sind. Nietzsche kritisiert die „kleine Vernunft" womit er die herkömmlichen mit der universellen Vernunft verknüpften Formen der Leibbeherrschung in Frage stellen möchte. Es ging Nietzsche dabei um eine andere Art von Vernunft, die er zur Sprache bringen wollte. Ihm ging es um eine Befreiung der Vernunft und des Leibes, die in Form der kleinen Vernunft, die scientistisch-technisch ist und die er als vorherrschend empfand. Dies heißt nicht, den Körper von der Vernunft überhaupt zu trennen.[73] Dennoch ist es nicht möglich, etwas über den Leib auszusagen wo die Vernunft fehlt und die „große Vernunft" des Leibes bleibt wirkungslos, wo ihr der Zugriff auf die „kleine Vernunft" als Mittel seines Selbst verwehrt bleibt. Dieser Rückgriff kann zu einer Entfremdung des Leiblichen führen, aber ohne „kleine Vernunft" kann die große auch nicht aufgedeckt werden. Damit ist die Selbstbegründung der leiblichen Vernunft nicht ohne Geist für uns zu haben. Die „Entdeckung des Selbst als affektives, triebhaftes, gestimmtes, gefühltes Sein ist in absoluter Trennung vom Ich nicht möglich."[74] Die Selbigkeit der „großen Vernunft" ist also nicht von den bisherigen Identitätsbegriffen der „kleinen Vernunft" zu trennen. Darüber hinaus organisiert das Selbst die mannigfaltigen, ungeordneten und regellosen Funktionen des Leibes in der Weise, „daß trotz aller gegensätzlichen Elemente und Spannungen daraus der Leib als ein einheitliches Gebilde allererst hervorgeht."[75] Dabei steht das Selbst nicht als Instanz außerhalb des Konfliktes der Triebe, sondern ist *der* entscheidende Trieb, der die übrigen Triebe beherrscht und diese für

---

[71] Vgl. FW, Vorrede 3, KSA 3, S. 349.

[72] Vgl. und die Zitate in diesem Absatz: Z I., KSA 4. S. 39 f.

[73] Vgl. Caysa, Volker: Leib. In: Henning Ottmann (Hg.): Nietzsche Handbuch. S. 272.

[74] Ebd. S. 273.

[75] Pieper, Annemarie: Ein Seil geknüpft zwischen Tier und Übermensch. Philosophische Erläuterungen zu Nietzsches erstem 'Zarathustra'. Basel 2010. S. 154.

seine Ziele nützlich macht. Der Weg zum Leben führt für Nietzsche über das „Zurück zum Leib"[76].

Nietzsches Überlegungen zeigen sehr deutlich, dass sie nicht Dascartes' Denken völlig negieren, sondern auch erweitern und ergänzen.

1 3. Kreisen um das Ich: Selbstbewusstsein und die Vertrautheit mit sich selbst

Es mag zunächst nicht klar sein, warum Selbstbewusstsein und die Lehre der Oikeiosis in einem Kapitel nebeneinander behandelt werden. Zur Erklärung sind zwei Gründe anzuführen: Erstens ist in der Antike bereits über das Selbstbewusstsein im Kontext der Vertrautheit mit sich selbst reflektiert worden und zweitens hat Dieter Henrich plausibel darauf aufmerksam gemacht, dass Selbstbewusstsein, Oikeiosis und der später aufgekommene Bereich der Selbsterhaltung nicht voneinander trennbar sind. Diese Grundannahme wird sich wie ein roter Faden durch dieses Kapitel ziehen.

Die Frage nach dem, was Selbstbewusstsein überhaupt ist, wie und wo es entspringt, was es zu leisten vermag hat in eine komplexe und hochdifferenzierte Diskussion geführt, die an diese Stelle weder nachvollzogen, noch kritisiert werden soll. Grundsätzlich kann in einen Selbstbewusstseinsbegriff im Sinne einer "Vertrautheit mit sich selbst" bzw. "Selbstbeziehung" und in einen der analytischen Philosophie des Geistes eingeteilt werden. Im Sinne der letzteren versteht die Mehrzahl der Autoren dieser Richtung ein spezifisches Wissen, das Vernunftwesen, die Begriffe verwenden, über ihre eigenen Bewusstseinszustände besitzen und sich in Sätzen des Typs „Ich weiß, daß ich Schmerzen habe (etwas Rotes sehe etc.)"[77] artikulieren können. Für die vorliegende Untersuchung wird der Begriff des Selbstbewusstseins in der zuerst genannten Art von Bedeutung sein, greift er doch im Kontext einer Reflexion des Ichs (*selbstreflexives Selbst*) bereits in die Lebensführung ein, worüber Martin Heidegger schreibt: „Die Reflexion im Sinne der Rückwendung ist nur ein Modus de Selbst*erfassung*, aber nicht in der Weise der primären Selbst-Erschließung. Die Art und Weise, in der das Selbst im faktischen Dasein sich selbst enthüllt ist, kann man dennoch zutreffend Reflexion nennen, nur darf man hierunter nicht das verste-

---

[76] Vgl. Z, I., Von der schenkenden Tugend 2, KSA 4. S. 100.

[77] Tugendhat, Ernst: Selbstbewusstsein und Selbstbestimmung. Frankfurt am Main 1979. S. 21 f., 27 f.

hen, was man gemeinhin mit diesem Ausdruck versteht: eine auf das ich zurück gebogene Selbstbegaffung, sondern ein Zusammenhang, wie ihn die optische Bedeutung des Ausdrucks ‚Reflexion' kundgibt. Reflektieren heißt hier: sich an etwas brechen, von da zurückzustrahlen, d. h. von etwas her im Widerschein sich zeigen."[78] Das Selbst ist hier zwar nicht ursprünglich erschlossen, denn es würde sein Selbstbewusstsein erst vom Widerschein der Welt her gewinnen. Somit wäre das Selbst, dass wir sind oder zu sein glauben, nicht von Anfang an durch Selbstbewusstsein gekennzeichnet, sondern würde zunächst auf das Sein greifen, das dem Selbstbewusstsein vorgelagert ist. Es gilt dann als ein ‚abkünftiger Modus' des noch ursprünglicheren Sein-Verständnisses. Dem Dasein als Seienden geht es in seinem Sein *um* sein Sein selbst[79]; daraus gilt es für das Subjekt die Seins-Frage zu stellen und sich aus einem gewissen Seins-Verständnis heraus auch selbst zu interpretieren.[80]

Das selbstreflexive Selbst löst sich aus seiner Gebundenheit und setzt sich über seine Gegebenheiten hinweg, um sich von außen betrachten zu können. Das Selbstbewusstsein ist aber auch ein Prinzip von Aktivität, wodurch es zum Grund der Möglichkeit wird, „Distanz vom eigenen Reagieren zu nehmen, weiträumige Interessen zu entwickeln und planvolles Handeln zu entwerfen und durchzusetzen."[81] Darin zeigt sich die Kontinuität des Lebens und die Einheit der Person in Verbindung mit einem Kontext der Motivation, die die naturhaft angelegten Antriebe zu transzendieren vermag, wodurch ein Erfahrungszusammenhang aufgrund von gelenkter Anstrengung erreicht wird. Im Vorhergehenden sind die Bemühungen darum, seitens Descartes bereits angeführt worden, hatte er doch versucht, die Substanz des Selbst in das reine Denken des Ich zu verlegen und damit ein *Cogito-Subjekt* zu begründen.

„Das Subjekt, ursprüngliche ohne Bezug auf ein Selbst aufgefasst als Substanz der Dinge, als das den Phänomenen ‚Zugrundeliegende' (griech. hypokeímenon, lat. subiectum), wird zu einem Konzept, das das Selbstverständnis des Selbst zugrunde liegen und für viele Individuen verbindlich werden kann. Subjekt-Konzepte zu verfertigen, wird fortan zu einem Spezifikum der neuzeitlichen und modernen abendländischen Kultur. Das Subjekt der Lebenskunst ist selbst ein

---

[78] Heidegger, Martin: die Grundprobleme der Phänomenologie. Gesamtausgabe, Bd. 24. Frankfurt am Main 1975. S. 226.

[79] Vgl. Heidegger, Martin: Sein und Zeit. Tübingen 1993. S. 12.

[80] Vgl. Frank, Manfred: Selbstbewußtsein und Selbsterkenntnis. S. 12.

[81] Henrich, Dieter: Bewußtes Leben. Stuttgart 1999. S. 100.

Konzept und schliesst auf seine Weise an die Geschichte des Selbst an."[82] Im Selbst ist das *Ich* eingeschlossen, d. h. das ich, was aus momentanem und spontanem Sprechen in der ersten Person aus noch unreflektierten Gegebenheiten heraus entspringt. Dazu gehört das Sich, welches dem Selbst ein reflexives Moment verleiht, das ihm das „von sich selbst sprechen" ermöglicht. Dabei ist das Sich-Selbst die Verdopplung des Ich-Selbst während des Denkens und das Selbst noch einmal, jedoch von außen, also aus der Distanz der Reflexion wahrgenommen. Dies geschieht vom Selbst selbst, das damit eine erste Gestalt der Beziehung zu sich selbst begründet. Dies ist die epistemische *Selbst*beziehung. Sie ist "epistemisch", weil es sich dabei um ein kognitives Selbstbewusstsein handelt. Das Selbstbewusstsein repräsentiert mich mit mir selbst: Das Entfernen von sich selbst, das Betrachten des sich selbst aus einer gewonnenen Entfernung zwischen Ich und Sich, das "Erkennen" von sich selbst, von sich zu wissen, über sich nachzudenken und sich wieder auf sich zu beziehen, sich seiner bewusst sein. Diese Möglichkeit der Beziehung mit sich selbst kann nur geschehen, wenn die Korrelate Ich und Sich nicht miteinander identisch sind, sondern eine Beziehung zueinander gründen, welche dem reflexiven Selbst zugrunde liegt. Die kreisförmige Bewegung vom Ich zum Sich, scheint sich wieder zum Ausgangspunkt zurück zu wenden, dies ist hier aber nicht vorstellbar, da es im Maße wie es von sich Wissen gewinnt nicht mehr unverändert bleibt. Ein gleichförmiges In-sich-Kreisen ist daher nicht möglich. Ist das Selbstbewusstsein auf diese Art beschreibbar, dann kann damit nicht die "unmittelbare" Bekanntschaft von Subjekten mit sich selbst verstanden werden. Davon ist die Reflexionsform der Beziehung zu sich als "Selbsterkenntnis" zu unterscheiden.[83]

Zum epistemischen Selbstbewusstsein des Subjekts tritt noch die ethisch-asketische Selbstbeziehung hinzu und bezeichnet die "Arbeit des Selbst an sich" und die bewusste Einwirkung auf sich selbst, um sich zu gestalten und zu verändern. Schmid steckt den Raum der Selbstgestaltung im Bezug zum Bewusstsein wie folgt ab: „Das Selbstbewusstsein ist die Bedingung für die Möglichkeit der Selbstgestaltung: nur das Selbst, das fähig ist, sich reflexiv auf sich selbst, die eigenen Strukturen und die Strukturen, in denen es lebt, zu wenden, gewinnt es Spielraum, der ihm erlaubt, sich selbst zu gestalten und aus sich das Selbst zu machen, das es sich vorstellt."[84]

---

[82] Schmid, Wilhelm: Philosophie der Lebenskunst. S. 239.

[83] Vgl. ebd. S. 239 f.

[84] Ebd. S. 241.

Bleibt bei all dem Pathos doch einzuwenden, dass es nur diejenigen Dinge wenden kann, die in seinem Machtbereich liegen. Schafft es dies in diesem Rahmen, so kann es etwas über sich hinaus, d. h. es übersteigt das, was es schon ist. Es verändert sich dadurch und bleibt somit nicht mehr dasselbe. Es ereignet sich in diesem Prozess eine vorsätzliche Einwirkung auf sich selbst. Allerdings nicht gerade so, als hätten wir eine unmittelbare reflexive Rückwendung, die Selbstvertrautheit konstituiert sich vielmehr im Gegenteil aus einer vollkommenen Unbezüglichkeit, in der wir *unmittelbar* mit dem bewussten Leben vertraut sind. Nicht aber sind wir mittelbar mit der Subjektivität aus einer Beobachtungs- oder Introspektion-Perspektive heraus bekannt. Nur so ist es möglich, adäquate Kenntnis über uns zu erwerben.[85]

Die Vertrautheit *mit sich* selbst ist bereits in der Antike bei den älteren Stoikern aufgekommen. Sie ist die subjektive Relation eines Gefühls von und für sich. Daraus ergibt sich zu allererst die Möglichkeit, dass der Mensch sich erhalten kann, und sofern er dies tut, bleibt er sich auch vertraut.[86] Unter Oikeiosis ist diese Lehre bekannt geworden und wurde in der neueren Rezeption der Stoa auch als Selbsterhaltung bezeichnet. Sie hat im Bereich der stoischen Ethik die Aufgabe, „zwischen dem Menschen als Naturwesen und dem Menschen als Vernunftwesen, zwischen seinem vormoralischen Streben und seinem vernünftigen Handeln zu vermitteln." Diese stoische Theorie möchte in apriorischer und empirischer Argumentation aus der unpervertierten Natur des Menschen, seine Entwicklung hin zu einem Endziel seines Lebens in sittlicher Kontinuität und einer vernünftigen Selbständigkeit darlegen. Für die Stoa bedeutet ein unpervertiertes Lebewesen eines, das es auf die Erhaltung seines artspezifischen, individuellen und konkreten Daseins abgesehen hat und auf das störungsfreie Erleben dieses Daseins aus ist.[87] Die einschlägigsten Stellen befinden sich bei Cicero und Diogenes Laertius, die sich beide auf die frühe Stoa beziehen. Aus der Lehre der Stoa ergibt sich, „daß ein Lebewesen sogleich nach der Geburt – denn

---

[85] Vgl. Frank, Manfred: Selbstbewußtsein und Selbsterkenntnis. S. 70 f. Frank weist an dieser Stelle ausdrücklich darauf hin, dass sich Selbstbewusstsein im Sinne einer reflexiven Selbsterfassung leicht in aufzuzeigenden Zirkeln bewegen kann.

[86] Vgl. Henrich Dieter: Selbstverhältnisse. Gedanken und Auslegungen zu den Grundlagen der klassischen deutschen Philosophie Stuttgart 2001. S. 114.

[87] Vgl. u. Zitat von Forschner, Maximilian: Oikeiosis. Die stoische Theorie der Selbstaneignung. In: Neymeyr, Barabara u. a. (Hg.): Stoizismus in der europäischen Philosophie, Literatur, Kunst und Politik. Eine Kulturgeschichte von der Antike bis zur Moderne. 2 Bde. Bd. 1. Berlin, New York 2008. S. 169-191. S. 169 u. S. 172. Zur Semantik des Begriffs ‚Oikeiosis' siehe ebd.

damit sollte man beginnen – eine Zueignung und Hinwendung zu sich selbst entwickelt, um sich zu erhalten und auf seine Verfassung und das, was der Erhaltung dieser Verfassung dient, bedacht zu sein, daß es sich aber gegen die Vernichtung und die Dinge, die zur Vernichtung zu führen scheinen, sträubt."[88] Diese Erhaltung der Verfassung ist a priori aus der Natur gegeben, d. h. das Gerichtet sein auf sich selbst wird nicht durch Zwecksetzung oder Wahl konstituiert: „Der erste Trieb, so sagen sie [die Stoiker], der sich in einem lebenden Wesen regt, sei der der Selbsterhaltung; dies sei eine Mitgabe der Natur von Anbeginn an." Und nach Chrysipp: „für jedes lebende Wesen sei seine erste ihm von selbst zugewiesene Angelegenheit sein eigenes Bestehen sowie das Bewußtsein davon."[89] Im Grunde bedeutet dies mit der Natur in Übereinstimmung zu leben. Dazu gehört aber auch: „Die logische Fähigkeit eines Weisen, richtig zu folgern, und seine naturwissenschaftliche Kompetenz, ein kausales Verhältnis unter den Ereignissen der Welt, in der er lebt, richtig zu erfassen..."[90] Der stoische Weise ist so in der Lage, die Kausalität der schicksalhaften Geschehnisse in ein logisches Wissenssystem zu bringen und daraufhin eine zutreffende Vorhersage zu machen. Daraus stellt er die Übereinstimmung zwischen den eintreffenden Ereignissen und seinen eigenen Einstellungen und Handlungen her. Aus dieser Möglichkeit der Selbstgestaltung ergibt sich die Ausrichtung der naturhaften Oikeiosis hin zum Lebensziel des Menschen, was sich durch den mehrfachen Gebrauch des Wortes *Telos* ergibt.[91] Dadurch verschiebt sich jedoch der apriorische Charakter der Oikeiosis wie sie Chrysipp nach Diogenes Laertios geschildert hatte. Ihren fundamentalen Charakter beschreibt Cicero in *De finibus* noch subtiler, als im vorherigen Zitat von Diogenes: „Derselbe Ehrentitel [als Tugend] ist auch der Physik nicht ohne Grund zuteil geworden, und zwar deswegen, weil einer, der gesonnen ist, naturgemäß zu leben, von der ganzen Welt und ihrer Lenkung ausgehen muß. Man kann aber über die Güter und die Übel nicht richtig urteilen, ohne die gesamte gesetzmäßige Ordnung der Natur und des Lebens, auch der Götter, erkannt zu haben und so zu wissen, ob die Natur des Menschen

---

[88] Cicero, Marcus Tullio: De finibus bonorum et malorum. Über das höchste Gut und das größte Übel. Lat./Dt. Übers u. hg. v. Harald Merklin. Stuttgart 1989. III, 16. S. 257.

[89] Beide Zitate: Diogenes Laertios: Leben und Meinungen berühmter Philosophen. Ungek. Sonderaus. Übers. v. Otto Apelt. Vorw. v. Hans G. Zekl. Hamburg 1998. VII, 85 f. S. 47 f.

[90] Lee, Chang-Uh: Oikeiosis. Stoische Ethik in naturphilosophischer Perspektive, Alber-Reihe Thesen Bd. 21, Freiburg/München 2002. Zugel.: Erlangen, Nürnberg, Univ. Diss., 1999. S. 142.

[91] Vgl. Pohlenz, Max: Grundfragen der stoischen Philosophie. Göttingen 1940. S. 2. Pohlenz belegt dies hier aus der Schrift *Grundlegung der Ethik* von Hierokles.

mit der Natur im ganzen übereinstimmt oder nicht. Auch jene alten Weisheitsregeln, sich den Umständen zu fügen, Gott zu folgen, sich selbst zu erkennen, nichts im Übermaß zu treiben, kann ohne die Physik in ihrer Bedeutung – und sie haben eine außerordentliche Bedeutung – niemand zu ermessen. Und auch die Einsicht, welchen Einfluß die Natur auf unsere Pflege der Gerechtigkeit, auf die Bewahrung von Freundschaften und die anderen Zuneigungen hat, vermag nur diese eine Erkenntnis zu vermitteln. Doch auch die Frömmigkeit gegen die Götter und das Ausmaß des Dankes, den man ihnen schuldet, ist ohne die Erklärung der Natur nicht zu verstehen."[92]

Chang-Uh Lee sieht in solchen Aussagen besonders die kosmologisch-teleologischen und theologischen Grundbestände, aus denen heraus sich die Oikeiosis bildet und weiter entwickelt. Sie sind entscheidende Grundlagen für die Tätigkeiten der Lebewesen sowie für die Lehre von den Handlungen der Menschen – sprich der Ethik. Die Menschen sind dabei besondere Teile der kosmischen Natur und sie nähern sich durch ihre artspezifische Natur, der Vernunft, am besten der vollendeten göttlichen Natur.[93] Insgesamt also ein Leben in Übereinkunft mit der Natur: „Ein derartiges Leben, durch das die Menschen ihrerseits ihre artspezifische Natur erfüllen und vollenden und andererseits eben dadurch unter allen Wesen im Kosmos den größten Beitrag zu der besten Selbstbewahrung und Selbstgestaltung der kosmischen Natur leisten können."[94]

Später wird noch auf das Problem einzugehen sein, wie der Mensch zu dieser Selbstbewahrung kommen kann, wenn er scheinbar doch von der Natur, vom Telos und vom Göttlichen abhängt. Zunächst aber gilt es die Differenzen innerhalb der stoischen Lehre ein Stück weit anzusprechen. Es gab Meinungsverschiedenheiten bezüglich dessen, was *das* Ziel des Menschen sei, die Tendenz zur Hinwendung auf das eigene Ich und zur Erhaltung des eigenen Wesens fördert ein erster Naturtrieb.[95] Die Leistungsfähigkeit des Geistes ist der des Körpers vorzuziehen, die willentlichen Fähigkeiten des Geistes heißt es zu beflügeln, woraus sich letztlich die eigentlichen Tugenden ergeben, weil sie aus der Vernunft (*Logos*) entstehen. Entfaltet sich der Mensch nach dem Logos in der geschilderten Weise, so führt ihn dies zum höchsten Gut.[96] Die Vernunftnatur

---

[92] Cicero: De finibus. III, 73, S. 311 f.
[93] Lee, Chang-Uh: Oikeiosis. S. 38 f.
[94] Ebd. S. 39.
[95] Vgl. ebd. S. 15.
[96] Vgl. Cicero: De finibus. V, 38. S. 433 f.

erstreckt sich über den Anderen hinweg, den man als einen ‚Verwandten' erkennt, weil wir in ihm ein Vernunftwesen erblicken. Durch den Primat der Vernunft kann sich der Mensch sein Leben nach festen Grundsätzen zielgerichtet gestalten. Dies geschieht durch die Möglichkeit, Vorstellungen der Gegenwart und Vergangenheit in die Zukunft zu richten, Wirkung und Ursache zu überschauen und bei jeder Handlung die Folgen zu erwägen und Entscheidungen nach verstandesmäßiger Überlegung zu fällen.[97] Dabei muss das „pflichtgemäße Handeln aber .. ein Tun von solcher Art [sein], daß dafür eine plausible Begründung gegeben werden kann."[98] Die Begründung einer Handlung kann somit auf das Traditions- und Erfahrungsmaterial eines sensus communis in seinen praktischen Obliegenheiten zurückgreifen. Das Sittliche selbst stellt Vollendung der Vernunft dar und muss das höchste Gut des Menschen sein. Aus instinktivem Suchen und Vermeiden ergibt sich die Selektion auf das hin, was als naturgegebene Verfassung erhalten werden muss. Alles was ihr widerstrebt, muss gemieden werden, gelingt dies, so lebt der Mensch in konsequenter Übereinstimmung mit der Natur.[99] Die Tugend wird hierbei ganz intellektualistisch gefasst. Die Oikeiosis soll schließlich nicht nur die eigene Person, sondern die ganze Menschheit umfassen.[100] Chrysipp hatte zwar das Selbstbewusstsein schon mit der Oikeiosis verknüpft, was sich näher ausgeführt jedoch erst bei Hierokles findet. Dieser hatte davon gesprochen, dass das Selbstbewusstsein jedem animalischen Lebewesen zukommt. Das geglückte Überleben ist ein Anzeichen dafür, denn dazu gehört die Wahrnehmung der Glieder des Körpers, die eigene Kondition und die körperliche Stärke für den Verteidigungsfall, die Einschätzung der eigenen Stärken und Schwächen, wie auch die Stärke und Schwäche des möglichen Gegners. Diese Wahrnehmung ist in ihrer Struktur immer schon bipolar in das Innere und in das Äußere gerichtet, wobei zunächst die Zentrierung nach innen überwiegt.[101] Diese Selbstwahrnehmung besitzt das Lebewesen auch später kontinuierlich, sodass es sich auch während des Schlafes wahrnimmt. Die Selbstwahrnehmung ist unauflöslich mit der Gegenstandswahrnehmung verwunden, wobei letztere die Selbstwahrnehmung voraussetzt. Das Lebewesen ist so in der Lage, sich selbst jederzeit zu empfinden und zu erleben und somit sich

---

[97] Vgl.: Pohlenz, Max Die Stoa. Geschichte einer geistigen Bewegung 2 Bde. Bd. 1. 5. Aufl. Göttingen 1978. S. 115.

[98] Vgl. Cicero: De finibus. III, 58. S. 297.

[99] Vgl. ebd. III, 20. S. 263.

[100] Vgl. ebd. III, 62 ff. V, 65 ff.

[101] Vgl. Forschner, Maximilian: Oikeiosis. S. 174.

seines Lebens inne ist; damit hat es eine kontinuierliche Beziehung zu sich selbst und es ist möglich, etwas als das Eigene oder als Fremdes zu erfahren.[102] Dies klingt etwas missverständlich, denn gemeint ist damit keineswegs die Selbsterkenntnis als ein präzises Verständnis der eigenen natürlichen Konstitution. Lediglich ein Bewusstsein des eigenen Seins ist gegeben: „Wie wir ein Bewußtsein unserer Seele haben, obschon wir ihre Natur und ihren Sitz nicht kennen, so haben alle lebenden Wesen ein Bewußtsein ihrer Körpergestaltung. Denn sie müssen notwendig dasjenige wahrnehmen, was ihnen zur Wahrnehmung anderer Dinge verhilft, sie müssen notwendig dasjenige wahrnehmen, dem sie gehorchen, von dem sie geleitet werden. Jeder von uns sagt sich, daß es etwas gibt, was seine Triebe in Bewegung setzt: was es aber sei oder woher es sei, weiß er nicht. Und daß ein Betätigungsdrang in ihm sei, weiß er; welcher Art aber er sei und woher weiß er nicht."[103]

Um Verantwortung und Freiheit zu ermöglichen, ist die Aneignung von ‚zu eigenen' Vorstellungen und ihrer Ursachen nötig, die der voll entwickelte Mensch nicht automatisch besitzt, sondern erst durch seine Zustimmung erlangen kann. Ist die entsprechende Vorstellung nicht bejaht oder zurückgewiesen, so *gehört* sie ihm noch nicht. Die Ursache für die Vorstellung liegt für die Stoiker in der äußeren Welt, doch ist sie ihm fremd, solange er sie noch nicht bejaht oder zurückgewiesen hat, womit sie noch nicht angeeignet ist. Durch die Aneignung erkennt der Mensch die Vorstellungen selbst inklusive ihrer Ursachen. Dabei existiert der Gegenstand immer als meine Vorstellung „oder immer als der mir vorgestellte Gegenstand. Dabei bildet auch der Gegenstand, der als ‚ich selbst' bezeichnet wird, keine Ausnahme." Das, was zu Eigen ist, ist eher die Vorstellung oder das Bewusstsein seiner eigenen Verfassung als die Verfassung an sich.[104]

Im Innewerden und Anerkennen des Vorhandenen als zu sich gehörig oder aber sich fremd bzw. abstoßend gegenüber stehend, bildet sich ein Prozess, der das Selbst von bestimmter Art konstituiert. Es nimmt sich in diesem Selbstsein an

---

[102] Vgl. Lee, Chang-Uh: Oikeiosis. S. 65 f. Zur weiteren Prämissen bezüglich der Selbstwahrnehmung, die hier jedoch nicht weiterverfolgt werden können, siehe ebd. S. 76 f.

[103] Seneca, Lucius A.: Ep. 121, 11-12.

[104] Vgl. ebd. S. 89 f.

und ist gegenüber Fremdem, Bedrohlichen und Zerstörendem darauf bedacht, sich abzugrenzen und zu beschützen.[105]

Für Pflanzen regelt die Natur die Erhaltung und Tieren ist ein entsprechender Trieb gegeben, beim Mensch jedoch tritt zum Trieb auch noch der Logos, der Triebe beherrschen und gestalten soll. Die Tugend ist die entscheidende seelische Haltung, durch die der Mensch sein ganzes Leben in Kongruenz mit dem Logos führen kann, was ihm letztlich die *Eudämonie* sichert.[106] Bereits Zenon hatte ausgeführt, dass die erste Oikeiosis auf das eigene Ich und der erste Trieb auf die Selbsterhaltung gerichtet sei, was auch bedeutet, sich seinem Wesen zuzueignen. Dies ist jedoch nicht individualistisch-egoistisch zu verstehen. Zenon kam als Fremder unter die Hellenen und ihm war klar, dass er nicht nur in Bezug auf die körperlich-geistige Wesenheit begründete Verwandtschaft mit den anderen verbunden war, sondern eine gefühlsmäßige ‚Zueignung', die ihn antrieb, auch den entferntesten Menschen als ‚zugehörig' zu akzeptieren und für sein Wohl zu sorgen[107]. Daraus ergibt sich ein Zusammengehörigkeitsgefühl, das alle verbindet, Angehörige, die politische Gemeinschaft bis zur ganzen Menschheit, woraus sich ersehen lässt, dass die Stoa den Menschen ebenso wie Aristoteles als Gemeinschaftswesen erkannte. Das Ich wird durch die Gemeinschaft erhalten und geschützt, das Nützliche gefördert und das Schädliche abgehalten. Die Oikeiosis-Lehre bildet, wie sich an diesen Ausführungen bereits zeigen ließ, zugleich das Fundament und den Ausgangspunkt der stoischen Ethik. Ein verantwortliches Verhalten gewinnt eine Person nach stoischer Überzeugung nur „wenn sie die bestehenden Sitten und Gesetze, die Befugnisregeln und Verpflichtungsansprüche einer politisch-sozialen Ordnung einem Maßstab kritischer Prüfung und praktischer Orientierung unterwirft, der zeit- und ortinvariante universale Dignität und Verbindlichkeit besitzt."[108] Dieser Maßstab ist der der Natur, wobei Natur nicht nur für die spezifische Natur des Menschen steht, sondern auch für ihre Konstellation im Raum der göttlichen Allnatur. Für das Verständnis der Moderne in Bezug auf die Oikeiosis-Lehre der Stoa, ist entscheidend zu sehen, dass diese Selbstbeziehung sich nicht aus einer beirrten Subjektivität noch

---

[105] Vgl. Forschner, Maximilian: Oikeiosis. S. 173. Vgl. zu diesem Kontext Kerferd, G. B.: The Search for Personal Identity in Stoic Thought. In: Bulletin of the John Rylands Library of Manchester 55, 1972 S. 177-196.

[106] Vgl. Pohlenz, Max: Grundfragen der stoischen Philosophie. Göttingen 1940. S. 7 f.

[107] Vgl. ebd. S. 45.

[108] Forschner, Maximilian: Oikeiosis. S. 182.

aus einem von Gott an sich gerissenen Machtbewusstsein heraus begründet. Vielmehr ist es der stoische Monismus in Form der Weltvernunft, die dem einzelnen Wesen die Kraft und die spezifische Vernunftstruktur verleiht und woran der einzelne Mensch Teil hat. Das Pneuma, welches sich durch und mit dem Göttlichen mischt und die ganze Materie durchdringt und dadurch das aktive Prinzip des *Logos* bildet, ist diese Weltvernunft, die gleich einem Urfeuer, einer Urkraft, einer Weltseele gedacht wurde. Dies ist auch der Grund dafür, dass diese Theorie keine Desintegration im Ganzen befürchten muss. Es entspricht damit dem Bewusstsein der Moderne, in dem das Prinzip der Subjektivität nur mit theoretischer Distanzierung vom jeweils eigenen Subjekt zu etablieren ist. „Die moderne Konzeption der Subjektivität ist darin der stoischen verwandt, daß sie nahezu umgekehrt den reflexiven Prozeß in der Einheit mit einem selbst nicht subjektiven Prinzip denkt, ohne seine innere Verfassung zu übersehen oder schon in der Beschreibung zu reduzieren, die sie von dem Subjektiven als solchen gibt."[109]

Das monistische Prinzip steht scheinbar beherrschend über dem Subjekt, lässt ihm aber jegliche Freiheit einen Reflexionsprozess zu beginnen der wiederum die nötige Distanz zum eigenen Selbst einnehmen kann. An dieser Stelle ist unbedingt auf Wilhelm Dilthey zu verweisen, der die Verwandtschaft der stoischen Welt- und Lebenslehre mit der modernen philosophischen Theorie anhand von Weltanschauungstypen nachzuweisen versucht hatte. Er sah in dem pantheistischen Monismus Griechenlands die vollkommenste Form des stoischen Systems und er erkannte auch die vollständige Parallelität zwischen dem stoischen Denken und der modernen Metaphysik. [110]

Im nächsten Abschnitt muss noch auf die Selbsterhaltung eingegangen werden, bildet sie doch den Fortgang der Oikeiosis in der neueren Philosphiegeschichte.

1.4. Selbsterhaltung

Wie bereits angesprochen, entwickelte sich der Begriff "Selbsterhaltung" im Anschluss an die Oikeiosis-Lehre. Um das Verständnis der Selbsterhaltung in der Moderne verstehen zu können, gilt es diesen Terminus stärker zu konturieren.

---

[109] Vgl. Henrich Dieter: Selbstverhältnisse. S. 116.

[110] Vgl. Dilthey, Wilhelm: Weltanschauung und Analyse des Menschen seit Renaissance und Reformation. In gesammelte Schriften Bd. II. 8. unveränd. Aufl. Göttingen 1969. S. 312 ff.

Dabei gilt es in der gebotenen Kürze nur die wichtigsten Trennlinien aufzuzeigen.

Wird von Selbsterhaltung gesprochen, so ist dabei der aristotelische Aspekt wie auch die stoische Tradition vermittelt. Ersterer gilt für die Erhaltung der Gattung, also im Wesentlichen Nahrungsaufnahme und Fortpflanzung. Der stoische Standpunkt ergibt sich aus der Oikeiosis-Lehre. Wichtig ist vor allem das zweite Moment, indem das individualbestimmte Selbst in die neuzeitliche Verständigung über die Selbsterhaltung von Beginn an in die Theoriebildung mit eingeht. Die aristotelische Selbsterhaltung, die sich auf die Erhaltung der Gattung konzentriert, ist dabei die am wenigsten dienliche, da sie viel zu allgemein und differenziert vorgetragen wurde. Ferner gilt es die Fremderhaltung durch ein numinoses Wesen bzw. einen transzendenten Gott zu eliminieren; umfassender gesprochen, ist die theologisch orientierte Fremderhaltung völlig auszuschließen. Humane Selbsterhaltung funktioniert nur, wenn jegliche Fremdbestimmung ausgeschlossen werden kann, d. h. die theologische Theoriebildung ist für die sich selbst erhaltende Subjektivität überflüssig geworden. Das gleiche gilt für naturgesetzlich festgeschriebene Erhaltungsprozesse, wenn sie für die Erhaltung des Subjekts bestimmend angenommen werden, was eine Selbsterhaltung praktisch unmöglich machen würde. Bei der Dominanz von intransitiven Erhaltungssätzen, die den physikalischen Entwurf der Natur prägen und auch der biochemischen und neurowissenschaftlichen Interpretationen zu Grunde liegen, würde die Frage nach der Selbsterhaltung wahrscheinlich gar nicht gestellt werden können.[111]

Das Mittelalter stellte sich eine radikale Frage, die in der Antike gar keine Rolle spielte und glaubte sie durch die Behauptung einer kontinuierlichen, innigsten, totalen Abhängigkeit der Welt von Gott, nicht nur als Schöpfer, Regent und Verwalter, sondern als „Erhalter" im strengsten Sinne zu beantworten. Man zwingt sich in dieser Zeit gegen das *nihil* als einer metaphysischen Normalität der antiken Tradition zu denken und das creatio ex nihilo als Wunder, das sich gegen die Normalität durchzusetzen vermag, zu deuten.[112] Ich möchte diese Dar-

---

[111] Vgl. Ebeling, Hans: Einleitung: das neuere Prinzip der Selbsterhaltung und seine Bedeutung für die Theorie der Subjektivität. In: Hg. u. eingel. v. ders.: Subjektivität und Selbsterhaltung. Beiträge zur Diagnose der Moderne. Frankfurt am Main 1996. S. 7-40. S. 9 ff.

[112] Vgl. Blumenberg, Hans: Selbsterhaltung und Beharrung. Zur Konstitution der neuzeitlichen Rationalität. In: Ebeling, Hans (Hg.): Subjektivität und Selbsterhaltung. Beiträge zur Diagnose der Moderne. Frankfurt am Main 1996. S. 144-227. S. 156 f. Blumenberg bemüht sich in dieser Arbeit um eine Genealogie des Selbsterhaltungsbegriffs bis in die

stellungsweise auch nicht weiter verfolgen, sondern eine richtungsweisende Philosophie, die sich um die Explikation der Selbsterhaltung bemüht hat, aufzeigen.

Diese ist ohne Zweifel die von Thomas Hobbes in seinem *Leviathan* und vor allem in *De Cive* vorgetragene Selbsterhaltung. So schildert er in der Einleitung zum *Leviathan* im Tenor der antiken Mimesis-Lehre seine Überlegungen, die er allerdings anders wendet, als das in der Nachahmungs-Theorie des Aristoteles intendiert war. „Die Natur oder die Weisheit, welche Gott in der Hervorbringung und Erhaltung der Welt darlegt, ahmt die menschliche Kunst so erfolgreich nach, daß sie unter anderen Werken auch ein solches liefern kann, welches ein künstliches Tier genannt werden muß."[113] Darüber hinaus geht die Kunst weiter in Form der Erschaffung eines künstlichen Menschen, genannt Leviathan. Er gewährleistet Schutz und Verteidigung des natürlichen Menschen. Die Herstellung von Automaten wie Uhren etc. hat aber nichts mit der Mimesis-Lehre zu tun, ganz im Gegenteil wird hierbei nichts vollendet, was die Natur nicht vollendet hätte und das Naturgegebene wird ebenfalls nicht nachgeahmt. Die schon genannte Uhr ist ein vom Menschen hergestelltes Automaton, sie wird von Federn und Rädern bewegt, hat, wie dadurch gesagt werden kann, ein künstliches Leben. „Ist nicht das Herz als Springfeder anzusehen? Sind nicht die Nerven ein Netzwerk und der Gliederbau eine Menge von Rädern, die im Körper diejenigen Bewegungen hervorbringen, welche der Künstler beabsichtigte?"[114] Die menschliche Kunst ahmt demnach nicht die Natur nach, sondern die Natur "ahmt" menschliche Kunst "nach", Innovation tritt an die Stelle von Imitation, d. h. einziger vollständig begreifbarer Mechanismus ist der, den der Mensch hergestellt hat. Im Gegensatz zu Gott, der ex nihilo schafft, ist der Mensch bei der Gestaltung des Staates als Urheber und Handwerker auf eine vorgefundene „matter" angewiesen.[115] Dies gilt auch für den Leviathan, dessen „matter" immer schon ein geschichtlich Vorgefundenes ist, welches aus „natürlichen" Individuen besteht, die den Staat erst konstruieren.

Die Genealogie der Selbsterhaltung ist bei Hobbes im Naturzustand des Menschen impliziert. Der natürliche Mensch ist der unter Voraussetzung von Ge-

---

Neuzeit und bietet eine gute Übersicht über die mittelalterliche Selbsterhaltung im Sinne der *creatio continua* und des *concursus divinus*.

[113] Hobbes, Thomas: Leviathan. Übers v. Jacob P. Mayer. Stuttgart 2010. S. 5.

[114] Ebd.

[115] Buck, Günther: Selbsterhaltung und Historizität. In: Ebeling, Hans (Hg.): Subjektivität und Selbsterhaltung. Beiträge zur Diagnose der Moderne. Frankfurt am Main 1996. S. 208-302. S. 224.

schichte und Gesellschaft vorzufindende Mensch, d. h. dabei muss man von allen existierenden und so, wie sie existieren, funktionsuntüchtigen sozialen und rechtlichen Bedingungen absehen. Somit unterscheidet er sich von der „künstlich" erzeugten Institution des Leviathan.[116] Dazu geht Hobbes von vier Gattungen der menschlichen Natur aus: Körperkraft, Erfahrung, Vernunft und Leidenschaft, besonders aber wird im Folgenden von der Vernunft auszugehen sein. Um den Staat zu kreieren, sollten die Menschen von ihrem Vernunftvermögen auch den rechten Gebrauch machen, wobei der so entstandene Staat auch zur Friedenssicherung dient. Die Erschaffung des Staates stellt darüber hinaus eine „naturwüchsige", gesellschaftlich vermittelte dauerhafte *Eigenzeugung* der Vernunft voraus.[117] Der Mensch im Naturzustand (natural condition of mankind) ist primär ein handelnder, von Leidenschaften bewegtes Wesen, wobei die Vernunft im Dienst der Passionen steht.[118]

Für Hobbes ist dabei die Selbstbetrachtung im Sinne der Reflexion, scheinbar wichtiger als eine „äußere" Erfahrung. Das Annehmen der Vernunft wird durch die Reflexion geleitet, sie ist die Herstellung ihres *rechten* Gebrauchs, jedoch nicht der Anfang ihres Gebrauchs überhaupt. „Sie ist die Anknüpfung an eine schon geschehene ‚generation', die, frei von aller natürlichen Teleologie, auch schon unser eigenes Werk ist."[119] Die Reflexion richtet sich auf das Sich-Verhalten und dieses wiederum ermöglicht erst die Reflexion, was ein dezidierter Modus von Subjektivität darstellt.

Im Naturzustand existiert der Einzelne in einem Für-einander-Sein, d. h. er verhält sich in einem bestimmten Modus zueinander (festgehalten in der bekannten Formel bellum omnium in omnes[120]) und ihre Existenz ist keinem übergeordneten Ziel auf einander zugeordnet. Sein Leben findet also nicht in einer auf Recht und Moral gegründeten Gesellschaft statt. Günter Buck schlägt dafür den Begriff „bloßes Zusammen"[121] vor. Jeder ist sich selbst Telos und verhält sich für sich. Hobbes plädiert für ein komparatives Verhalten. Das Fürsichsein der Einzelnen

---

[116] Ebd. S. 234.

[117] Vgl. Hobbes, Thomas: Vom Menschen. Vom Bürger. Eingel. u. hg. v. Günter Gawlick. 2. Verb. Aufl. Hamburg 1966. Kap. I.

[118] Vgl. Buck, Günther: Selbsterhaltung und Historizität. S. 243.

[119] Ebd. S. 233.

[120] Hobbes, Thomas: Vom Menschen. Vom Bürger. Einleitung, S. 69. „...Krieg aller gegen alle..."

[121] Buck, Günther: Selbsterhaltung und Historizität. S. 236.

ist identisch mit dem Sein im Bann der Anderen, sie sind aber gegenseitig *verschlossen*. Fürsich sind sie nur im Füreinander. Im Machtkalkül in Form der tendenziellen Steigerung der Macht, durch das sie im kontingenten Zusammen ihre Einzelnheit zu realisieren versuchen.

Das menschliche Leben ist im Vollzug, d. h. im Sinne einer natürlichen Begierde durch mannigfaltige Gefahren bedroht. Er kann nicht sanktioniert werden, wenn er sich dagegen zu schützen sucht, dies kann sogar ohne einen spezifizierten Willen dazu geschehen. Das Gute verlangt er, das Übel versucht er zu meiden. Es ist daher nicht gegen die „rechte Vernunft" gehandelt, wenn er sich bemüht, seinen Körper zu schützen und gesund zu bleiben, sich vor Tod und Schmerzen zu bewahren. Da es nicht gegen die „rechte Vernunft" gerichtet ist, kann es als eine richtige Handlung bezeichnet werden. In der Freiheit ist es möglich, die „rechte Vernunft" natürlichen Vermögen gemäß zu gebrauchen, daher „ist die erste Grundlage des natürlichen Rechts, daß jeder sein Leben und seine Glieder nach Möglichkeit zu schützen suche." Das Recht ermöglicht alle Mittel zu verwenden und alle Handlungen zu tun, die das Leben erhalten. Dem Naturrecht gemäß ist er selbst Richter Mittel zu verwenden und bestimmte lebenserhaltende Handlungen auszuführen.[122] Dies ist das hobbessche Konzept der Selbsterhaltung, welches er aus dem Naturzustand, der aber schon vom Rechtsbegriff geprägt ist, ableitet: Es ist das Recht aller auf alles. „Erhaltung ist hier der Grundbegriff, der einer Theorie Konsistenz verschafft, nicht die Supposition eines Triebes, der differente Verhaltensweisen aus einer primären Energie abzuleiten gestattet. Selbsterhaltung ist nicht die organische Einheit des menschlichen Daseins, die sich die Vernunft als Subsistenzmittel instrumentalisiert, sondern sie ist rationale Norm eines Prozesses. So kann der vernünftige Begriff eines Rechtes nicht derart sein, daß durch ihn die Möglichkeit von Rechten überhaupt aufgehoben wird. Ein Rechtssystem muß als ein aus sich bestandfähiges konstruierbar sein, und eben das inhibiert der *status naturalis*."[123] Um die Selbsterhaltung als humanes Prinzip zu etablieren, ist es notwendig die Natur als bereits prinzipiell überholt anzusetzen. Dies ist aber nur möglich, wenn sich Freiheit als Willensfreiheit konsistent voraussetzen lässt; erst dadurch kann die Selbsterhaltung als Prinzip menschenmöglicher Leistungskraft „unabhängig von naturaler Fixiertheit durch intransitive Erhaltungsprozesse gefasst und gehalten wer-

---

[122] Vgl. und Zitat Hobbes, Thomas: Vom Menschen. Vom Bürger. Kap I, 7-9, S. 69.

[123] Blumenberg, Hans: Selbsterhaltung und Beharrung. S. 158.

den."[124] Wäre die Annahme der Willensfreiheit nicht widerspruchsfrei anzunehmen, so müsste für die Selbsterhaltung eine Art von prozessualer Selbstillusion unterstellt werden. Selbst in diesem Fall müsste die Leistung der Selbsterhaltung des Subjekts als "frei" anerkannt werden, selbst wenn diese Selbstillusion ein den Erhaltungsprozess steuernder Schein wäre. Weitere Probleme der Selbsterhaltung sind die fortschreitende Erdzerstörung[125], die auf mangelnde Intelligenz, die der Gattung Mensch als ganzer zu fehlen scheint, so ausgeprägt die Intelligenz als individuelles Phänomen auch sein mag. Diese Feststellung wird verschärft, weil auch die gattungsumgreifende Moral nicht in dem Maße vorhanden ist, um das geringe Intelligenzpotential in kollektives und verantwortbares Handeln umzusetzen.[126] Die Selbsterhaltung ist damit durchaus in ihrer Bemühung, den Menschen zu erhalten, gefährdet, obwohl sie potentiell so viel zur Selbstgestaltung beitragen kann.

Es ist jetzt an der Zeit zu zeigen, was unter einem „Wissen von sich selbst" verstanden werden kann. Dies soll im nächsten Abschnitt erfolgen.

1.5. Subjektivität und Wissen von sich selbst

Das Subjekt braucht einen nicht unerheblichen Anteil Selbstgewissheit und gleichsam ein Wissen um sich selbst, wobei nicht in erster Linie ein Denken im Sinne von Problemlösen oder irgendeiner anderen intelligenten Aktivität stehen muss, die man beginnt und auch beenden muss. Unsere Welterschließung, wenn wir bei Bewusstsein sind, wird durch Gedanken ermöglicht. Es kann dabei etwas über mich hereinbrechen, mich bedrohen, mich gänzlich gefangen nehmen. Dabei geht es auch nicht primär um die Gedanken von wirklichen Dingen, sondern um Gedanken, in denen wir uns selbst fassen. In diesen Gedanken muss schon gefasst sein, was sie zum Inhalt haben. Derjenige, der von sich weiß, muss sich in diesem Wissen konstituieren, wobei dieses Wissen nicht an einen Zustand dessen oder einen bestimmten Zeitpunkt gebunden sein muss. Er weiß von sich als von sich, er weiß damit von sich als einem Einzelnen. Damit schreibt er sich

---

[124] Ebeling, Hans: Einleitung: das neuere Prinzip der Selbsterhaltung und seine Bedeutung für die Theorie der Subjektivität. S. 12. Ebeling führt weitere Kriterien ein, die für eine Selbsterhaltung auszuschließen sind. Diese können hier nicht ausführlich angeführt werden, daher sei der Leser auf das genannte Buch verwiesen. Die von mir angeführten Kriterien im Sinne Ebelings halte ich für die bedeutendsten.

[125] Ein frühes Zeugnis zu diesem Thema gibt Ludwig Klages in seinem Aufsatz *Mensch und Erde* von 1913. Sämtliche Werke Bd. 3. S. 614-630.

[126] Vgl. ebd. S. 18.

auch eine Einheit im Dasein zu. Diese Einheit übergreift unterschiedliche Phasen und Zustände, woraus folgt, dass Subjekte in einer kontinuierlichen und vielschichtigen Einheitsstiftung involviert sein müssen. Ihre Gedanken müssen sie irgendwie zusammenhalten und miteinander kompatibel verknüpfen. Zustände, in die sie geraten, müssen sie so aufeinander beziehen, dass sie sich in ihnen wieder erkennen können. Gleichsam müssen sie ihre Zukunft planen und ihre Möglichkeiten, aber auch Gefahren erkunden und sich in diesen ihren Fortbestand sichern.[127] Zu dieser Selbstkonstituierung muss aber noch ein weiterer Aspekt hinzutreten: Henrich nennt ihn die Selbstbeschreibung des Subjekts. Dieser Prozess ist mit der Selbstkonstituierung verbunden, denn sie geht ebenfalls vom Wissen von sich aus. Beide Prozesse wirken in Aktivitäten, die ein Wissen von sich voraussetzen. Dazu gehören die Konstitution und die Erweiterung des Wissens von der Welt, die auf Einheit hin ausgebildet wird; auch die Organisation einer stabilen Handlungsart gehört ebenfalls dazu.[128] Von einem prozessualen Wirken der Subjektivität kann gesprochen werden, „wenn eine Aktivität im Wissen von sich fundiert ist und wenn ein Prozess von diesem Wissen her eingeleitet und unterhalten wird. Insofern also die beiden Prozesse solche sind, in die das Subjekt eintritt und als solches ich ausbildet, und insofern weitere Aktivitäten von ihnen her modifiziert werden."[129] Die Prozesshaftigkeit der Subjektivität folgt der Begriff des *Lebens*, der nach Henrichs Meinung ebenfalls einen Bewegungssinn einschließt. Das Subjekt kann dann so verstanden werden, dass es im Bewusstsein von sich und aus ihm heraus sein Leben zu vollziehen hat. Somit kann dem Menschen ein *bewusstes Leben* zugesprochen werden. Die Selbstbeschreibung bringt eine im Verstehen begründete Kontinuität mit sich, die ohne Selbstbeschreibung bzw. Selbstbild nur eine faktische Kontinuität ausbilden könnte. Eine solche Selbstbeschreibung schließt jede Weise des Verhaltens eines Subjekts unter Normen und in Konflikten zwischen Normen mit ein. Wo sie fehlt, ist auch keine Motivation wirklichen Handelns gegeben. Der Handelnde sieht sich immer Alternativen gegenüber gestellt und erst die so bestimmt beschaffende Handlungsart gewährleisten ihm, aus dem bloßen Erwägen in einen gewollten Vollzug über zu gehen. Das Subjekt bleibt der Selbstbeschreibung bedürftig, so zumindest stellt es sich in seiner Binnenperspektive dar, und zwar so,

---

[127] Vgl. Henrich, Dieter: Bewußtes Leben. S. 16.
[128] Vgl. ebd. S. 19.
[129] Ebd.

wie sie auch ihres eigenen Daseins gewiss sind.[130] Die Selbstbeschreibung ist nichts, was dem Subjekt aus irgendeiner Wissenschaft oder gar einer aufklärerischen Philosophie zugetragen wird, sondern resultiert letztlich aus seinem Wissen um sich selbst. Die Selbstbeschreibung muss gesucht werden, denn das Subjekt ist von Anfang an für Deutungsmöglichkeiten seines Daseins aufgeschlossen, obgleich sie miteinander in Konflikt stehen können und sogar welche, die eine extreme Stellung besetzen.[131]

Gedanken machen also das aus, was wir sind. Diese Selbstgewissheit, die uns im Leben begleitet ist allerdings keine absolute Selbstmacht, „noch auch ist uns kraft ihrer alles, was unser Dasein ausmacht, zur Transparenz und zu vollendeter Klarheit gekommen."[132] Letztlich haben wir eine Selbstgewissheit und gleichzeitig eine Ungewissheit darüber, was wir wirklich sind. Dieses Oszillieren wird auch weiterhin für die vorliegende Untersuchung bestimmend bleiben und es wird jeweils pro oder contra für die je eine Seite geben, was sich natürlich auch auf die Selbstgestaltung auswirken wird. Dazu später mehr. Zunächst muss sich dem, was unter Subjektivität gemeint ist, zugewendet werden, wobei ich vorwegnehme, dass ich dem Subjektivitätsbegriff von Dieter Henrich folgen werde. Die Attribute, die ein Subjekt ausmachen, können hierunter subsumiert werden und bezeichnen somit die Verfassung, ein Subjekt zu sein. Unterschieden wird ein Gebrauch des Begriffs für Meinungen und Zustände, die als ‚subjektiv' bezeichnet werden und denen keine Tatsachen in einer Welt entsprechen, „von der man denkt, dass sie ganz unabhängig von den Gedanken aller Subjekte über sie existiert."[133] Vom Subjekt, was durch die Subjektivität gekennzeichnet ist, gehen Prozesse aus, in denen sich das Subjekt erweitert, entfaltet und gestaltet, darüber hinaus es sich seiner selbst innerhalb dieser Prozesshaftigkeit inne. Dabei ist der grundlegendste dieser Prozesse die Ausweitung des Wissens von sich über den Verlauf einer Lebensgeschichte. Wichtig für die Grundlegung des Selbst werden dabei die Prozesse sein, „in denen der Mensch als Subjekt zu einer Verständigung über sich und über das auf dem Wege ist, was sein Leben ausmacht."[134] Das Problem, welches sich durch die neuere Philosophiegeschichte zieht und besonders mit Nietzsche eine kritische Formulierung findet, ist die folgende: In

---

[130] Vgl. ebd. S. 20.
[131] Vgl. ebd. S. 41.
[132] Henrich, Dieter: Denken und Selbstsein. S. 21.
[133] Vgl. Ebd. S. 23.
[134] Ebd. S. 24.

unserem Selbstverhältnis sind wir nicht adäquat erschlossen. Die Selbstgewissheit geht mit einer Unklarheit Hand in Hand, was derjenige eigentlich ist, der in dieser Gewissheit steht und lebt. Auszugehen ist also von einer Grundfigur, die sich aus dem Verhältnis heraus bildet, „kraft dessen die Subjektivität in der mit ihrer Selbstgewissheit verbundenen Selbstentzogenheit zu einem Ganzen steht, wobei sie sich dies Ganze nur unter der Bedingung ihrer Selbstentzogenheit vergegenwärtigen kann."[135] Zurück zum Subjektivitätsbegriff in der Bedeutung von *Wissen von sich selbst zu haben*. Dieses Wissen ist sui generis, denn es könnte auch nur ein bloßes Meinen sein, was noch nicht bis zum Selbstwissen durchgedrungen ist. Dadurch kann es leicht passieren, dass es für ein besonders einfaches Wissen gehalten werden kann. Allerdings ist es umfangreicher, weil der Gedanke des „von mir selbst" schon eine Komplexion aufweist. Die wissende Selbstbeziehung ist nicht von irgendwelchen Komponenten her rekonstruiert worden, um sie verständlicher zu machen. Dennoch kann sie sukzessive zur voll ausgeprägten Evidenz und bis zum Vernunft gemäßem Leben heranreifen. Sie ist von Beginn an ein und dieselbe komplexe Wissensweise, weil sie trotz Voraussetzungen und Vorgestalten spontan aufkommen muss. Natürlich kann die wissende Selbstbeziehung auch von außen an das Subjekt herangetragen werden, obwohl der eigentliche Grund völlig enzogen ist.[136] Das Wissen von sich ist nicht erlernbar und auch nicht vom Erlernen bestimmter Worte abhängig. Der Mensch kommt im Kindesalter zu einem Wissen von sich und realisiert damit zugleich sein Personsein. Henrich macht besonders auf die Problemlage der Unterscheidung von Subjekt und Person aufmerksam, beides sind keine jeweiligen Individuen für sich. Eine Person ist genauso mit dem Leib verbunden wie mit dem Wissen von sich. „Weder die einfache Identität von Subjekt und Person ihre ebenso simple Separierung werden dem gerecht, wessen wir uns doch bewusst sind."[137] Von einer stabilen Orientierung in der Zuordnung von Subjekt, Person und Leib kann man nur ausgehen, wenn man die Spannungen von ihrem Ursprung in der Subjektivität her begreift, wodurch die Unterscheidung wiederum einsichtig und notwendig wird. Jedoch ist der Mensch gleichzeitig durch ein verkörpertes Subjekt und Person gekennzeichnet, dadurch zeigt sich, dass der Mensch *ein* Leben zu führen hat, und zwar im Wissen von sich – also ein *be-*

---

[135] Ebd. S. 27.

[136] Vgl. Henrich, Dieter: Bewußtes Leben. S. 62. Zur Methodologie der Philosophie im Bezug zum Selbstwissen siehe ebd.

[137] Henrich, Dieter: Denken und Selbstsein. S. 67.

wusstes Leben.[138] Personen sind aber auch empirische Subjekte, die mit unterschiedlichen und jeweils unterschiedlich ausgeprägten Fähigkeiten ausgestattet sind, sie besitzen physische, emotionale, intellektuelle und moralische Bedürfnisse. Sie sind darüber hinaus zu einem Leben in vielfältigen praktischen Selbstverhältnissen, zur Selbstbeanspruchung und Selbstverantwortung, zu Selbstbestimmung, Selbstverwirklichung und Selbsterweiterung fähig. Ferner verweisen Personalität, Identität und Individualität der menschlichen Subjekte aufeinander und bilden damit eine Einheit, die ihre moralische Beurteilung zu würdigen und aufzuzeigen hat.[139] Der Personsinn ist nur unter Einschluss der wissenden Selbstbeziehung definierbar. Die Verfassung der wissenden Selbstbeziehung ist komplex und weder das Kind noch die Personen überhaupt können von dieser Verfassung ein Wissen haben. Gleichwohl vollziehen sie ihr Leben in der Gesamtheit solchen Wissens. Dadurch kann es passieren, dass sie sich entfremdet fühlen könnten, wenn philosophische Systeme das dementieren, worin sie sich selbst immer wieder erkennen.

Nicht voneinander abzutrennen ist das Wissen von sich, *wovon man etwas weiß*, und das Wissen dessen, *dass man selbst es ist, worüber man etwas weiß*. Zum Selbstwissen kommt es, wenn zu dem, wovon ich weiß, das hinzu tritt, dass ich es von mir weiß. Ich kann zwar etwas wissen, was faktisch zu mir gehört, ohne zu merken, dass ich es selbst bin.[140] Das Wissen von mir selbst kann nicht in dem aufgehen, was das Wissen von mir selbst ausmacht. Henrich beschreibt hier den Umfang und die Genealogie des Selbstwissens, inklusive der letzten Begründung dafür. „Ich weiß von mir, wenn ich von mir weiß, von mehr als nur von meinem Wissen von mir."[141] Dieses Wissen ist kein allgemeiner Sachverhalt, so wie ein Gesamtbestand des Wissens über das Wissen oder der Inbegriff des Wissens, der in der Menschheit versammelt ist. Dieser Wissenssinn ist anonym, weil er niemandem ausschließlich eigen ist, wodurch gesagt werden kann: „Mein Wissen von mir kommt nicht dadurch zustande, das sich in mir irgend ein anonymes Wissen erschließt, sondern ich stehe für mich ursprünglich und allein in wissender Selbstbeziehung."[142] Das Subjekt versteht sich daher unabhängig

---

[138] Ebd. S. 68.

[139] Vgl. Kersting, Wolfgang: Über ein Leben mit Eigenbeteiligung – Unzusammenhängende Bemerkungen zum gegenwärtigen Interesse an der Lebenskunst. In: ders.: Gerechtigkeit und Lebenskunst. Philosophische Nebensachen. Paderborn 2005. S. 193.

[140] Vgl. ebd. S. 31.

[141] Ebd.

[142] Ebd. S. 32.

davon, dass es in irgendwelche realen Beziehungen zu anderen Subjekten getreten ist, immer als eines unter einer unbestimmten Zahl von vielen anderen. Ganz allein ist es in seinem Für-sich-Sein, obwohl es zu diesem Wissen nur durch Interaktionen mit anderen aufwachsen konnte. Wichtig an dieser Stelle ist die Tatsache, dass das Für-sich-Sein in sich allgemein-formal zu verstehen ist und mit dem Ich-Gedanken nicht kompatibel ist. So bringt Henrich auch den Begriff des Für-mich-Seins ins Spiel, der für den Ich-Gedanken konstitutiv ist. Wir sind Wesen, die sich als Ich-Gedanken in unserem Sein vollziehen. „Es kann keine ‚bloßen' Ich-Gedanken geben. Vielmehr ist kraft eines jeden Ich-Gedankens ein Wesen überhaupt erst wirklich, dem dies eigentümlich ist, daß es im Für-mich-Sein existiert."[143] Zu dieser Annahme müsste es einen Grund geben, der allerdings nicht in gegenständlicher Vorstellung wirkt, aber er birgt den Gedanken, dass sich das selbst bewusste Leben in das Verhältnis zur der von ihm unterschiedenen Welt setzen kann und sie ihrerseits als wirklich unterstellt. Aus diesem Kontext resultiert auch unser nicht zu erschütternder Realismus unserer Alltagsüberzeugungen.[144]

Das Für-sich-Sein kommt aus einem nicht verfügbaren Grund und setzt spontan ein. Aus der Verfassung seines Wissens von sich heraus weiß es, dass dieses nicht das einzige oder alleinige ist. Es entsteht gerade nicht nur durch die Erfahrung des Mitseins. Als ein solches muss es sich von anderem Wissen unterscheiden, was nicht nur durch sein Für-Sich-Sein, sondern auch durch andere Eigenschaften geschieht.

Diese verschiedenen anderen Eigenschaften gehören zum Teil selbst in den weiten Bereich des Wissens, wie der Zusammenhang der Erfahrungen und Überlegungen eines Subjekts, die einem bewusst geführten Leben als Ganzes angehören. Aber zu diesem können andere in Beziehung stehen, die es weiß, wobei der Gedanken von sich, den Gedanken auf eine Beziehung auf andere mit sich bringt. Jedoch können andere nicht in sein Für-sich-Sein eindringen. Wäre dies möglich, würden sie selbst im Für-mich-Sein des Anderen stehen und praktisch in ihm aufgehen und mit mir identisch werden, obwohl sie mich doch als ein Anderer erschließen wollten. Somit können Subjekte nur ein Dasein füreinander haben, d. h. dass das jeweilige Für-mich-Sein transformiert werden muss, um

---

[143] Henrich, Dieter: Bewußtes Leben. S. 68.

[144] Vgl. Ebd. S. 69. Den Gebrauch des Wortes ‚wirklich' hält Henrich in diesem absoluten Kontext für angemessen, da unsere Weltbeschreibungen, in der „Gegenstände als solche verstanden werden, einer Limitation unterliegen."

einem anderen Subjekt als ein anderes Für-mich-Sein zugänglich wird, ohne dass es deren je ein eigenes Für-mich-Sein werden würde.

Dem Subjekt, das von sich weiß, kommt zwangsläufig das Wissen von sich selbst zu, denn sonst würde es gar nicht als ein Subjekt gelten. Das Selbstwissen muss also immer mit gemeint sein, wenn man über das spricht, was einem Subjekt zukommt. Durch das Wissen von sich, kann das Subjekt in ein Selbstverhältnis treten, und dieses Verhältnis macht letztlich aus, was als ein Subjekt gilt. In Beziehungen zu anderen wird natürlich Körper und Sprache benötigt ohne die kein Füreinander verschiedener Subjekte möglich wäre; „aber es sind noch andere Bedingungen, die mit der Ausbildung eines kontinuierlichen Wissens von sich in einsichtigem Zusammenhang stehen, darunter vieles von dem was unter dem Problemtitel ″Bewusstsein″ zum Thema gemacht werden kann.″[145] Das Wissen für sich kann es nur in Gedanken geben und die wissende Selbstbeziehung kann nur in einem Denken eintreten, dessen Sachbezug und Sachgerechtsein außer Zweifel steht. Damit verweist Henrich auf die Aktualität der cartesianischen Philosophie und sagt über das vermeintliche Fundament des Subjektsinns: „Man könnte wohl meinen, dass eben damit, dass die Subjektivität als Fundamentalgedanke beschrieben werden muss, doch das verlässliche Fundament ausgelegt sei, dass die Subjektphilosophie der Moderne für sich in Anspruch genommen hatte. Im Subjektsinn, so hieß es, sei das Fundament gelegen, dass alle weiteren Fragen dadurch abweist, dass dieser Subjektssinn sich selbst expliziert. Aber das ist entscheidend, sich darüber klar zu werden, dass das Gegenteil der Fall ist. Zwar ist deutlich gemacht worden, dass das Wissen von sich eine Grundtatsache ist. Aus ihr ist auch Aufschluss über viele Implikationen des Subjektsinns zu gewinnen. Aber man erreicht diese Tatsache nur in einer reflektierenden Besinnung – nicht so, dass man sie etwa von irgendwoher entwickelt, dass man sie sich aus Komponenten oder Konstitutionsbedingungen erklärt hätte oder dass man den Prozess nachvollzieht, in dem sie sich selbst ausbildet.″[146] Dieser „Fundamentalgedanke" wird für die weiteren Überlegungen von großer Bedeutung sein, obwohl er nur ein relatives Fundament sein kann. Trotzdem wird er konstitutiv für das Konzept der Selbstgestaltung sein.[147]

---

[145] Henrich, Dieter: Denken und Selbstsein. S. 33.

[146] Ebd. S. 33f.

[147] Henrich weist in seinen Vorlesungstexten auf das Problem der Rechenschaftsgebung dieser Komplexion hin. Die Grundtatsache des wissenden Selbstbezugs ist zum Teil zirkulär und

Ist Subjektivität mit Denken und Erkennen verbunden, so werden *vom* Subjekt auch immer Gedanken *über* das Subjekt ihren Ausgangspunkt nehmen. Das Subjekt ist sich nicht so präsent wie ein Sachverhalt, der ihm vorliegt und den es zu beschreiben und zu erklären in der Lage ist. Daraus, dass das Subjekt seiner selbst gewiss ist, resultiert nicht die Auskunft über sein Wesen. „Aber gerade deshalb wird es als erkennendes Subjekt, und zwar aus einem Lebensinteresse heraus, nach dem Ursprung fragen, aus dem es selbst als das hervorgeht, dessen es in der punktuellen Gewissheit von sich jederzeit inne ist."[148]

Die Fragen nach der Herkunft bzw. des Ursprungs des Subjekts entstehen aus der punktuellen Gewissheit von sich selbst. Diese Gedanken , die auf die Herkunft samt seiner Welten des Subjekt gehen, sind gegenläufig angelegt und verschieden organisiert, jedoch gehören sie zusammen in der Verfassung der ihrer selbst gewissen und zugleich doch entzogenen Subjektivität.[149]

Dieses Nachfragen nach dem eigenen Ursprung, der allerdings im Erkennen zugänglich bleibt, kann man als Denknotwendigkeit begreifen. Gleichzeitig funktioniert sie nur unter Vorbehalt, weil sie nicht in definitive Selbsterkenntnis münden kann. Das Drängen dieser Rückfrage nach der Herkunft der eigenen Subjektivität und der Subjektivität überhaupt resultiert nicht allein aus der Folgerichtigkeit und aus der Gänze dieser denkenden Nachfrage und somit aus theoretischem Interesse. Das Drängen kommt aus der Subjektivität selbst, aus Implikationen dessen, dass Menschen als Subjekte ihr Leben zu führen haben. „Die Lebensführung treibt die Nachfrage nach der Interpretation notwendig hervor, unter der das Leben, sein Vollzug und seine Ausrichtung über sich selbst verständigt sein können. Sie gibt dem, was soeben nur eine womöglich ins Leere gehende theoretische Frage zu sein schien, eine unabweisbare Dringlichkeit."[150]

Die wissende Selbstbeziehung ist der Ausgangspunkt für den Ausgriff auf ein Ganzes. Das Subjekt braucht sich nicht über sich selbst zu verständigen, wenn es sich mittels der Ordnungen die Welterkenntnis erschließt. Aus der Subjektivität kommt nicht nur gesicherte Erkenntnis in Beziehung auf eine Welt, sondern auch ein über die Grenzen alles in einer Welt Gegebenen hinausgreifendes Denken.

---

damit schwer zu isolieren. Gleichzeitig ist diese Grundtatsache nicht einfach. Vgl. dazu ebd. S. 34. Auf tiefergehende Kritik kann an dieser Stelle nicht eingegangen werden.

[148] Ebd. S. 35.

[149] Vgl. ebd. S. 36.

[150] Ebd.

Das Wissen von uns selbst hat vielerlei Implikationen, wodurch wir uns anschaulich sind; wir müssen auch Vieles davon als Faktum hinnehmen (z. B. Haarfarbe, Muttersprache, Geschlecht usw.). Der Mensch wird in seinem Für-sich-Sein zu einem einzelnen Subjekt mit einer bestimmten Position in der Welt. Das Für-sich-Sein übersteigt auch jede Konkretion, die sein Einzeln-Sein gleichzeitig ausmacht. So kann er sich vorstellen, jemand ganz anderes zu sein, als der er in Wirklichkeit ist, und weiß gleichzeitig, dass jedwede Realisierung dieses Gedankens ein Traum sein muss.

Durch diese Möglichkeit reicht der Mensch über sein Für-sich-Sein zu einer Welt hinaus. Hat er sich gedanklich erfasst, so hat er auch schon Gedanken von seinem Unterschiedensein, also Gedanken von dem, was anders oder ein anderer als er selber ist.[151] In der Kraft des Für-sich-Seins ist vom Menschen eine „Welt" mitgedacht.

Die Welt kann er sich auf viele Weise mit Einzelnen besetzt bzw. "bevölkert" denken. Er muss sie zu Kenntnis nehmen, so wie sie gestaltet und mit was sie erfüllt ist. Kenntnis zu gewinnen, zu artikulieren und zu erweitern verwandelt das Subjekt zu einem Subjekt von Erkenntnis. Das, was in der Welt real vorhanden ist, muss sich als Einzelnes oder einer Relation von Einzelnem auf das Einzelne beziehen lassen, dass ich selbst bin. Daher kann es nur einem Ganzen, in dem ich mich selbst positioniert habe, angehören. Eine Welt, die so charakterisiert ist, ist insofern eine natürliche Welt, weil sie zusammen mit unserem Wissen von uns selbst auch schon erschlossen ist und im „Alltagsbewusstsein, welches sich von jeder Bemühung um Erkenntnis fern- und ganz an das Nächstliegende hält, ist immer der Gedanke von dieser einen ganzen und großen Welt mitgedacht."[152] Zusammenfassend kann gesagt werden, was unter Subjektivität verstanden werden soll. Ausgehend von dem Wissen von sich, was also einem Subjekt gegeben ist und was es immer noch weiter ausmacht, bis hin zu den Problemen, ein solches Wissen von sich, dass letztlich doch außer Frage steht, zu begreifen. Gleichzeitig interagiert das Subjekt mit anderen und der Welt.

Ferner wurde auf die Schwierigkeit verwiesen, die Selbstverständigung des Menschen und sein Weltverstehen in eine Übereinstimmungen zu bringen. Dabei war es wichtig zu zeigen, dass dieses Wissen über mich selbst *selbst* keinem Zweifel ausgesetzt sein darf. Das Subjekt begegnet dem, was es ist, im Selbst-

---

[151] Vgl. ebd. S. 37.
[152] Ebd. S. 38.

bewusstsein in adäquater Evidenz und aus diesem heraus, was ihm im Selbstbewusstsein vorgestellt ist, über das, was es als Subjekt ist, und möchte daraus einen definitiven Aufschluss gewinnen. Allerdings liegt in dieser Gewissheit gleichzeitig der Grund dafür, dass das Subjekt durch sein Wissen von sich, von Zweifeln, die es selbst betreffen, belästigt wird. Der beunruhigenden Frage nach sich selbst tut dies selbstverständlich keinen Abbruch, denn aus dem alltäglichen Leben entsteht das Wissen wollen um den eigenen Ursprung des je eigenen Lebens. Diese Nachfrage entspringt dem Wissen von sich und betrifft dies auch immer einschließlich, sofern es für das Leben vollends charakteristisch ist, aus dem Leben von sich heraus geführt werden zu müssen. Das Wissen von sich selbst hat keinen äußeren Gegenstand, wodurch es mit Komplexität und Undurchsichtigkeit gekennzeichnet ist. Das Wissen von sich selbst ist kein Ganzes, das expliziert werden könnte, denn dazu müsste es als ein Ganzes verstanden werden. Für die Auflösung dieser Wissensweise gibt es lediglich aufschlussreiche Erläuterungen bezüglich des Wissens von sich, die bestenfalls eine approximative philosophische Analyse sein kann.

Das Selbstbewusstsein zeigt sich auch verantwortlich für die Möglichkeit der Selbstdistanzierung des Menschen. Man kann sich dadurch zum Objekt seiner Reflexion machen.

Gemeinsam mit der Gewissheit, die im Wissen von sich selbst liegt, ist diese Unauflöslichkeit dennoch ein Anzeichen dafür, dass im ‚Von-sich-Wissen' etwas Grundlegendes liegt, was ein Ausgangspunkt des Philosophierens sein könnte. Ein unauflöslicher innerer Kern muss nicht einfach, transparent und explizierend sein. „So wird durch die philosophische Untersuchung das alltägliche Bewusstsein des Menschen davon bestätigt, dass er es nicht sich selbst oder irgendetwas in seinem Wissen zuzurechnen hat, dass er im Wissen von sich steht und aus diesem Wissen ein Leben führen darf oder muss. Ohne unser Zutun gelangen wir nicht nur ins Leben überhaupt, sondern ebenso in das, was menschliches Leben von allem anderen Leben unterscheidet: in die Grundsituation von uns selbst zu wissen – die einer als das Selbstverständlichste von allem, die er aber auch, je nach Lebenslage, auch Segen oder Fluch verstehen kann."[153]

Zwei grundlegende Überzeugungen liegen im modernen Denken im Bezug zur Selbstverständigung des Menschen vor und sind miteinander verbunden: Diese Selbstverständigung muss sich in einer grundsätzlichen Ungewissheit vollzie-

---

[153] Ebd. S. 52.

hen, dabei kann keine Selbstverständigung überzeugend sein, die nicht verständlich macht, dass der Mensch sein Leben in Ambivalenzen, Antinomien sowie in widerstrebenden Tendenzen vollzieht. Die philosophische Analyse der Subjektivität (als Wissen von sich) will von Anfang an mit diesen Kriterien diesem Grundansatz entsprechen. Sie zwingt uns keinesfalls, den Aufschluss der Selbstverständigung als ausweglose Situation zu beschreiben. Verständlich wird hingegen, wieso der Mensch diese Situation nicht unbedingt als befremdlich erfährt, ja vielmehr, mit ihr vertraut ist. Damit wird verständlich, warum er an jedem letzten Halt verzweifeln kann, gleichsam warum er zu glauben in der Lage ist oder einer Erlösungslehre zu folgen bereit ist. Werden beide Kriterien erfüllt, so heißt dies nicht, dass etwas im Menschen aufgegeben werden wird – sofern es nur zum Einen nicht aus bloßer Mutlosigkeit gegenüber der Ungewissheit und zum Anderen nicht aus bloßer Furcht vor dem Widerstrebenden kommt – wenn er zu jedem der beiden überlegt gelangt ist als Ergebnis des gesamten, je eigenen bewussten Lebens.[154] Aus solch einem Antrieb heraus ergeben sich weitere Fragen, wie z. B. der Herkunft, der Lebensführung, des guten Lebens, die Begründung und der Sinn unseres Lebens usw. All diese Punkte führen jedoch schon weit über das hinaus, was hier darzustellen und zu erklären war.

1.6. Selbstbewusstsein und Handlung

In seinem letzten Buch *Der Weg vom Bewußtsein zum Sein* weist Helmut Kuhn darauf hin, dass menschliches Tun durch sein Bewusstsein definiert ist.[155] Damit bildet dieses Konzept eine Brücke vom Bewusstsein zum Handeln, was in den nächsten Kapiteln auch zum Tragen kommen wird. Ausgehend von der descart'schen Gewissheit des *cogito* geht er zur Erschließung der Welt über. Ausgangspunkt der Überlegungen bildet nicht die Transzendentalphilosophie, sondern es beginnt subjektiv in uns selbst. Dabei geschieht es auch, dass wir unseren Lebensweg entziffern können.

Mit Meditation ganz im Sinne des Descartes tritt eine Besinnung des Lebens auf sich selbst statt und zwar des Lebens, welches wir selbst sind. Das meditative Moment vermittelt dabei zwischen mitwirkendem Bewusstsein, was immer schon vorhanden ist und der Innenseite unsres faktischen Tuns, und den verkannten, versäumten, aber dennoch offen stehenden Möglichkeiten, und viel-

---

[154] Ebd. S. 56f.
[155] Vgl. Kuhn, Helmut: Der Weg vom Bewußtsein zum Sein. Stuttgart 1981. S. 23.

mehr den mehr oder weniger verhüllten Horizonten der ‚Bewusstseinslichtung'[156] Diese meditativ geordnete Besinnung ist nicht einfach potenziertes Bewusstsein, Bewusstsein eines Bewusstseins, das sich ‚reflexiv' auf sich zurückbiegt, „sondern eine in dem Bewußtsein selbst verwurzelte konstitutive und kritische Instanz macht sich geltend. Die Entfaltung und Auflichtung einer immer schon keimenden Besinnung hat zugleich den Sinn und die Funktion von Gestaltung. Nicht einen Augenblick darf die meditative Besinnung auf den Lebensvollzug vergessen, daß sie selbst ein wirksamer Wesensbestandteil eben dieses Vollzuges ist."[157] Das Bewusstsein gehört untrennbar zum Lebensvollzug und dies ist unbezweifelbar die Basis für eine adäquate Lebensgestaltung.

Das vornehmliche Ziel ist die „Welt-im-Ich", womit der Boden der „Bewusstseinsphilosophie" betreten wird. Die Welt ist in uns als Gesamtheit des Vorgestellten und Vorstellbaren, was als evidente Wahrheit die Welt zu „meiner" Welt macht und sie damit internalisiert. „Was sie auch an sich sein möge – sie ist jeweils ‚für mich', und das heißt: sie ist durch mich, insofern ich ihrer gewahr sein muß, um sie als Welt ansprechen zu können, und sie ist in mir, sofern das Gewahr-werden ich selbst bin; so daß, wenn ich untergehe, eine Welt untergeht."[158] Das, was die Welt für mich ausmachte geht unter, wenn ich nicht mehr bin. Es entsteht daraus auch das Motiv der Grundlegung durch Selbstvergewisserung und die Polarität von Aktivität-Passivität.

Der Begründungsgehalt von Ich und Welt ist zirkulär, denn jeder der beiden Bereiche begründet den jeweils anderen. Der Zirkel kann mit der Welt beginnen und über das Ich zu ihr zurückkehren, oder umgekehrt vom Ich ausgehen und über die integrierende Welt zum ich zurückmünden. Grundlegend dafür ist, wie bereits angeführt, die Vergewisserung des Selbst. Ich bin derjenige, der sich im Zweifel als Zweifelnden aber auch als Seienden weiß. Mit Gewissheit weiß ich mich als einen, der *ist*.[159]

Indem wir die Welt denken aktualisieren wir die Urbeziehung „Ich-Welt" im Vollzug dieses Gedankens. Jedoch denken wir die Welt nicht nur – wir leben denkend in ihr. Dabei ist diese gedachte Welt nicht die Welt schlechthin, sondern unsere Welt und so ist es als Für-uns-sein der Welt in eigentümlicher Weise arti-

---

[156] Vgl. ebd.
[157] Ebd.
[158] Ebd. S. 35.
[159] Vgl. ebd. S. 37.

kuliert.[160] Damit ist die Welt „unsere Welt", einmal als Betrachter von ihr, wenn wir sie zum Gegenstand unserer Wahrnehmung machen, als Bewohner von ihr oder emotional, wenn wir zwischen Bejahung oder Verneinung, Liebe oder Abscheu hin- und herschwanken und in der Gleichgültigkeit einen gewissen Ruhepunkt finden. Auch als lebend-handelnde Wesen genießen wir, was die Welt uns so bietet und formen Dinge zu unserem Gebrauch um und wehren nach Kräften ab, womit sie uns bedroht. Hiermit ist unser Verhalten zur Welt umrissen, denn es gestaltet sich in emotionaler Haltung und praktischen Umgang mit ihr. Kurzgefasst ergibt sich für alles Welt-denken eine entscheidende Bedeutung: Haltung und Praxis. Kuhn erinnert in seinem Buch an die zahlreichen Machbarkeitsfantasien, die es gab und gibt. Jeder kann gestalten, seines Glückes Schmied werden bis hin zum Schöpfer neuer Welten. Natürlich ist dies nicht nur negativ zu sehen. Schließlich ist der Mensch ein kreatives Wesen, was seine Umwelt stetig umschafft. Dennoch bleibt jeder mit seiner Umwelt verbunden, man kann sich nicht denkend von ihr befreien.

Es ergeben sich zwei Unendlichkeiten, die als verborgener Grund in scheinbarer Deutlichkeit vor uns liegt: Die Unendlichkeit des Zustandes, den ich im Bewusstsein als *meinen* erfahre. Diese flüchtige und kaum erfassbare Befindlichkeit entzieht sich zunächst jedem Zugriff, muss sie doch aus ihrer künstlichen Isolation herausgelöst werden und als Fragment eines Geschehens, als Augenblick eines Erlebnisstroms gesehen werden. Dieser Strom ist nichts anderes als mein Lebensgang, den ich von innen sehe. Es ist der Bereich, der den jetzigen Bewusstseinszustand und alle, die vorher erschienen sind und nachher erscheinen, färbt, prägt und verbindet. Das eindringende Selbstverständnis kommt nicht umhin, nach dem letzten Beweggrund der Lebensbewegung und nach ihrer Aufgliederung in vielfältige Triebe, Bedürfnisse, Wünsche und Entwürfe zu fragen. Es eröffnet sich damit die Unendlichkeit des inneren Lebens und seiner schier grenzenlosen Möglichkeiten. Gleichzeitig geht ein zweiter Ausweg auf, der mich aus der Dunkelheit des Aktuell-Erlebens in eine weitere Unendlichkeit hinein zieht. Allerdings ist sie immer schon mit überwältigender Gegenwärtigkeit vorhanden und mit ihrer Aktualisierung ist der Augenblick erreicht, wo der im Selbstbewusstsein erfahrene Zustand sich als *meine* Verfassung zeigt. In diesem Menschsein meldet sich die Person zu Wort, die ich bin: Mensch, Lebewesen unter Lebewesen, sterblich wie sie alle, Erdbewohner, Insasse im Innenraum der Welt, auch Innerlichkeit, „Seele", aber auch Leib. Es zeichnet sich ein sozia-

---

[160] Vgl. ebd. S. 46.

ler und weltlicher Horizont ab, der in seiner Universalität den Innenraum ebenfalls umfassen will. Eine Betrachtungsweise, die sich zur ersten Selbstverständigung wie der Ausblick zum Einblick verhält, ist hier gefordert. Vielmehr ist der Ausblick genau wie der Einblick in das Innenleben als formende Möglichkeit im ursprünglichen Zustandsbewusstsein mitenthalten. Daher brauchen wir nicht aus der Innerlichkeit zu fliehen, um zur Welt zu gelangen, denn das In-der-Welt-sein ist bereits latent im Selbstbewusstsein enthalten.[161]

Ein weiterer wichtiger Punkt für die vorliegende Untersuchung ist die Korrelation von Bewusstsein und Wissen. Das Bewusstsein ist der Stand des Wissens und auch des Wissenskönnens. Dieser Stand ist immer schon Wissen-von-etwas und damit Gegenstandwissen und dieses Gegenstandswissen ist gleichzeitig ein Bescheid-wissen. Das Ziel ist die Bildung eines Verhältnisses zu dem gewussten Gegenstand und als wissendes Bewusstsein entwickelt es eine Haltung, wie es auch selbst durch eine Haltung hervorgebracht wird. „Dank dieser Haltung verquickt sich die ursprüngliche *Konfrontation* mit Seiendem mit der Einleitung eines Umgangs mit Seiendem und mit der Stellung einer universalen ontologischen Gemeinschaft."[162] Der theoretische Zirkel entspricht damit dem mit ihm unauflösbar verbundene praktische Zirkel. Wissen und Tun laufen nicht einfach als unterscheidbare Äußerungen zweier verschiedener Fähigkeiten parallel nebeneinander her. Wird ihr Ursprung im Bewusstsein aufgesucht, so wird ein Punkt diesseits der Differenzierung erreicht, durch die sich im Nachhinein das Tatwissen vom theoretischen Wissen und damit die Praxis von der Theorie scheidet. Die Wahrnehmung des Tieres liefert keine Abbilder oder Vorstellungen, sondern Orientierungskenntnis. Dies gilt auch für die Wahrnehmung des Menschen, die der Entdeckung seiner Umwelt dient. Seine Umwelt ist in Hinsicht auf die Welt durchscheinend. Ihre Transparenz verdankt sie der dem Bewusstsein innewohnenden Transzendenz, d. h. durch die Partizipation an der sogenannten „dritten Welt". Auch Tiere „planen", in dem sie Nester bauen, wie z. B. Insekten und Vögel, aber für den Menschen, und das nur gilt für ihn, stellt sich die Frage nach dem Verhältnis seiner Planung zum „Plan der Welt".

Das Bewusstsein ist ein geschehender Zustand, was bedeutet, dass es in seiner Zeitlichkeit abläuft. Es ist somit Bewusstsein, was die Welt als Weltgeschehen entdeckt und alle Erfahrung ruht auf der zeitlichen Übereinstimmung von Be-

---

[161] Vgl. ebd. S. 231.

[162] Ebd. S. 242.

wusst-sein und Welt-sein. Dabei ist die Wirklichkeit in zwei Strängen verlaufend, einmal in der Zeitlichkeit und einmal in ihrer Teilhabe an der Überzeitlichkeit in der Transzendenz. Der Verbindungpunkt zwischen beiden Bereichen ist der Augenblick, in dem Präsentwerden der Dinge im Bewusstsein. Augenblick ist dabei nicht unbedingt gleich Augenblick, denn sie unterscheiden sich nach Formalität oder Inhaltsschwere des sich offenbarenden Gegenstands, aber auch nach dem Ort im Bewusstseinsleben als einer Ganzheit. Wird der statische Aspekt des Bewusstseins zugunsten der Vertiefung des dynamischen bevorzugt, so hört das Denken auf in der Oberflächenschicht des Daseins verhaftet zu bleiben, wie z. B. in der Alltagsroutine und dem Automatismus energiesparender Gewohnheiten. Wendet sich das Bewusstsein davon ab, so nähert sich das Denken dem Grundgeschehen des personalen Lebens und seinen fundamentalen Antriebskräften. [163]

Dennoch gerät das Denken hier auch an den Rand des Bewusstseins, aber in seinen Innenrand, in dem das Denken zum Nachdenken wird. Dabei wird auch der Routine ihr Recht eingeräumt, denn sie ist durchaus sinnvoll für unser Leben. Aus der Verbundenheit der beiden Stränge ergeben sich dann zwei Gesichtspunkte, wie die Zuschauerperspektive, bloße Kenntnisnahme, aber auch Eingriff und Einmischung, wie auch Mitwirkung und Beteiligung. „Wie immer die dem Bewusstsein zugrundeliegende Haltung beschaffen sein mag, ob Aggressivität oder Abwehr den Grundton angibt, ob Angst oder Hoffnung, Herrscherwillen oder Unterwürfigkeit obwaltet – immer läßt sich die Option verstehen als projektierte Fortsetzung oder integrierter Bestandteil einer auch unabhängig von dem Bewußtsein fungierenden Kette von Bewirkungen."[164]

Diese Aspekte drängen sich auf, wenn man sich in seinem Leben nicht nur zurechtfinden will, sondern das aus einem selber heraus zu leben ist, woraus sich ein Bewusstsein ergibt, welches man nicht bloß *hat*, sondern das man *ist*. Dieses Selbstbewusstsein ist fundamental praktisch orientiert. Dies zeigt sich, wenn wir einen Weg gehen, denn nur so kann er sich als "wegsam" erweisen. Das Leben als jeweils selbst gelebtes, ist deshalb praktisch, weil es in seinen Schattierungen und Verzweigungen, in seiner Innerlichkeit und seinem Nach-außen-Treten ak-

---

[163] Vgl. ebd. S. 243.
[164] Vgl. ebd. S. 243f.

zeptiert werden muss; daher ist nur gewusstes Tun, Tun im vollen Sinn des Wortes.[165]

Das Bewusstsein ist wesentlich relational, denn es bezieht sich auf Gegenstände und ist somit eine Selbstbeziehung, denn es weiß sich selbst als seiend. Die sich hier zeigende Wechselwirkung ist ihrem Wesen nach umkehrbar. Daraus ergibt sich: kein Bewusstsein ohne Gegenstand und kein Gegenstand ohne Bewusstsein, allerdings ist diese Struktur asymmetrischer Natur. Die Rückbezüglichkeit widersetzt sich dem Schein eines Gleichgewichts „und das Bewusstsein behauptet seinen Vorrang dadurch, dass es sich als Selbst-bewusstsein oder Ich-bewusstsein zu erkennen gibt."[166]

Mit dem Bewusstsein können wir uns ausweiten, in dem wir das Schauspiel der Welt sich vor uns ausbreiten lassen, um schließlich die Aufmerksamkeit wieder dem zuzuwenden, was uns selbst nottut. Das Bewusstsein als Gegenstandbewusstsein kann dem Selbst-sein mit noch so großer Entschiedenheit den Rücken kehren, aber es kommt nicht umhin, in seinem Bewusstseinsfeld das Ich-selbst zu entdecken, um es zu lokalisieren. Mit diesem Ich-selbst findet es sich mit anderen in Gemeinschaften wieder und so in der Menschengeschichte.

Es geht also jetzt um das Bewusstsein, das den Lebensvollzug nicht zum Gegenstand hat, sondern das ihn aus sich heraus erhellt und zwar von einem Wissen her, das sich nicht durch einen ihm zugeordneten Gegenstandsbereich kennzeichnen lässt, sondern nur durch seine Weise. Es lässt sich auch nicht als „praktisch" im Sinne praktischer Verwertbarkeit verstehen, sondern nur als ein ursprüngliches Bescheidwissen, welches wir durch Lebenserfahrung einerseits und Bildung andererseits vertiefen und durch Wissenschaft erleuchten. Und dennoch können wir nicht darüber hinauswachsen, denn als Selbstbewusstsein ist es ein integrierender Bestandteil unseres Bewusstseinslebens.[167]

Bezüglich der Alltäglichkeit des Daseins, wissen wir, dass wir unserer Leben nicht erfinden können, wir finden es vor. Damit stehen wir im Muster der Gesellschaft und der Tradition, in die sich unser Handeln einfügt: „So stellt sich die Ordnung der menschlichen Gesellschaft, die die Natur, d. i. die natürlichen Umweltbedingungen überformt, als eine einzige große Einrichtung der Fürsorge dar. Das bedeutet nicht, das Bewußtseinsleben des Einzelnen müsse von Sorge

---

[165] Vgl. ebd. 344.

[166] Vgl. ebd. 346.

[167] Vgl. ebd. 354.

durchherrscht oder gar konstituiert sein; wohl aber, daß wir jederzeit zur Sorge müssen erwachen können. In der Gelassenheit dieses alltäglichen Daseins verschwindet das im Selbstbewusstsein wirksame Ich nicht etwa, aber es bleibt unauffällig. Der Einzelne fügt sich dem gemeinschaftlichen Tun ein als wäre es ein aus sich selbst verlaufendes Geschehen. Dabei erweist sich auch dieses noch ganz unbetonte Ich als repräsentativ für ein in ihm angelegtes Wir."[168]

Nach diesen Ausführungen muss zur weitergehenden Praxis bezüglich des Bewusstseins fortgeschritten werden. Im alltäglichen Tun haben wir ständig die Wahl zwischen diesem und jenem. Der Anlauf der Wahl klärt die das Tun begleitende Besinnung zur *Erwägung*. Die uns offenstehenden Möglichkeiten werden zunächst ins Auge gefasst, auf ihre Wesentlichkeit hin geprüft und somit jede einzelne gegen die andere abgewogen. Den Maßstab dazu liefert die *Absicht*. Die Wahl und ihre Ausformung in der Tat bilden den Zusammenschluss von zwei unterschiedlichen aber untrennbaren Keimpunkten. Die so entstehende Tat ist in einem besonderen Maße in meine Denk- und Verhaltensweisen verstrickt, die dem einzelnen Tun seinen Stempel aufdrücken und es zu *meinem* Tun werden lassen. Die Absicht als Maßstab der Wahl darf nicht für sich allein angesehen werden. Sie wird erst aus dem Lebensplan verständlich, innerhalb dessen sie ihren mehr oder weniger dominierenden oder auch unbedeutenden Sitz hat. Wenn wir beabsichtigen, haben wir immer schon, gleichgültig ob bewusst oder unbewusst, eine weitergreifende und umfassende Absicht. Aus der Zahl der offen stehenden Möglichkeiten muss ich soweit reduzieren, bis meine Vorzugswahl zur Entscheidungswahl gediehen – wir stehen somit vor einem Entweder/Oder. Im Wählen meldet sich das Selbst des Selbstbewusstseins als Anfang oder Uranstoß.[169] Hierbei drängt sich natürlich die Frage des Wozu? geradezu auf. Das Tun ist das eine und das Ziel dieses Tuns ist das andere. Nun ist das Ziel eines jeden Menschen natürlich individuell verschieden, sodass hier die Frage nur ansatzweise beantwortet werden kann. Im Fall der vorliegenden Untersuchung natürlich nur als Ziel in Hinsicht auf die Lebensgestaltung. Dies beginnt im nächsten Kapitel mit dem Herausarbeiten von unterschiedlichen Praktiken.

---

[168] Ebd. S. 355.
[169] Vgl. ebd. 354.

2. Grundlegende Haltungen

Nachdem die Vorbedingung für die Lebensgestaltung mit der Darlegung des Bewusstseins seiner selbst dargestellt wurde, sollen nun die dafür grundlegenden Haltungen und Praktiken erarbeitet werden. Während Praktiken wie Gelassenheit, Besonnenheit und Aneignung durch Einübung erlernbar sind, ist die Sorge – nach Heideggers Meinung – anthropologisch bedingt. Die Gelassenheit als Terminus hatte Meister Eckhart in die deutsche Sprache eingebracht, aber nicht nur deshalb ist sein Konzept hier zu berücksichtigen. Die Besonnenheit ist dazu aus der frühen Philosophie Platons her zu rezipieren. Die Aneignung wird von verschiedenen Philosophien wie z. B. von Dilthey und Habermas her analysiert und für die weitere Untersuchung fruchtbar gemacht. Ich nenne diese Haltungen grundlegend, weil sie die konstituierenden Praktiken, die im nächsten Kapitel vorgestellt werden, erst ermöglichen und somit unverzichtbar für die Lebensgestaltung sind.

2.1. Gelassenheit

Um herauszustellen, wie Gelassenheit die Selbstgestaltung positiv beeinflussen kann, soll zunächst vom Alltagsverständnis des Begriffs ausgegangen werden. Erst danach lässt sich seine philosophische Relevanz im Kontext der Selbstgestaltung darlegen, wozu auch Beiträge aus der philosophischen Tradition herangezogen werden. Die Bedeutung des Begriffs der Gelassenheit gilt es also im nächsten Abschnitt herauszuarbeiten.

2.1.1. Semantik von Gelassenheit

„Gelassenheit als Wort hat keine Entsprechung in der griechischen oder lateinischen Sprache."[170] Der Begriff als Abstraktion „Gelassenheit" ist wohl im Mittelalter von Meister Eckhart geschaffen worden.[171] Im Alltagsverständnis benutzen wir „gelassen" als Attribut einer bestimmten Verhaltensweise, wenn wir sagen: „Bei diesen extremen Unwetter blieb er völlig gelassen", aber auch in einer be-

---

[170] Vgl. Bundschuh, Adeltrud: Die Bedeutung von gelassen und die Bedeutung von Gelassenheit in den deutschen Werken Meister Eckharts unter Berücksichtigung seiner lateinischen Schriften. Frankfurt am Main 1990. S. 110: „Gelassenheit" kann lateinisch mit resignatio, tranquillitas oder impassibilitas, gegebenenfalls auch mit patentia oder abnegativo übersetzt werden. Im Bereich des Griechischen kann auf das stoische „Apathia" oder epikureische „Ataraxia" verwiesen werden. Ich führe dies im nächsten Abschnitt näher aus.

[171] Ebd. S. 108-110.

stimmten Gefühlslage mit besonderer innerer Ruhe: „Heute fühle ich mich ganz gelassen." Ein Mensch kann auch gelassen genannt werden, wenn er sich gegenüber dem Leben im Ganzen gelassen verhält und nicht unbedingt an etwas Bestimmtem unbedingt festhält. Auf jede gegebene Situation lässt er sich vorbehaltlos ein und behält in schwierigen Lagen die „innere Ruhe". Auffällig ist hierbei, dass die Gelassenheit nicht an ein *bestimmtes* äußeres Verhalten oder ein *bestimmtes* Gefühl gebunden ist. Um ein gelassener Mensch zu sein, muss jemand nicht unbedingt äußerlich oder gefühlsmäßig besonders ruhig sein. Es handelt sich hierbei „um eine inhaltlich nicht spezifizierte *Form* des gesamten Verhaltens, die je nach Situation ihren charakteristischen Ausdruck finden kann."[172] In der mittelalterlichen Mystik findet sich bereits dieses formale Verständnis.[173] So schreibt Heinrich Seuse: „Er [der gelassene Mensch] lebt im gegenwärtigen Augenblick, ohne an einem Vorhaben zu hängen..."[174] Andere Menschen liebt er, ohne an ihnen zu hängen. „Er fühlt mit ihnen, jedoch nicht in Sorge, sondern in rechter Freiheit."[175] Seuses Stellungnahme folgt an dieser Stelle dem formalen Sinn der Gelassenheit, ohne ein inhaltliches Verhalten apriori zu implizieren.

Über die bisherige Darstellung der Gelassenheit hinaus, unterscheidet Theda Rehbock einen *negativen* und einen *positiven* Bedeutungsaspekt der Gelassenheit. So ist jemand gelassen, wenn er innere Unabhängigkeit und Freiheit beweist, weil er nicht unbedingt etwas haben, erreichen oder realisieren will, er ist, wo immer dies nötig ist, in der Lage *loszulassen*. Dieser negative Sinn der Gelassenheit ist die Bedingung für den positiven Sinn der Gelassenheit, indem jemand innere wie auch äußere Widerfahrnisse *zulässt*, hinnimmt und akzeptiert, wie sich auch auf jede gegebene Situation, Erfahrung oder menschliche Beziehung *aktiv*, affektiv und wahrnehmend, als auch denkend und urteilend einlassen

---

[172] Vgl. Rehbock, Theda: Gelassenheit und Vernunft. Zur Bedeutung der Gelassenheit für die Ethik. In: Demmerling, Christoph u. a. (Hg.): Vernunft und Lebenspraxis. Philosophische Studien zu den Bedingungen einer rationalen Kultur. Für Friedrich Kambartel. Frankfurt am Main 1995. S. 282.

[173] Das Wort bedeutete in der Sprache der Mystiker zunächst auch „gottergeben" und später „ruhig" (im Gemüt). Wobei sich Gelassenheit von mhd. „gelazenheit" abgeleitet. Vgl. Duden. In zwölf Bänden. Bd. sieben: Etymologie der deutschen Sprache. Das Herkunftswörterbuch. Bearb. Von Günther Drosdowski.2. n. d. neuen dt. Rechtschreibung überarb. Aufl. Mannheim u. a. 1997. S. 227.

[174] Heinrich Seuse: Das Buch der Wahrheit. Hg. v. Loris Sturlese übers. v. Rüdiger Blumrich. Hamburg 1993.S. 67. „Er stat in einem gegenwúrtigen nu ane behangnen fúrsatz."

[175] Ebd. S. 69. „mitlidunge ane sorge in rehter friheit."

kann. Wo beide Aspekte kohärent sind und sich wechselseitig voraussetzen, kann die Rede von Gelassenheit zutreffend sein. Nimmt man nur die positive Perspektive, so bleibt man in den Dingen verhaftet und ist von ihnen abhängig, lebt also gerade das genaue Gegenteil von Gelassenheit. Somit hat nur der Aktive, der etwas tun und erreichen will, Anlass, gelassen zu sein, wer gänzlich passiv bleiben will, wen nichts etwas angeht, wer keinerlei Intentionen hat und nichts anstrebt, wer gleichgültig oder teilnahmslos ist, der kann nicht als gelassen bezeichnet werden.[176]

Diesen begrifflichen Doppelaspekt von Gelassenheit unterstreicht auch Heidegger hier im Kontext des Verhaltens gegenüber der Technik: „Wenn wir jedoch auf diese Weise gleichzeitig „ja" und „nein" sagen zu den technischen Gegenständen, wird dann unser Verhältnis zur technischen Welt nicht zwiespältig und unsicher? Ganz im Gegenteil. Unser Verhältnis zur technischen Welt wird auf eine wundersame Weise einfach ruhig. Wir lassen die technischen Gegenstände in unsere tägliche Welt herein und lassen sie zugleich draußen, d. h. auf sich beruhen als Dinge, die nichts Absolutes sind, sondern selbst auf Höheres angewiesen bleiben. Ich möchte diese Haltung des gleichzeitigen Ja und Nein zur technischen Welt mit einem alten Wort nennen: *die Gelassenheit zu den Dingen.*"[177]
Heideggers Darstellung zeigt ein Oszillieren zwischen „Sichloslassen" und „Sicheinlassen". Nur aus dieser reflexiven Distanz heraus lassen sich die technischen Möglichkeiten in ihrer Ganzheit erfassen und in ein erweitertes praktisches Missverständnis integrieren. Erst daraus lässt sich ein sinnvoller Gebrauch von ihnen machen. Wer sie in diesem Sinne *draußen* lassen kann und ihnen nicht bedingungslos verhaftet ist, kann sie auch „In unsere tägliche Welt" *herein*lassen. Heideggers Plädoyer steht für ein vernünftiges, pragmatisches und realistisches Verhältnis zur Technik, das dieser gegenüber nicht nur die mögliche Distanz, sondern auch ihre Faktizität anerkennt und sich im Rahmen des Handelns darauf einstellt.[178] Gelassenheit ist also gleichzeitig ein Wollen und Nicht-Wollen, ein Tun und ein Nicht-Tun, ein Ergreifen und ein Vermeiden. Dies liegt daran, dass die Gelassenheit selbst nicht im Bereich der Unterscheidung von Aktivität und Passivität liegt, daher gehört sie auch nicht in den Bereich des Willens.[179] Sie lässt sich nicht in den Kategorien des Wollens und Handelns fassen.

---

[176] Vgl. Rehbock, Theda: Gelassenheit und Vernunft. S. 283.

[177] Heidegger, Martin: Gelassenheit. 14. Aufl. Stuttgart 2008. S. 23.

[178] Vgl. Rehbock, Theda: Gelassenheit und Vernunft. S. 283.

[179] Vgl. Heidegger, Martin: Gelassenheit. S. 33.

Ein Missverständnis könnte entstehen, wenn jemand meinte: „Die Gelassenheit schwebe im Unwirklichen und somit im nichtigen und frei, sich selbst bar jeder Tatkraft, ein willenloses zulassen von allem und im Grunde die Verneinung des Willens zum Leben!"[180] Hierbei wird jedoch die Gelassenheit einseitig gesehen, weil sie nur auf den negativen Aspekt, nämlich der Passivität, bezogen wird. Mit dieser formalen Darstellung der Gelassenheit ist ein erstes Verständnis dieses Begriffs einhergegangen, welches im Folgenden um einen weiteren Punkt ergänzt werden soll.

2.1.2. Vorstufe zur Gelassenheit in der Antike

Will man den Begriff „Gelassenheit" in der antiken Philosophie verfolgen, so wird man feststellen, dass es ihn – wie bereits besprochen wurde – nicht direkt in dieser Tradition gibt. Dennoch soll an dieser Stelle die antike Tradition aufgezeigt werden, denn was in dieser Zeit gedacht wurde, kann für unser Verständnis von Gelassenheit äußerst hilfreich sein. Das Verhalten im Sinne der „Gelassenheit" wird in erster Linie vom Hellenismus überliefert, indem Epikureer und Stoiker vom „Freisein von Unruhe" (ataraxía) sprachen. Ein Freisein von Verwirrung, Aufregung, Lärm, Getöse, Furcht und Schrecken, also ein formales Charakteristikum einer Einstellung zu sich selbst und zu den eigenen Wünschen, Neigungen und Affekten in der Korrespondenz mit der äußeren Welt mit ihren Inhalten und Gegenständen, auf die sie sich intentional beziehen.[181] Erreicht wird die Ataraxie durch eine Festigkeit der Seele mit dem Ziel, „mit gleicher Seele" (aequo anima) schwierigste Situationen auszuhalten und die „Gleichmütigkeit" (aequanimaitas) erreichen zu können. Das kann Unleidenschaftlichkeit bedeuten, d. h. nicht von Leidenschaften und ihren willkürlichen Bewegungen abhängig zu sein, was nicht automatisch bedeutet, leidenschaftslos zu sein. Diese Gleichmütigkeit ist konträr zum unschlüssigen Hin und Her der Seele. Dennoch kann Widersprüchliches in der Seele nebeneinander existieren, wobei entscheidend ist, ob es möglich ist, diese Widersprüchlichkeit so auszubalancieren, dass ein inneres Gleichgewicht erhalten bleibt. Durch diese antike Kennzeichnung der Gelassenheit, ist es möglich, sie als einen wichtigen Bestandteil der Selbstgestaltung in der Moderne zu integrieren. Wertvoll und gleichsam unverzichtbar wird sie im Spiel von Freiheit und Macht. Dabei zeigt sich das eigentlich freie Subjekt als ein in sich ruhendes, ausgeglichenes Selbst, denn es ist

---

[180] Ebd. S. 53.
[181] Vgl. Rehbock, Theda: Gelassenheit und Vernunft.. S. 290.

besser in der Lage, sich nicht der Macht Anderer oder anderer, von außen wirkenden Verhältnissen auszuliefern, sondern „über sich selbst unbedingte Gewalt zu haben"[182] Durch diese gesteigerte Selbstaneignung und Mächtigkeit über sich selbst, ist es möglich, Widerstrebendes, Übles, Schmerzliches und selbst das Widerliche in Gelassenheit hin zu nehmen, gleichsam aber auch das Angenehme und Lustvolle, jedoch ohne sich daran zu binden, sodass es ohne Mühe wieder losgelassen werden kann. Die gelassene Haltung stellt sich schließlich auch auf die Hinnahme auf das, was veränderlich und wandelbar ist; da das einzige Beständige die Veränderung ist, soll man sich für sie offenhalten, was der Festigkeit der Seele bedarf, die so dem überraschendsten Wandel ruhig entgegen gehen kann. Bei all diesen Aspekten von Gelassenheit, darf nicht vergessen werden, dass sie eine Ruhe bedeutet, sich vor dem unvorhergesehenen zu verschließen, was für Unruhe und Veränderungen sorgen könnte; darüber hinaus ist sie zur Offenheit für das unvorhersehbare disponiert und hat Möglichkeiten, den unterschiedlichsten Situationen gerecht zu werden. Während des Lebens wächst sie mit dem Reichtum an Erfahrungen, welche der Mensch sich im Umgang mit sich selbst und der Welt aneignet, wodurch er mit inneren und äußeren Verhältnissen umzugehen weiß. Es fällt dem Menschen leichter, zu verzichten und zu verlieren, weil er davon nicht berührt wird, er bleibt gelassen eigenes Scheitern zu ertragen – es wird zu einem Bestandteil seiner Selbstgestaltung. Die Kunst der Ataraxie kann gleichsam darin bestehen, „Wünsche, vor allem ausschweifende Wünsche, nicht etwa erfüllt sehen zu wollen und ihrer Erfüllung nachzujagen, sondern diese ausschweifenden Wünsche zu vergessen."[183] Die Ansprüche, die nicht erfüllt werden können, sollen vergessen werden. Sicherlich etwas schmerzhaft, aber einen Weg heraus aus der Unruhe und der Unlust, die die ausschweifenden Wünsche hervorbringen können. Das Geschick besteht darin, die Ziele bzw. Wunschinhalte zu entwerten. „So entsteht aus diesem Entsagen die komplizierteste Form des Neids, der theoretische Neid. Ich schwärze das Strahlende an, damit es mich nicht so deprimiert.

Gleichsam kann es passieren, dass der Weise folgenden Irrtum unterliegt: Er möchte in völliger Seelenruhe die Ereignisse, auf die er keine Macht hat, über

---

[182] Seneca, Lucius, A.: Philosophische Schriften Dialoge, Briefe An Lucilius - Ad Lucilium Epistulae morales. 4 Bde. Bd. 3 Briefe an Lucilius 75, 18. S. 309. „in se ipsum habere maximam potestatem". Vgl. ders.: Von der Gemütsruhe - tranquillitas animi. In ebd. Bd. 2. S. 61-110.

[183] Bloch, Ernst: Leipziger Vorlesungen zur Geschichte der Philosophie. Bd. 1 Antike Philosophie. Frankfurt am Main 1985. S. 427.

sich hinweg ziehen lassen, indem er sich diesen Ereignissen zu entziehen sucht, sei es durch ein Ducken oder so etwas wie „Kopf-in-Sand-stecken". Allerdings treffen ihn die Schicksalsschläge umso härter, weil er nichts dagegen unternimmt. Die kleine behütete Privatwelt stürzt somit über ihm zusammen. Der Mensch braucht daher Antriebskraft und gleichzeitig Gelassenheit, um Dingen in seiner Umwelt begegnen zu können, z. B. Missstände anzuprangern und zu beseitigen. Der Weise wird seinen Willen dahingehend steuern, dass eine Adäquation des Willens an die Güter entsteht, die ihn im größten Maße die Ruhe, Gelassenheit und die Weisheit ermöglichen.[184]

Die Selbstmächtigkeit gründet tiefer und resultiert aus dem ruhenden Kern der Kohärenz des Selbst, welcher nicht ängstlich und eifersüchtig bewacht werden muss. Zu dieser Art Gelassenheit gehört – das hat sie mit der Ironie gleich – der Blick von *Außen* auf Dinge und Verhältnisse, um ihre Bedeutung oder Bedeutungslosigkeit leichter zu erkennen und ruhiger auf sie zu reagieren. Dadurch bewahrt sie „die Distanz zur Unmittelbarkeit der Eindrücke, und seien sie noch so überwältigend, faszinierend oder deprimierend."[185] Dies ist eine Haltung der Geduld und keineswegs Gleichgültigkeit oder Nachlässigkeit. Mit Geduld ist hier ein langer Atem bzw. ein warten können, bis etwas soweit ist, also die Fähigkeit, sich selbst, Anderen und den Dingen Zeit zu lassen, bis der richtige Zeitpunkt eingetreten ist und sich eine günstige Gelegenheit von selbst ergibt. Dafür gilt es sich bereitzuhalten.

2.1.3. Gelassenheit in der Mystik

Wie am Beispiel von Heinrich Seuse zu sehen war, taucht der Begriff Gelassenheit zuerst in der mittelalterlichen Mystik auf. Neben Seuse und Johannes Tauler ist besonders Meister Eckhart zu nennen. Die Gelassenheit ist danach „jene Haltung, in der der Mensch aller Dinge dieser Welt hinter sich lässt und sie als ein Nichts, d. h. als für sein Selbst Unbedeutendes anzieht. Es ist keine Weltverneinung, die aus solchen Worten spricht."[186] Der Begriff Gelassenheit ist für Meister Eckhart eine Grundhaltung schlechthin, wer sie nicht "hat", oder besser "ist",

---

[184] Vgl. Ebd. S. 429.

[185] Schmid, Wilhelm: Philosophie der Lebenskunst. Eine Grundlegung. Frankfurt am Main 1998. S. 394.

[186] Kobusch, Theo: Apologie der Lebensform. In: Allgemeine Zeitschrift für Philosophie 34/1 (2009) S. 99-115. S. 113.

„der ist unfrei, gebunden und verschlossen"[187]. Meister Eckhart geht von Ledigkeit und Freiheit in Abgeschiedenheit, erweitert sein Anliegen aber dahingehend, in die Dimensionen des Religiösen und Göttlichen vorzudringen. Das „Seinlassen" von allem, was ist, bezieht sich bei Eckhart auch auf Gott. Dieses Seinlassen bezieht sich also nicht auf materielle Güter, sondern kommt einer Aufgabe aller Ungleichheit zu Gott gleich.[188]

In den deutschen Schriften Meister Eckharts zeigt sich in differenzierter Form die Semantik des Verbs „lâzen": 1. alles-, sich selbst-, die Welt verlassen 2. "sich Gott überlassen". [189] Das Wort Gelassenheit hat demnach eine negative und eine positive Seite. "Lassen" bedeutet negativ eine Abwendung von sich selbst, von den Dingen, von der Welt und sogar von Gott selbst, jedoch positiv gerade eine Hinwendung zu Gott – daraus ergibt sich eine Bewegung aus Abkehr und Zukehr. Ferner ergibt sich bei ihm das „gelâzen-hân", was Alles-lassen im Sinne einer Aufgabe aller Besitzstrukturen bedeutet und dann das „gelâzen-sîn", was einem zuständig-seinshaften, etwa ein ewigkeitliches Vereinteins mit Gott bedeutet. Dadurch kann Meister Eckhart über den Menschen sagen: „[Er] bleibt in der Gleichheit und bleibt in der Einheit und bleibt völlig gleich; in ihn fällt keine Ungleichheit. Dieser Mensch muß sich selbst und diese ganze Welt gelassen haben. Gäb's einen Menschen, dem diese ganze Welt gehörte, und er lese Sie um Gottes Willen so bloß, wie er sie empfing, dem würde unser Herr diese ganze Welt zurückgeben und das ewige Leben dazu. Und gäb's einen anderen Menschen, der nichts als einen guten Willen besäße, und der dächte: Herr, wäre diese Welt mein und hätte ich dann noch eine Welt und noch eine – das während ihrer drei – und er begehrte: Herr, ich will diese lassen und mich selbst ebenso bloß, wie ich's von dir empfangen habe, – dem Menschen gäbe Gott ebenso viel wie [dann], wenn er es alles mit seiner Hand gegeben hätte. Ein anderer Mensch [aber], der gar nicht Körperliches oder Geistiges hätte zum Lassen oder Hergeben, der würde am allermeisten lassen. Wer sich gänzlich [nur] einen Augenblick ließe, dem würde alles gegeben. Wäre dagegen ein Mensch zwanzig Jahre lang gelassen und nähme sich selbst auch nur einen Augenblick zurück, so ward er noch nie gelassen. Der Mensch, der gelassen hat und gelassen ist und der

---

[187] Haas, Alois M.: Kunst rechter Gelassenheit. Themen und Schwerpunkte von Heinrich Seuses Mystik. Bern 1995. S. 251.

[188] Vgl. Ebd. S. 252.

[189] Zu dieser Unterscheidung vgl.: Bundschuh, Adeltrud: Die Bedeutung von gelassen. S. 102 f.

niemals mehr nur einen Augenblick auf das sieht, was er gelassen hat, und beständig bleibt, unbewegt in sich selbst unwandelbar, – *der* Mensch allein ist gelassen.

Daß wir so beständig bleiben und unwandelbar wie der ewige Vater, dazu helfe uns Gott und die ewige Weisheit. Amen."[190]

Diese Darstellungen seitens Eckhart zielen nicht so sehr auf materielle oder psychisch-gefühlsmäßige Bindungen an Besitz, Ich oder Familie, sondern vielmehr in die Richtung einer Reinigung der Erkenntnis vom Geschaffenen, Zufälligen, in Vielheit Zerfallenen; darüber hinaus bezieht sich das „Lassen" auch auf den, weswegen alles zu lassen ist, und dies ist Gott selbst: „Das Höchste und das Äußerste, was der Mensch lassen kann, das ist, daß er Gott um Gottes willen lasse."[191] Gott kann offenbar nur im Lassen gefunden werden, weil er ein gedachter Gott ist, der mit dem Gedanken auch wieder verschwindet, wogegen steht, dass man einen wesenhaften Gott haben soll. [192] Die Thematik der Destruktion der Gottesbilder bildet das Zentrum der Gelassenheit. Gott wird verdinglicht, wenn er in Bilder und Gedanken gefasst wird, die ihn in Relation zum Geschaffenen als letztlich Namenlosen in Namen setzen. So heißt Gelassenheit nach Eckhart

---

[190] Meister Eckhart: Predigten. Sämtliche deutsche Predigten und Traktate sowie eine Auswahl aus dem lateinischen Werken. Kommentierte zweisprachige Ausgabe. Übers. V. Josef Quint. Hg. u. komm. v. Nikolaus Largier. 2 Bde. Frankfurt am Main 1993. Bd. I, Pr. 12. S. 143; 151. „Der Mensche, der alsô stât in gotes minne, der sol sîn selbes tôt sîn und allen geschaffenen dingen, daz er sîn selbes als wênic ahtende sî als eines über tûsent mîle. Der mensche blîbet in der glîcheit und blîbet in der einicheit und blîbet gar glîch; in in envellet kein unglîcheit. Dirre mensche mouz sich selben gelâzen hân und alle diese werlt. Wære ein mensche, des alliu disiu werlt wære, und er sielieze als blôz durch got, als er sie enpfienc, dem wölte herre wider geben alle diese werlt und ouch daz êwige leben. Und wære ein ander mensche, der niht enhæte dan eines guoten willen, und er gedæhte: herre, wære disiu werlt mîn und hæte ich denne noch eine werlt und aber eine, daz wæren drî, daz er des begernde wære: herre, ich will diese lâzen und diese werlt alsô blôz, als ich ez von dir enpfangen hân, dem menschen gæbe got vil, als ob er ez allez mit sîner hant hæte enwec gegeben. Ein ander mensche, der niht enhæte lîplîches noch geistlîches ze lâzenne noch ze gebenne, der mensche lieze allermeist. Der sich zemâle lieze einen ougenblik, dem würde zemâle gegeben. Und wære ein mensche zweizic jâr gelâzen, næme er sich selben wider einen ougenblik, er enwart noch nie gelâzen. Der mensche, der gelâzen hât und gelâzen ist und der niemermê gesihet einen ougenblik ûf daz, daz er gelâzen hât und blîbet stæte, unbeweget in im selber und unwandellîche, der mensche ist aleine gelâzen. Daz wir alsô stæte blîben und wandelbare als der êwige Vater, des helfe uns got und diu êwige wîsheit. Âmen." S. 150.

[191] Ebd. S. 147. „Daz Hœhste und daz næhste, daz der mensche gelâzen mac, daz ist, daz er got durch got lâze." S. 146.

[192] Vgl. Haas, Alois M.: Kunst rechter Gelassenheit. S. 255.

Nichts-Wollen, Nichts-Wissen, Nichts-Haben, was totaler Armut gleich-kommt.[193] Besonders hat es der Meister auf den menschlichen Willen abgesehen, denn gerade er, der den Willen Gottes erfüllen will, auch das Wissen um Gottes Wirken im Menschen, weiterhin den Raum in seiner Seele, in dem Gott zu wirken vermag, muss der Mensch lassen. Der ganze Unfriede im Menschen entsteht aus dem eigenen Willen und nicht aus den äußeren Dingen, der Mensch blockiert sich selbst, weil er sich verkehrt zu den Dingen verhält.[194] Diese Reinigung ist der Schlüssel für die mystische Vereinigung mit Gott, die letztlich das große Thema Eckharts darstellt. Erst durch diese Gelassenheit seitens des Menschen, die absolute Armut und Abgeschiedenheit ist, wird Gott das sein, was er wesenhaft ist und kann in seiner Unvordenklichkeit und Freiheit in menschlicher Empfänglichkeit ‚erlitten' werden."[195] Dieses Erleiden Gottes findet sich ebenfalls in der Predigt 52: „Denn findet Gott den Menschen *so* arm, so *wirkt* Gott sein eigenes Werk und der Mensch *erleidet* Gott so in sich, und Gott ist eine *eigene* Stätte seiner Werke angesichts der Tatsache, daß Gott einer ist, der *in sich selbst* wirkt. ... In dem Durchbrechen aber, wo ich ledig stehe meines eigenen Willens und des Willens Gottes und aller seiner Werke und Gottes selber, da bin ich über allen Kreaturen und bin weder ‚Gott' noch Kreatur, bin vielmehr, was ich war und was ich bleiben werde jetzt und immerfort ..., denn mir wird in diesem Durchbrechen zuteil, daß ich und Gott eins sind."[196] Diesen Vorgang unterstützt die Gelassenheit, die dem Menschen ermöglicht, Gott in sich aufzunehmen und im „Seelenfünklein" wirken zu lassen. Die Gelassenheit ist dafür die entsprechende Offenheit, Leere und reine Empfänglichkeit. Zum besseren Verständnis dieser eckhartschen Forderung ist es sinnvoll die Predigt 2 heranzuziehen. Sie ist überschrieben mit „Unser Herr Jesus Christus ging hinauf in ein Burgstädtchen und ward empfangen von einer Jungfrau, die einen Weib war."[197] In dieser Predigt bezeichnet Meister Eckhart das Innerste des Menschen mit dem Begriff „Burgstädtchen", in das Gott hineinkommen möchte. Dazu muss der

---

[193] Vgl. Zu dieser Thematik die Predigt 52. In: Meister Eckhart: Predigten. S. 551-563. Hier besonders S. 553.

[194] Vgl. Bundschuh, Adeltrud: Die Bedeutung von gelassen und die Bedeutung von Gelassenheit in den deutschen Werken Meister Eckharts unter Berücksichtigung seiner lateinischen Schriften. S. 126.

[195] Haas, Alois M.: Kunst rechter Gelassenheit. S. 255.

[196] Meister Eckhart: Predigten. Pr. 52. S. 559-561; 563.

[197] Ebd. S. 24 ff. Intravit Iesus in quoddam castellum et mulier quaedam, Martha nomine, excepit illum in domum suam.

Mensch eine „Jungfrau" (juncvrouwe) sein. Diese Bezeichnung wählt er für einen Menschen, „der von allen fremden Bildern ledig ist, so ledig, wie er war, da er noch nicht war."[198] Einen Zustand also, indem der Mensch noch nicht irgendetwas war und noch nicht in die Veräußerung der Gegenständlichkeit herausgetreten war, sondern auch im Ursprung, d. h. im Grunde der Gottheit stand. An dieser Stelle hat der Mensch sein eigentliches Sein.[199] Wie kann der Mensch, der natürlich in Bildern, Eindrücken und diesen Einflüssen lebt, in diesen Ursprung zurückkehren? Darauf gibt Meister Eckhart die entsprechende Antwort: „daß ich so frei von Ich-Bindung an sie wäre, daß ich ihrer keines im Tun noch im Lassen, mit Vor noch mit Nach als mir zu eigen ergriffen hätte, dass ich vielmehr in diesem gegenwärtigen Nun frei und ledig stünde für den liebsten Willen Gottes und ihn zu erfüllen ohne Unterlaß, wahrlich, so wäre ich Jungfrau ohne Behinderung durch alle Bilder, ebenso gewiß, wie ich's war, da ich noch nicht war."[200]

Natürlich lebt der Mensch in einer Offenheit, in der er mit den Bildern der Welt konfrontiert wird und zu denen er sich verhalten muss. Bilder zu haben, bedeutet letztlich in der Welt zu leben. Diese Bilder kann man mit ‚Eigenschaft' oder ‚ohne Eigenschaft' haben, was einen großen Unterschied darstellt. Bilder mit Eigenschaft zu haben heißt, sie als sein Eigentum anzusehen, wenn über sie verfügt wird, die zu eigenen Zwecken gebraucht werden, wenn sich der Mensch in allem selbst durchsetzen will. Darunter fallen auch religiöse Übungen, die mit Eigenschaft durchgeführt werden können. In all diesen Fällen bindet sich der Mensch an die Eigenschaft und fällt damit in Unfreiheit, „denn, je mehr der Mensch sich zu eigen ist, umso weniger gehört er sich selbst, und ist damit auch um so wenige Gott zu einigen."[201] „Bilder ohne Eigenschaften" bedeutet hingegen, dass der Mensch keinerlei Ich-Bindung hat und alle seine Sorgen, alles eigensüchtige Streben, allen Eigenwillen, alle Eigenschaft lassen soll, nur so kommt er in den Genuss, sich an Gott zu erfreuen. Er muss sich dem ganz Anderen, der Wirklichkeit übergeben, wo er über nichts mehr verfügt, wo er sich ganz

---

[198] Ebd. S. 25. „der von allen vremden bilden ledic ist, alsô ledic, als er was, dô er niht enwas."

[199] Vgl. Bundschuh, Adeltrud: Die Bedeutung von gelassen und die Bedeutung von Gelassenheit in den deutschen Werken Meister Eckharts unter Berücksichtigung seiner lateinischen Schriften. S. 127.

[200] Meister Eckhart: Predigten. S. 25.

[201] Bundschuh, Adeltrud: Die Bedeutung von gelassen und die Bedeutung von Gelassenheit in den deutschen Werken Meister Eckharts unter Berücksichtigung seiner lateinischen Schriften. S. 128.

dem Einen ausliefert. Das heißt allerdings nicht, dass man ohne Bilder, ohne sinnliche Eindrücke und ohne Gedanken sein soll, was auch gar nicht möglich ist und eine Weltflucht bedeuten würde. Das Anliegen Eckharts ist vielmehr darauf gerichtet, seinen Eigenwillen und das eigensüchtige Tun aufzugeben. Der Mensch soll somit leer werden, was aber nicht heißt, sich seiner Person und Individualität zu entledigen, sondern sich zu bemühen, in einer Welt von Bildern innerlich ledig und frei zu sein, wie er war, als er noch nicht war.[202] Auch das Kreatürliche muss der Mensch lassen und alle Dinge müssen für ihn wie ein ‚Nichts' sein. Erreicht er diese Gelassenheit im Sinne Eckharts, so kann dies die Grundlage bilden, sein Selbst zu gestalten. Der Ballast, der alles verstellt und das Denken behindert, wird so beiseite geschafft, sodass sich der Blick im Rahmen des Selbst schärfen kann.

2.1.4. Gelassenheit im Denken

Heidegger erweitert den Begriff der Gelassenheit auf eine Gelassenheit im Denken selbst. Diese schließt auch eine Kritik der Vernunft im Kontext der *Verdinglichungskritik* mit ein, welche auf der Einsicht beruht, „dass das Denken seinem Wesen nach ein gegenständliches Vorstellen ist, das eine Distanz zu den Dingen selbst und eine Einschränkung des Blicks auf bestimmte begriffliche Aspekte bedeutet."[203] Dieser notwendigen Bedingtheit und Beschränktheit des Denkens muss man sich bewusst sein, damit nicht eigene Vorstellungen von der Realität für die Realität selbst genommen werden. Durch diese Voraussetzung ist man in der Lage, sich durch Erfahrung auf die Realität positiv einzulassen, die die jeweilige Begrenztheit begrifflicher Verdinglichung transzendiert. Diese Realität der Erfahrung nennt Heidegger die „Gegnet"; diese ist uns so nahe, dass man sich ihrer meistens nicht bewusst wird,[204] d. h. die Realität ist uns danach näher, als unsere Vorstellung von ihr. Dadurch ist sie umfangreicher, umfassender und unmittelbarer, als diejenigen Vorstellungen, welche immer nur einen begrenzten Ausschnitt der Realität erfassen. Daraus resultiert, dass die Gelassenheit des Denkens eine Voraussetzung wird, die ein ständiges Loslassen und Überschreiten der Grenzen unserer Begriffe fordert. Es ist eine wichtige Voraussetzung des Denkens selbst, wenn es den Kontakt zur Realität nicht verlieren will. Dieser

---

[202] Ebd. S. 129.

[203] Rehbock, Theda: Gelassenheit und Vernunft. S. 288.

[204] Dazu Heidegger, Martin: Gelassenheit. S. 40: „So dass auch die Dinge, die in der Gegnet erscheinen, nicht mehr den Charakter von Gegenständen haben."

sich herauskristallisierende Realitätssinn wird für die Selbstgestaltung in einer sich stetig verändernden Welt unabdingbar. In Bezug auf die Dinge, die sich miteinander treffen und eine jeweils kleine Welt bilden, die sich immer weiter wandelt, kann gesagt werden, sie sind darin geborgen und zwar in der Eigenschaft: „... daß die Dinge, die in der Gegnet erscheinen, nicht mehr den Charakter von Gegenständen haben. ... Sie stehen uns nicht nur nicht mehr entgegen, sondern sie stehen überhaupt nicht mehr. ... Sie liegen: wenn wir damit das Ruhen meinen, das in der Rede vom Beruhen genannt ist. ... Aber wo ruhen die Dinge, und worin besteht das Ruhen? ... Sie ruhen in der Rückkehr zur Weile der Weite ihres Sichgehörens."[205]

Die Dinge verlieren ihren Verdinglichungscharakter, weil sie zurückkehren können: „„zur Weile der Weite ihres Sichgehörens", weil sie nicht mehr unter allgemeinen Kategorien konstruiert und betrachtet werden. Sie sind mit ihrer eigenen zugehörigen Umwelt verbunden, so wie die Bäume in ihrer Erde verwurzelt und die Vögel im Wald anwesend sind. Die Gegnet *versammelt*; d. h., dass die Gegend die Dinge auf ihre natürliche Art und Weise in ihrer zugehörigen kleinen Welt *sein lässt*. Eigentlich versammelt nicht die Gegend, sondern der Mensch, wenn er sich aus dem Denken des Subjekts befreit, das alles unter bestimmte Ordnungen und Kategorien ordnen will. Die Vögel singen, die Rehe grasen, der Wind weht, der Bach fließt, und der Mensch erwacht plötzlich in dieser natürlichen Welt. Er denkt nicht, sondern er erlebt mit allen anderen zusammen diesen Augenblick: *Wie* die Vögel singen, *wie* die Rehe grasen, *wie* die Wolken sich von Weile zu Weile verwandeln. Die Gegend zieht sich je zurück: Die Gegend stört niemanden und dominiert kein Wesen. Die Gegend ist nur die offene Ortschaft für den freien Aufenthalt aller Wesen."[206] Diese Sich-Zurücknahme des Subjektes gegenüber der Welt, eröffnet den Menschen völlig neue Wege, weil er sich seiner Heimatlosigkeit in der technischen Welt bewusst wird. Er kann in der oben geschilderten – fast schon idyllischen Welt – wahrhaft zu sich selbst und so zu einem Zuhausesein auf der Erde finden. Diese Entdeckung ist jedoch kein neues Land, sondern steht im Gegensatz zum bisherigen technischen und damit kategorisierendem Denken. Der Mensch lebt schon immer in der Gegnet, d. h.

---

[205] Heidegger, Martin: Gelassenheit. S. 40 f.

[206] Lee, Yen-Hui: Gelassenheit und Wu-Wei – Nähe und Ferne zwischen dem späten Heidegger und dem Taoismus (30.11.2010). In: URL: http://www.freidok.uni-freiburg.de/volltexte/441/pdf/Dissertation.pdf. S. 89.

im ihn umgebenden Offenen, in dem weit fließenden Zeit-Raum[207], aus dem er sich nicht entfernen kann. Der Weg der Gelassenheit ist jedoch kein einfach zur gehender, sondern ist ein Weg des Denkens, der erst erlernt werden muss. „Die Gelassenheit wäre dann nicht nur der Weg, sondern die Bewegung. Wo geht dieser seltsame Weg, und wo ruht die ihm gemäße Bewegung? Wo anders als in der Gegnet, zu der die Gelassenheit ist, was sie ist."[208] Ein Weg ist etwas, was Verbindung und auch die Möglichkeit der Kommunikation für den Menschen mit der Gegnet ermöglicht. In dieser Kommunikation kommen Mensch und Gegnet gegenseitig in Verbindung, wodurch das Denken ein Zusammenspiel von Mensch und Gegnet wird, „das aus einem gegenseitigen „Lassen" besteht: Der Mensch muss *sich einlassen* auf die Gegnet und die Gegnet muss den Menschen *zulassen*."[209] Der Mensch beherrscht die Welt mit seinen technischen Möglichkeiten und versucht mit immer weitergehenden Mitteln diese Position auszubauen. Heidegger begegnet diesem Vorgehen ist dem Begriff „Warten" – was bedeutet – diese Herrschaftsposition aufzugeben und sich in eine schlichtere Haltung gegenüber der Welt zu begeben. Warten bedeutet im Kontext der Aktivität, sich in die Gegnet zu begeben, wobei sich der Mensch in die offenen Möglichkeiten der räumlich-zeitlichen Bedingungen der Welt einlässt. Sind die Möglichkeiten der Weltgeschehnisse durch Ungewissheit und Unbestimmtheit gekennzeichnet, dann ist das Warten eine Denkweise, das sich auf die Ungewissheit und Unbestimmtheit der Welt einlassen muss. Wenn Heidegger die Welt als Gegnet bezeichnet, enthält sie bereits eine Grundbedingung: Die Welt besitzt keinerlei Bedrohungen und Gefahren für den Menschen, er muss weder mit ihr kämpfen oder sie beherrschen. „Die Welt waltet auf eine Weise des Sich-Zurückziehens und Seinlassens."[210] Dadurch hat jedes Seiende einen Freiraum für seine eigene Entwicklung, kann sich dieser Welt anvertrauen und sich in sie einlassen, ohne

---

[207] Der Raum kann in vielerlei Weise gedacht werden, so als unser Planet Erde, oder weitergehend, als ein unbekanntes Universum, bestehend aus Milliarden von Planeten. Die Zeit kann auf wissenschaftliche, philosophische oder auf eine andere Art interpretiert werden. Welche Denkweisen und Erkenntnisse auch daraus resultieren, eine Tatsache bleibt: „Dass der Mensch, sowie alle Seienden, in einem gemeinsamen, offenen Zeit-Raum bzw. einer Raum-Zeit existieren. Dieses Offene selbst, das Heidegger als die Gegnet bezeichnet, ist ein nichthaftes Offenes, in dem nichts festgelegt ist und in dem sich als Zeit-Raum das jeweilige Geschehnis enthüllt. In diesem Offenen sind alle Seienden am entstehen und vergehen." Yen-Hui Lee: Gelassenheit und Wu-Wei. S. 83.

[208] Heidegger, Martin: Gelassenheit. S. 45.

[209] Lee, Yen-Hui: Gelassenheit und Wu-Wei. S. 91.

[210] Ebd. S. 93.

dass ihm etwas Schlechtes widerfahren würde. Vertrauen ist nur möglich, wenn die Welt so ist, wie im Vorherigen beschrieben, andernfalls gäbe es keinen Grund, ihr zu vertrauen. Durch dieses Einlassen in die Geschehnisse der Welt und mitgestalten derselben, findet der Mensch seine Zugehörigkeit zur Welt. Das Warten ist praktisch eine Aufmerksamkeit, die sich auf die augenblickliche Welt bezieht und dabei wird der Mensch Mitgestalter der Welt, da er ihr nicht mehr entgegensteht: „Das Warten-können ist eine langsam zu erlernende Fähigkeit, bei der man seine Gegenwart mit Wachsamkeit erfahren muss und die weiter fließenden Geschehnisse der Welt empfangen und mitgestalten kann. In so einem gelassenen und erfüllten „Da", „Hier" und „Jetzt" zu sein, bewirkt nicht eine Spaltung, sondern ein Beruhen des Menschen in der Welt in ihrem Augenblicksgeschehen."[211]

Heidegger hat mit dem Begriff der „Gelassenheit" das menschliche Entfaltungs-Potential in der Welt analysiert und gezeigt, dass der Mensch nicht zu ihrem Beherrscher werden muss, um sie mitgestalten zu können. Wichtig dazu ist, das „Warten" dafür zu lernen.

Es ergibt sich aber noch ein weiterer Aspekt der Gelassenheit heideggerscher Lesart, und zwar in Korrelation zur Wahrheit: „Das Wesen des Menschen ist einzig deshalb in die Gegnet gelassen und demgemäß von der Gegnet gebraucht, weil der Mensch für sich über die Wahrheit nichts vermag und diese unabhängig bleibt von ihm. Die Wahrheit kann nur deshalb unabhängig vom Menschen wesen, weil das Wesen des Menschen als die Gelassenheit zur Gegnet von der Gegnet in die Vergegnis uns zur Wahrung der Bedingnis gebraucht wird. Die Unabhängigkeit der Wahrheit vom Menschen ist offenkundig doch eine Beziehung zum Menschenwesen, welche Beziehung in der Vergegnis des Menschenwesens in die Gegnet ruht."[212] Das Wesen des Denkens, dass hier in den Blickpunkt rückt, steht dem Denken als diskursives Vorstellen vollkommen entgegengesetzt und verlangt ein denkendes Sich-Einlassen auf das „Unvordenkliche" und das „Offene" der Wahrheit. [213]

Selbst im Bezug des Sterbenkönnens greift das Konzept der Gelassenheit, denn Sterbenkönnen bezeichnet nicht einfach die Tatsache, dass jeder Mensch sterben muss, sondern weist auf die Fähigkeit hin, seine eigene Endlichkeit anzunehmen

---

[211] Ebd. S. 94.

[212] Heidegger, Martin: Gelassenheit. S. 63f.

[213] Vgl. Haas, Alois M.: Kunst rechter Gelassenheit. S. 248.

und die Vergänglichkeit der Ereignisse gelassen hinzunehmen, um sein Leben sinnvoll gestalten zu können.

2.2. Besonnenheit

In Platons Frühdialog Charmides wird ein besonderer Aspekt des Gutseins (*arete*), nämlich der der Besonnenheit (*sophrosyne*) diskutiert. In unserem Alltag hat sich dieser Begriff weit von dem entfernt, was Platon damit intendierte: Es ist ist die Fähigkeit Affekte und Begierden zu beherrschen. Ich werde im Folgenden nur die Meinungen und Urteile herausstreichen, die für weitere Überlegungen tragfähig erscheinen, da, wie bei platonischen Frühdialogen, eine Definition des Begriffs letztlich ausbleiben muss. Dies hat seinen Grund im Begriff des Wissens. Platon versteht darunter das Ideenwissen, im Kontext der Besonnenheit besonders das Wissen des Gutseins, welches allerdings für uns Menschen unerreichbar bleibt. Wir erlangen wirkliches Wissen niemals oder erst nach dem Tode", sagt Sokrates im *Phaidon*[214] und spricht in der Apologie von einem „menschlichen Wissen"[215]. Menschen können im Falle der Erkenntnis von Ideen sich lediglich höchstmöglich annähern, und dies mit Hilfe der Dialektik[216], die ja bereits als mögliche Methode in der Lebenspraxis-Philosophie angesprochen worden ist.

Besonnenheit ist in ihrer Grundbedeutung das Bei-Sinnen oder Bei-Verstand-Sein, womit ein praktisches Urteil ermöglicht werden kann und sie somit als etthische *arete* verstanden werden kann.[217] Ein Beispiel dafür liefert Platon zu Beginn des Dialogs: Charmides setzt sich neben Sokrates und letzterer entwickelt sofort sexuelle Begierde, so heftig, dass er nicht mehr bei Sinnen ist und erst mit einigem Aufwand und Selbstbeherrschung fähig ist, die Rede aufzunehmen und damit ein besonnenes Handeln an den Tag legt.[218] „Nicht nur also etwas Schönes ist sie [Besonnenheit M. K.], sondern auch etwas Gutes"[219], was bejaht wird.

---

[214] Platon: Phaidon 66e-67a.

[215] Ebd. 20d.

[216] Hardy, Jörg: Was wissen Sokrates und seine Gesprächspartner? Überlegungen zu perfektem und menschlichem Wissen bei Platon. In: van Ackeren, Marcel (Hg.): Platon verstehen. Darmstadt 2004.

[217] Vgl. Wolf, Ursula: Die Suche nach dem guten Leben. Platons Frühdialoge. Reinbek bei Hamburg 1996. S. 99.

[218] Vgl. Platon: Charmides 155d.

[219] Ebd. 160e.

„Die Besonnenheit aber ist gut, da sie diejenigen zu Guten macht, denen sie beiwohnt, zu Schlechten aber nicht."[220] Eine Wendung zum Guten (*agathon*) findet statt, was im Sinne von "nützlich" und im spezielleren Fall als "nützlich für das gute Leben" verstanden werden kann. Charmides bietet dann eine Definition an, die er von jemandem gehört hat, dies zeigt, dass er (noch) kein eigenes ethisches Konzept hat. Sokrates vermutet richtig, es stamme von Kritias, was sich später auch herausstellen wird. Demnach sei Besonnenheit das Tun des Seinigen (*to heauton prattein*, 161b). Allerdings widerlegt Sokrates diese These, denn der Schuster macht Schuhe nicht für sich allein und der Sprachlehrer schreibt nicht nur seinen eigenen Namen.[221] In dem Tun des Seinigen steckt allerdings eine Zweideutigkeit: Heißt es, ich bekümmere mich nur um meine Angelegenheiten oder das, was meine Aufgabe ist bzw. wofür ich zuständig bin? Sicher ist dies nur die halbe Wahrheit, denn Platon nutzt diese Formel selbst sehr häufig, sodass sie im Fall der Besonnenheit wohl nicht ganz falsch sein kann.

Die Besonnenheit im Sinne von Tun von Gutem bzw. einer Nützlichkeit der Handlung wird im weiteren Verlauf eine gewisse Rolle spielen. Sokrates führt dazu neue Annahmen ein, wozu ihm ein Arzt als Beispiel dient: Der Arzt kann besonnen handeln im Sinne seiner Tätigkeit (techné), indem er Nützliches für sich und den Patienten tut, ohne immer zu wissen, das er nützlich und somit besonnen handelt.[222]. Diese Stelle mutet etwas seltsam an, doch Sokrates will möglicherweise zeigen, wie im Sinne des bereits genannten Bei-Sinnen oder Bei-Verstand-Sein gehandelt werden kann, sich vernünftig-überlegt verhalten und die Begierden, falls sie auftreten sie zu beherrschen, damit das Vernünftigsein nicht beeinträchtigt wird. Wer so vorgeht, ist sozusagen sich dessen auch immer schon bewusst. Das delphische „Erkenne dich selbst" ist somit das Gleiche wie „Sei besonnen" und wird vom Göttlichen als Anrede für diejenigen verwandt, die in den Tempel eintreten. Kritias stellt diese Behauptung auf und meint damit wohl so etwas wie „denke gesund". Diese Übersetzung des delphischen Spruches hält Ekkehard Martens zumindest für adäquat, um zu einer schlüssigen Aussage des Kritias zu gelangen, wenn auch vollkommen offen bleibt, was Kritias unter gesundem Denken überhaupt versteht.[223] Allerdings deutet sich hier

---

[220] Ebd. 161a.

[221] Vgl. ebd. 161d.

[222] Vgl. ebd. 167b ff.

[223] Martens, Ekkehard: Das selbstbezügliche Wissen in Platons „Charmides". München 1973. S. 40.

schon ein Bezug zum Göttlichen an, von dem später noch genauer die Rede sein wird[224]. Sokrates geht vorerst nicht weiter darauf ein, er bringt vielmehr den Begriff des Wissens und der Wissenschaft ins Spiel. Ist Besonnenheit ein Wissen von etwas, so ist sie eine bestimmte Wissenschaft von etwas (*episteme tis* und *tinos*) und sie muss als Wissenschaft etwas Nützliches hervorbringen.[225]. Weiß man um eine Sache, so überlegt Sokrates, müsste man doch auch um ihr Nichtwissen wissen: „Der Besonnene also allein wird sich selbst erkennen und auch imstande sein zu ergründen, was er wirklich weiß und was nicht."[226] Erkennen könnte er außerdem, was andere wissen und nicht wissen. Beschrieben wäre demnach der Besonnene, der solch eine Prüfung nicht nur von sich selbst, sondern auch von anderen Menschen vollziehen kann. Dazu passt die Aufforderung des Gottes an die Menschen, ihre Fähigkeiten richtig einzuschätzen. Nach Xenophon, hat Sokrates den delphischen Spruch „Erkenne dich selbst" in dieser Weise aufgefasst. Sokrates fragt den Euthydemos, ob er sich schon einmal für diesen Spruch interessiert habe, dies verneint Euthydemos, denn er sagt, er glaubte es schon zu wissen. Sokrates macht daraufhin einen Vergleich und gibt zu bedenken, dass sich die Selbsterkenntnis eines Menschen prinzipiell nicht von der eines Pferdes, bei dem diese Prüfung natürlich vom Pferdehändler durchgeführt werden muss, unterscheide. Der Pferdehändler kennt selbstverständlich nicht nur die Namen seiner "Ware", sondern auch die Eigenschaften und Fähigkeiten. Genau dies sollte der Mensch von sich wissen um dieselben vorteilhaft für sich einsetzen zu können. Kennt er sich jedoch nach diesem Muster nicht, so entsteht eine ganze Reihe von Nachteilen für ihn, was soweit gehen kann, dass der betreffende Mensch Missachtung, Unehre und sogar Spott entgegen gebracht bekommt.[227] Diese Fachwissenskontrolle dient also dem fehlerfreien Handeln. Ein vergleichbarer Wortlaut findet sich auch in Platons *Charmides*. Wird das getan, worauf man sich versteht, so verschafft man sich ein Auskommen und lebt glücklich.[228] Das, worauf man sich nicht versteht, sollte man

---

[224] Vgl. Platon: Charmides 164e.

[225] Vgl. ebd. 165c.

[226] Ebd. 166b.

[227] Xenophon: Erinnerungen an Sokrates [Memorabilien]. Griechisch/Deutsch. Hg. v. Hans Färber u. Max Faltner. München 1962. IV 2. 24-30. Im Folgenden unter dem Sigel Mem. zitiert.

[228] Vgl. Platon: Charmides 173d.

unterlassen, dann bleibt man vor Fehlgriffen verschont und entgeht sogar auch dem Unglück.[229]

Das Gesunde wird durch die Heilkunst gewusst, nicht aber durch die Besonnenheit. Die Besonnenheit ist in diesem Fall nur Wissen des Wissens ohne einen Sachbezug, und mit ihrer Hilfe zu entscheiden, ob man selbst oder jemand anders das Gesunde kennt oder nicht, bleibt völlig unerklärbar, minimale Restkenntnis, die man erhält ist, dass man weiß, aber nicht was man weiß.[230] Die Selbsterkenntnis ist jedoch nutzlos, wenn sie nicht um das Gute weiß, diesen Aspekt hatte Kritias nicht bedacht, denn das Wissen im allgemeinsten Sinn und das Gute im allgemeinsten Sinn korrelieren. Damit beschäftigt sich der Dialog *Charmides* im letzten Teil. Ein Wissen um die *techné* ist zwar wichtig und trägt dazu bei, dass die Menschen leben können, d. h. gesund wären, Schuhe hätten, nicht in Seenot gerieten usw. Jeder tut in diesem Fall was er kann. Fraglich bleibt aber, ob dieses "Allwissen" jemanden glücklich machen kann. Die Beherrschung einer bestimmten *techné* führt nicht automatisch zur Glückseligkeit, wie Sokrates bemerkt.[231] Die Besonnenheit, die als ein Nützlichsein und Gutsein im Sinne einer *arete* der Seele zukommen sollte, ist nicht allein auf dem Wissen des Wissens basierend, wie Kritias dies definiert hatte, sondern als ein Wissen vom Guten bestimmt. Wie ist die Trennung dieser Wissensarten, die doch etwas befremdlich wirkt, von Platon gemeint? Wir sind als Menschen nicht in der Lage das schlechthin Gute in Gänze zu erkennen, um es in bestimmten Situationen konkret und vollständig anwenden zu können. Allerdings können wir in diesen Situationen filtern, was wir wissen und was wir nicht wissen. Die Besonnenheit wäre die Instanz der Seele, die herausfinden müsste, was wir über das Gute wissen und was nicht. In Bezug auf ein direktes Wissen des Wissens muss verzichtet werden, weil das ethische Wissen eben gerade nicht in einer festen Menge bekannter Sätze gegeben ist, sondern immer im Prozess der Überprüfung immer neuer konkreter praktischer Urteile steht.[232] Wolf liefert zum Problem der Sätze, die das gute Leben ausmachen eine Erklärung, die im Prinzip auf eine Theorie der Ethik hinausläuft. Diese kann es aber, wie hier geschildert, nicht geben.[233]

---

[229] Vgl. ebd. 171d und Xenophon: Mem. IV 2. 26.

[230] Vgl. Wolf, Ursula: Die Suche nach dem guten Leben. S. 108.

[231] Vgl. Platon: Charmides 174c.

[232] Vgl. Wolf, Ursula: Die Suche nach dem guten Leben. S. 109-111.

[233] Vgl. ebd. S. 98.

Auch im *Staat* (*Poleteia*), dem Hauptwerk Platons spielt die Besonnenheit eine wichtige Rolle, Sokrates erklärt dort Glaukon, was es mit der Tugend der Besonnenheit auf sich hat. Die Besonnenheit kommt keinem bestimmten Stand zu; er beschreibt sie vielmehr als ein Sich-überlegen-sein bzw. Sich-unterlegen-sein und spricht von der Ausgeglichenheit der Seele. Derjenige, der besonnen ist, hat sich im Griff, lässt sich keinesfalls durch irgendetwas hinreißen, er hat stets die Kontrolle über sich. Um allerdings als Subjekt überlegen zu sein, muss es immer ein Objekt, welches unterlegen ist, geben, diese Konfliktmöglichkeiten finden jedoch in einem einzigen Menschen statt, was zu einem Paradoxon führt. Der, der überlegen ist, ist identisch mit dem, der überlegen ist[234]: „Denn wer stärker als er selbst wäre, wäre doch offenbar auch schwächer als er selbst, und der Schwächere stärker."[235] Offenbar ist Platon dieses Problem bewusst gewesen, denn er teilt den Menschen in verschiedene Seelenteile, was er mit dem Bild eines Pferdegespanns deutlich macht: der Wagenführer lenkt das Gefährt mit zwei Rossen, wovon das eine gut und edelmütig ist, das andere jedoch „schwierig und mühsam" in der Handhabung.[236] Es ist demnach ein Teil in uns, der sich der Besonnenheit entzieht. Durch diese Einteilung der Seelenteile wird es aber möglich, dass wir an diesen Ausdrücken (schwächer und stärker) festhalten und sie damit sinnvoll anwenden können. Die Identitätsontologie eines Menschen wird aufgebrochen und eine tieferliegende ontologische Differenz manifestiert sich, wodurch sich eine Pluralität ergibt, die den Menschen als ein dynamisches Ensemble von Teilen versteht und expliziert.[237]

Diese Annahme macht Platon, wenn er von verschiedenen Seelenteilen spricht, die das 'Sichselbstüberlegensein' erst ermöglichen können. Der Mensch ist sich selbst unterlegen und damit nicht besonnen, wenn in seiner Seele der schlechtere Teil überwiegt so ist der Mensch diesen gegenüber unterlegen und tendiert zur Zügellosigkeit.[238] Überwiegt aber der gute Teil in ihr und gewinnt dieser die Oberhand über den schlechten, so ist der Mensch sich selbst überlegen und kann somit als besonnen bezeichnet werden. Es kommt also darauf an, die Herrschaft des guten über den schlechten Seelenteil dauerhaft zu behaupten. Im Staat kann

---

[234] Vgl. Kersting, Wolfgang: Platons "Staat". 2. durchges, u. korrig Aufl. Darmstadt 2006. S. 151.

[235] Platon: Poleteia 431a.

[236] Vgl. Platon: Phaidros 246b.

[237] Vgl. Kersting, Wolfgang: Platons "Staat". S. 151.

[238] Vgl. Platon: Poleteia 431ab.

jeder besonnen sein, sowie jeder es auch nicht sein kann. Wichtig ist dabei nur, dass die Harmonie der Besonnenheit stimmt und sich die Besonnenheit um die ganze Gemeinschaft spannt, somit die Überlegenen und Unterlegenen vereint und sie zu einem guten Staat führen wird.[239]

Auch in dem Dialog *Alkibiadies I.* läuft das Ergebnis auf die Besonnenheit zu. Ohne sie ist es unmöglich, glückselig, noch ein Staatsmann zu werden.[240] Um einen Staat zu führen genügt es nicht Reichtum zu besitzen, sondern man braucht dazu ein tugendhaftes Verhalten und Gerechtigkeit, schaut derjenige zusätzlich auch ins Göttliche, so handelt er gottgefällig.

2.3. Existenziale Sorge und Sorge um sich

Die Sorge als *Sorge um sich selbst*, der ein ganzes Kapitel gewidmet werden soll, kann als eine Art "Kardinalpraktik" angesehen werden, schließt sie doch weitere Praktiken mit ein, die sie konstituieren: Auf sie soll allerdings erst in den nächsten Abschnitten eingegangen werden. Dieses Kapitel soll neben einer Explikation des Kontexts der Sorge bzw. der Selbstsorge auch einen kurzen philosophiehistorischen Abriss der Sorgekonzepte aufzeigen, um schließlich gegenwärtige Theorien zu beleuchten. Wichtig ist dies, um die Rückbindung insbesondere an die antiken Autoren deutlich zu machen. Im 19. Jahrhundert spielt die Sorge bzw. die Selbstsorge in der Philosophie kaum eine Rolle, um dafür im 20. Jahrhundert besonders umfangreich ausbuchstabiert zu werden. Besonders Martin Heidegger und Michel Foucault sind hier zu nennen. Daher soll in folgenden Kapiteln auf die Sorgekonzepte der beiden Autoren eingegangen werden, wobei allerdings kein Vergleich dieser beiden unterschiedlichen Untersuchungen angestrebt wird[241], sondern sich als Bezugspunkt einer grundlegenden Praktik erweisen sollen.

„Das deutsche Wort ‹S[orge]› hat zwei Grundbedeutungen, zwischen denen es durchaus Übergänge geben kann: zum einen 'sorgen für' etwas oder jemanden

---

[239] Vgl. ebd. 430d-432b.

[240] Vgl. Platon: Alkibiadies I. 134d.

[241] Ein Vergleich dieser beiden Sorge-Analysen finden sich in: Schmid, Wilhelm: Auf der Suche nach einer neuen Lebenskunst. Die Frage nach dem Grund und die Neubegründung der Ethik bei Foucault. Frankfurt am Main 2000.

im Sinn der Fürsorge, zum anderen, sich sorgen um' im Sinne des ängstlichen Besorgtseins."[242]

2.3.1. Die Sorge um sich im Denken vor dem 19. Jahrhundert

In Platons Dialog *Apologie des Sokrates* umreißt Sokrates die Selbstsorge, die auf die Seele gerichtet sein soll, nicht aber auf den Leib und den irdischen Reichtum. Zu erstreben ist, dass die Seele „aufs beste gedeihe" und die Tugend dabei aus dem Reichtum der Seele entspringen soll. Gleichzeitig ist die Selbstsorge auf das Ethische und das Gemeinwohl der Polis (Staatswesen) gerichtet. [243] Auch seinem Gesprächspartner Alkibiades empfiehlt Sokrates die Sorgfalt auf sich selbst zu richten. Um den Leib soll er sich Sorgen, aber viel wichtiger ist die Seele, die das Selbst verkörpert, „wer den Leib besorgt, der besorgt auch nur das Seinige und nicht sich selbst."[244] Das Seinige ist, was dem Menschen gehört also der Leib und was er ist, nämlich die Seele. Die Sorge um sich taucht immer wieder in platonischen Dialogen auf, ein Indiz dafür, wie wichtig dieses Konzept für das antike Leben war. In der hellenistischen Zeit (in der Stoa und bei Epikur) ist der Begriff zunächst mit Leid und Schmerz synonym; die Bekümmernisse müssen ertragen oder überwunden werden. Epiktet, versucht das, auf was sich die Sorge zu richten hat wie folgt einzugrenzen: „Über das eine gebieten wir, über das andere nicht. Wir gebieten über unser Begreifen, unseren Antrieb zum Handeln, unser Begehren und Meiden, und, mit einem Wort, über alles, was von uns ausgeht; nicht gebieten wir über unsern Körper, unsern Besitz, unser Ansehen, unsere Machtstellung, und, mit einem Wort, über alles, was nicht von uns ausgeht."[245]

Bei Seneca wird der Begriff (lat. *cura*) außerordentlich erweitert, Sorge um sich selbst dient der Selbstaneignung, um sich nicht der Verfügung durch andere Menschen, Geschäfte und Dinge zu überlassen. Sie ist immer mit einem strikten Zeitplan, der auf das ganze Leben gerichtet ist und einer Reihe weiterer Verhaltensweisen, Regeln und Prozeduren verbunden; die Tätigkeiten, die diversen Übungen, die Selbstbeobachtung werden immer genauer fixiert: Kontrolle der

---

[242] Historisches Wörterbuch der Philosophie: Sorge. HWPh: Historisches Wörterbuch der Philosophie. Hg. v. Joachim Ritter u. a. S. 38025 (vgl. HWPh Bd. 9, S. 1086).

[243] Vgl. Platon, Apologie 30 b u. 29 b.

[244] Platon: Alkibiades I. 131b.

[245] Epiktet: Handbüchlein der Moral. Gr./Dt. Übers. u. hg. v. Kurt Steinmann. Stuttgart: Reclam 1994. 1. S. 5.

eigenen Gedanken, morgendlicher Vorsatz und abendliche Prüfung, Meditation, Lektüre, Memorieren von Sentenzen, Gespräche, Briefe schreiben, um sich gegenseitigseitig beraten zu können, Konzentration nur auf Eines, Wissen, welche Dinge gleichgültig sind, Vorbereitung auf den eigenen Tod, Befolgung von Maximen. Es darf nicht vernachlässigt werden, den eigenen Körper zu pflegen, vollkommen jedoch ist der Zustand eines Menschen, „der sich um Körper und Seele sorgt" und so schließlich weder Unruhe in seiner Seele noch Schmerz im Körper empfindet.[246] Die Selbstsorge wandelt sich zu einer Selbstreflexion und -wahrnehmung. Man muss sich selbst prüfen und Rechenschaft für sein Handeln ablegen. Das Selbst ist nicht nur passiv gegeben, sondern entwickelt sich und bildet eine eigene aktive Kraft. Auch ein therapeutischer Aspekt ist auszumachen: Man muss die wunde und verletzliche Seele pflegen bzw. heilen und die Leidenschaften und Affekte im Zaum halten können. Die Konzeption der Selbstsorge des Seneca hat eine bedeutende Wirkung gehabt, die bis in die Gegenwart anhält, davon wird noch die Rede sein. Wir finden bei Seneca unter der Thematik der Selbstsorge vieles wieder, was im Bereich der bereits behandelten Praktiken in vorherigen Kapiteln genannt worden war.

Von der christlichen Spätantike bis ins Mittelalter ist die Sorge bzw. Selbstsorge auf die Seele, die Unsterblichkeit und das damit verbundene Heil gerichtet und hat im Neuen Testament ein wirkungsmächtiges Zeugnis hinterlassen: Der Mensch soll sich nicht um Nahrung und Kleidung, d. h. um den morgigen Tag sorgen, sondern viel mehr Wert auf das Trachten nach dem Reich Gottes legen. Es gilt der Rat alle Sorgen auf Gott zu „werfen", denn er sorgt für den Menschen.[247] Die antike Form der Selbstsorge verschwindet danach für lange Zeit aus der europäischen Kulturgeschichte unter dem Vorwurf des Christentums, einer verderblichen Selbstsucht Vorschub zu leisten. Die leibliche Selbstsorge wird denn auch vollkommen umgedeutet: die Kirche wird zum Leib Christi und der Vorsteher der Kirche hat die Aufgabe diesen Leib pflegen und zwar, genau wie in der Antike der Leib gepflegt werden sollte (durch ärztliche Betreuung und Turnübungen). Der Kirchenvorsteher braucht eine starke Seele, die den Leidenschaften widersteht, um die Seelen der anderen durchschauen und sie anleiten zu können. Dazu muss er sich beständig selbst prüfen. Die Sorge in Form der Seelsorge tritt damit durch das Christentum in Erscheinung. Erst in der Renaissance wird durch Autoren, die mit antiken Texten vertraut waren, die Sorge wieder zu

---

[246] Vgl. Seneca: Briefe an Lucilius 50, 66 u. 49.
[247] Mt. 6, 25-34, Lk. 12, 22-31; 1. Petr. 5, 7.

dem, was sie in der Antike gewesen war. Besonders Michel de Montaigne ist hier zu nennen; er greift auf die antiken Texte zurück, mit denen er bestens vertraut ist – und dies auch beim Thema Selbstsorge. Es ist bei ihm die Rede von der „Sorge, die wir für uns selbst haben"[248] und er plädiert wie Epikur im Verborgenen zu leben und nur für uns zu sorgen.[249] Er bleibt allerdings skeptisch, was die Verwirklichung dieser Forderung betrifft, denn die Menschen verwenden wenig Sorge auf die Kultur ihrer Seele.[250] Montaigne berichtet aber auch von äußeren üblen Umständen, die die "Sorge um sich" gefährden, genauso wie der Einfluss des Bösen und die Verzweiflung, die jedes Achten auf sich selbst in Frage stellen kann: „Ich lasse es auf das schlimmste gehen und achte mich meiner Sorgfalt nicht werth." Am liebsten hätte Montaigne es, sich regieren zu lassen, wenn er jemanden finden würde, dem er folgen könnte.[251] Gott hat uns die Fähigkeit der Sorgfalt für uns selbst verliehen, damit wir uns auch „für jedes Haar Rechenschaft geben" können. Sie sollte allerdings dem Mensch abgenommen werden durch eine gute Regierung, was bedeutet, dass er gemäß seinem Stande leben soll. Diese Forderung könnte aber einer Selbsterhaltung wie bereits aufgezeigt worden ist, deutlich widersprechen. Es ist prinzipiell nicht gut, sich zu viel Sorge zu bereiten: „Wir beunruhigen das Leben durch die Sorge für den Tod; und den Tod, durch die Sorge für das Leben." Schließlich hängt unser Leben nicht von uns selbst, sondern vom Schöpfer ab.[252]

Immanuel Kant fasst die Sorge als „Pflichten gegen sich selbst" auf, einige Stichworte seien dazu gegeben: „Regierung seiner Selbst", „Vervollkommnung seiner selbst", „Cultur seiner selbst", „Bildung von Geistes-, Seelen- und Leibeskräften", „Besorgung an sich selbst". Gleichwohl bildet das starke, selbstbeherrschte Subjekt die Basis für Kants Autonomie des Subjekts. Wichtig ist, dass man nicht von anderen abhängig wird, man muss stets in der Lage sein, sich um

---

[248] Montaigne, Michel de: Essais. Hg. v. Albert Thibaudet. Paris 1958. II, III, S. 395; I, III, S. 37. „le soing que nous avons de nous" und „le soing pour soy-mesmes"

[249] Ebd. II, XVI, S 699. „et de n'avoir soing que de nous."

[250] Ebd. II, XVII, S. 744. „peu de soing de la culture de l'ame." Johann D. Tietz übersetzt diese Stelle wie folgt: „…Leute, welche sich sehr wenig um die Verbesserung ihres Gemüths bekümmern." S. 493.

[251] Montaigne, Michel de: Essais = [Versuche] I-III. III. S. 99 und vgl. S. 110.

[252] Vgl. ebd. III, XIII, S. 442, Zitat: III, XII, S. 309, III, XIII, S. 439.

sich selbst kümmern zu können und sich dadurch nicht die Selbstkonstituierung ersparen zu wollen.[253]

2.3.2. Heidegger

In seinem 1927 erschienen Hauptwerk *Sein und Zeit* grenzt Martin Heidegger den Begriff Sorge von der »Fürsorge« für andere deutlich ab. Ziel seiner Arbeit ist die Erschließung der Grundstruktur des (menschlichen) Daseins. „Die Frage der Existenz ist immer nur durch das Existieren selbst ins Reine zu bringen."[254] Die „Sorge um die Offenheit der menschlichen Existenz für das Sein"[255] ergibt sich aus der Grundstruktur des Daseins für das "Umgehen mit der Welt" und rückt ins Zentrum seiner Philosophie. „Leben ist sorgen... Sorgen bedeutet, sich um etwas zu kümmern, und die Selbstbekümmerung führt letztlich zum Handeln."[256] Damit ist das Programm von *Sein und Zeit* eröffnet: Der Aufweis der Fundamentalstruktur in einer existenzialen Analytik. In § 39 wird gefragt ob sich das Dasein als Ganzes überhaupt erfahren kann. Dazu muss das Dasein aber außerhalb von sich stehen, was durchaus möglich ist, denn das Dasein steht in der Verfallenheit „außer sich"; es ist dabei nicht es selbst, sondern „man selbst". Die Verfallenheit ist konstitutiv für die Eigentlichkeit des Daseins. Wir stehen „vor uns", weil wir immer schon verfallen sind. Der Name für die formale und ganzheitliche Struktur ist die Sorge. Ganzheit meint hierbei „den Zusammenhalt des Vielen in einer Struktur, nicht seine Homogenisierung zu einem schlichten Einheitspunkt."[257] Begegnung mit dem eigentlichen Selbst ist strukturell die Verfallenheit. Um die Grundstruktur der Sorge zu erläutern zitiert Heidegger die aus der Spätantike stammende Fabel des Hyginus: „Als einst die ›Sorge‹ über den Fluß ging, sah sie tonhaltiges Erdreich: sinnend nahm sie davon ein Stück und begann es zu formen. Während sie bei sich darüber nachdenkt, was sie geschaffen, tritt Jupiter hinzu. Ihn bittet die ›Sorge‹ daß er dem geformten Ton Geist verleihe. Das gewährt ihr Jupiter gern. Als sie aber ihrem Gebilde nun ihren Namen beilegen wollte, verbot das Jupiter und verlangte, daß ihm sein Name gegeben werden müsse. Während über den Namen die ›Sorge‹ und Jupiter strit-

---

[253] Diese Forderungen stellt Kant in den Schriften Metapysik der Sitten «Tugendlehre» (A 6) und in Über Pädagogik von 1803.

[254] Heidegger, Martin: Sein und Zeit. Tübingen: Niemeyer 1993. § 4. S. 12

[255] Ruffing, Reiner: Der Sinn der Sorge. Freiburg/München 2013. S. 15.

[256] Heidegger, Martin: Phänomenologische Interpretationen zu Aristoteles. Einführung in die phänomenologische Forschung, Gesamtausgabe Bd. 61. Frankfurt am Main 1985. S. 109.

[257] Steinmann, Michael: Martin Heideggers ‚Sein und Zeit'. Darmstadt 2010. S. 104.

ten, erhob sich auch die Erde (Tellus) und begehrte, daß dem Gebilde ihr Namen beigelegt werde, da sie ja doch ihm ein Stück ihres Leibes dargeboten habe. Die Streitenden nahmen Saturn zum Richter. Und ihnen erteilte Saturn folgende anscheinend gerechte Entscheidung; »Du Jupiter, weil du den Geist gegeben hast, sollst bei seinem Tode den Geist, du, Erde, weil du den Körper geschenkt hast, sollst den Körper empfangen. Weil aber die ›Sorge‹ dieses Wesen zuerst gebildet, so möge, solange es lebt, die ›Sorge‹ es besitzen«.«[258] Der Mensch, der in der Welt ist, muss sich um sein Dasein kümmern; er baut ein Selbstverhältnis zu seinem Dasein auf und in einem *Entwurf* kann er sich verändern und auch selbst gestalten.[259] Mit Sorge ist also nicht gemeint, dass man sich manchmal "Sorgen" macht. Die Sorge ist Bestandteil des Selbst und kann daher praktisch gar nicht wahrgenommen werden (führt zur Tautologie), sie ist ein Grundmerkmal der Conditio Humana, wie die Hyginus-Fabel zeigt. Sie ist damit ein ontologischer (existenzialer) und nicht ein ontischer (existenzieller) Terminus, er bezeichnet somit eine Struktur und keine Seinstendenz wie Besorgnis oder Sorglosigkeit.[260] Im Sinne eines „ontologischen Strukturbegriffs" bildet die Sorge erst die Grundlage für alle ontischen Verfahrensweisen.[261] Der Mensch ist Sorge und Sein gleichzeitig, so kann gesagt werden. „Dieses Seiende hat den ‚Ursprung' seines Seins in der Sorge."[262] Heidegger verwendet den Begriff im Sinne von Besorgen, Planen, Bekümmern, Berechnen oder auch Voraussehen, wenn das Sein des Daseins selbst als Sorge gilt. Anders als bei Descartes wird das Dasein nicht als *cogito* verstanden, vielmehr ist die „Substanz" des Menschen seine *Existenz*. „Die Klärung des In-der-Welt-seins zeigt, daß nicht zunächst "ist" und auch nie gegeben ist ein bloßes Subjekt ohne Welt."[263] Die Evidenz des „Ich denke" wird nicht außer Kraft gesetzt, aber es ist kein tragender Grund des In-der-Welt-seins. Damit ist das Selbst „nicht ein Ich, sondern ein formaler Begriff für alle Weisen des Sichverhaltens zum Sein, für die Relationen, in die das Selbst eingebettet ist."[264] Es gibt somit kein isoliertes Ich ohne die Anderen. „Sorge meint daher auch nicht primär und ausschließlich ein isoliertes Verhalten des Ichs zu ihm

---

[258] Heidegger, Martin: Sein und Zeit. § 41. S. 198.

[259] Vgl. Ruffing, Reiner: Der Sinn der Sorge. S. 19.

[260] Ebd. S. 192.

[261] Vgl. Schmid, Wilhelm: Auf der Suche nach einer neuen Lebenskunst. S. 206.

[262] Heidegger, Martin: Sein und Zeit. § 42. S. 198.

[263] Ebd. § 25. S. 116.

[264] Schmid, Wilhelm: Auf der Suche nach einer neuen Lebenskunst. S. 207.

selbst."[265] Hier scheint es durchaus eine Überschneidung zum antiken Sorge-um-sich-selbst-Konstrukt und auch Foucaults Sorgeverständnis zu geben, aber Heidegger meint, dass die Selbstsorge in eine Tautologie mündet, weil die Sorge kein besonderes Verhalten zum Selbst meinen kann, denn dies ist bereits im Phänomen des Selbst eingeschlossen. Dieser Blick auf die Sorge zeigt die Umstände einer Situation, für das Wählen der rechten Mittel und des richtigen Zeitpunkts, eben all dem, was eine Selbstgestaltung ausmacht. „Die Umsicht gibt allem Beibringen, Verrichten die Bahn des Vorgehens, die Mittel der Ausführung, die rechte Gelegenheit, den geeigneten Augenblick."[266] Eine Möglichkeit des Seins, die über die Sorge besonderen Aufschluss bietet, ist die Angst, deren Wovor völlig unbestimmt ist: „Nichts von dem, was innerhalb der Welt zuhanden und vorhanden ist, fungiert als das, wovor die Angst sich ängstet. Die innerweltlich entdeckte Bewandtnisganzheit des Zuhandenen und Vorhandenen ist als solche überhaupt ohne Belang. Sie sinkt zusammen. Die Welt hat den Charakter völliger Unbedeutsamkeit."[267] In der Angst geht es um die Welt, die als Nichts erfahren wird; durch ihre Unbedeutsamkeit wird „Unheimlichkeit" erzeugt und dies ganz im Sinne des Wortes – ein Nicht-zuhause-sein. Die Existenz birgt die Sorge in genau der Dignität wie auch die Angst als Grundbefindlichkeiten des Menschen. Diese Charakterisierung hat Heidegger immer ausdrücklich betont. Allerdings ist es gerade die Angst, die das Dasein zu sich selbst bringt, indem sie allein es ermöglicht, den Menschen aus der Verfallenheit an die Welt und der Öffentlichkeit zurückholen und ihn dem diktatorischen Man zu entreißen. Sie fördert also den Entwurfscharakter des Daseins, das „Freisein für das eigenste Seinkönnen"[268] und erschließt den Menschen als „solus ipse".

Mit „Man" bezeichnet Heidegger alle Verhaltensweisen und Einstellung, die das Dasein leiten und seine Realität ausmachen, dies kann auch Institutionen in weitem Sinne genannt werden. Es ist das uneigentliche Selbst, das sich vor jeder Entscheidung zurückzieht, dem Dasein die Verantwortung abnimmt und es damit entlastet. Es ist also kein böser Dämon, sondern konturiert das Dasein, das nur es selbst sein kann, weil es die Sphäre des Man gibt. Unsere Beurteilung „gut", „richtig", falsch" usw. ist nur möglich durch das Man, dessen Meinungen man auf der Straße, in Funk und Fernsehen, der Presse usw. findet. Es ist sozu-

---

[265] Heidegger, Martin: Sein und Zeit. § 41. S. 193.
[266] Ebd. § 36. S. 172.
[267] Ebd. § 40. S. 186.
[268] Ebd. § 41. S. 191.

sagen die Öffentlichkeit, die das tägliche Dasein bestimmt, sowie die Weltlichkeit des besorgenden Daseins.[269]

„Wovor die Angst sich ängstet, ist das In-der-Welt-sein selbst."[270] Dem Dasein als Sorge geht es um sein Sein, d. h. es ruft sich aus der Unheimlichkeit selbst auf zu seinem Seinkönnen.[271] Die Antwort darauf ist die Entschlossenheit, was nicht bedeutet, dass sich das Subjekt zu irgendetwas entschließt, sondern vielmehr die Offenheit des Daseins für das Sein meint. In dieser Entschlossenheit verändert sich das Subjekt. Sie erinnert in ihrer Grundstruktur an die asketischen Forderungen der Selbsterkenntnis der antiken Tradition. „Sie bringt das Selbst in das besorgende Sein bei Zuhandenem und das fürsorgende Mitsein mit Anderen, vor allem jedoch in das Sein als Dimension der Möglichkeit."[272] Entdeckt der Entschluss nur das faktisch Mögliche in einer bestimmten Situation, so ist die Situation nur durch die Entschlossenheit „da". Die grundlegende Täuschung ergibt sich aus der Annahme, Sein immer mit dem Vorhandensein gleichzusetzen. Sich mit dem Reellen zufrieden zu geben, heißt andererseits für das Mögliche blind zu sein. Möglichsein ist wesentlich der Seinsart des Daseins zugeordnet. Wichtig für das Dasein ist, Möglichkeiten zu sehen, von denen her und auf diese hin es existieren kann. Von Grund auf versteht sich das Dasein auf Möglichkeiten, dennoch kann das durchschnittliche Besorgen des Alltags für sich ergebende Möglichkeiten blind werden und sich lediglich mit dem was „wirklich" gegeben ist begnügen. Den Grund, den das Denken sucht ist nicht im Subjekt, sondern in der Sorge. Die Sorge als „Grundphänomen" erweist sich für die Frage nach dem Grund als grundlegend. Die Daseinsauslegung findet auf dem Boden der Sorge statt. Dieser Boden ist aber nicht aus dem herkömmlichen Subjekt- und Bewusstseinsbegriff ableitbar. Entscheidend ist hierbei aber auch der Zeitbezug. Heidegger ist es wichtig zu betonen, dass die „Vorstellung" eines kontinuierlichen Jetzt-Flusses von dieser Zeitlichkeit abgeschieden sein muss, nur so ist es begreiflich, dass „die möglichen Weisen, in denen das Dasein sich Zeit gibt und läßt, primär daraus zu bestimmen sind, *wie es der jeweiligen Existenz entsprechend seine Zeit ‚hat'*."[273]. Ein Wesen kann nur sorgend sein, das

---

[269] Vgl. Luckner, Andreas: Martin Heidegger: „Sein und Zeit'. Ein einführender Kommentar. Paderborn 1997. S. 59 f.

[270] Heidegger, Martin: Sein und Zeit. § 40. S. 187.

[271] Vgl. ebd. § 41. S. 191 f.

[272] Vgl. Schmid, Wilhelm: Auf der Suche nach einer neuen Lebenskunst. S. 208.

[273] Heidegger, Martin: Sein und Zeit. § 79. S. 410.

einen offenen und unverfügbaren Zeithorizont vor sich sieht, in den es hineinleben muss. Der Mensch ist ein sorgendes und besorgendes Wesen, weil es den nach vorne offenen Zeithorizont ausdrücklich erfährt. Sorge ist also nichts anderes als gelebte Zeitlichkeit.[274] Wer uneigentlich existiert, ist dadurch charakterisiert, dass er „keine Zeit hat". Aus der Zeitlichkeit tritt Zukunft, Gewesenheit und Gegenwart hervor, was gegen eine bloße Jetzt-Folge steht. Die Zukunft als Horizont der Möglichkeit genießt dabei den Vorrang. Die Zukunft ist damit der primäre Sinn der Sorge.[275] Auf diese Erörterung kann die Lebensgestaltung zurückgreifen, die den Möglichkeitsspielraum in der Zeitlichkeit auszuloten hat. Trotz dieser expliziten Darstellung von Heidegger, wurde er aber dennoch oft missverstanden, indem sein Sorgekonzept als strukturelle „weltanschaulich-ethische Einschätzung" angesehen wurde.

Die Bezeichnung eines menschlichen Phänomens wandelt sich in der Philosophie zu einem philosophischen Begriff. Im Bezug zur Lebensgestaltung lässt sich festhalten, dass die heideggersche Sorge implizit den Blick auf Einzelaspekte der Lebensgestaltung schärft; die Aufmerksamkeit auf Praktiken im Alltäglichen und der gesamte Lebensvollzug wird dadurch transparenter. Die Sorge konstituiert für das Dasein den Entwurfscharakter auf die Möglichkeit hin. Die Sorge ist dem Menschen bei Heidegger von Natur aus gegeben und damit ihm gewissermaßen geschichtslos eigen, eine grundlegende ontologische Grundstruktur und keine Praktik im Sinne des bis hierher Erläuterten. Eine Praktik transformiert ein Subjekt im Sinne einer Veränderung der Seinsweise, während Heidegger eine Konversion zu einem ursprünglicheren Seinsverständnis meint. Dies mag an dieser Stelle zu Heidegger genügen. Sorge war zuvor ein Begriff, d. h. bevor Heidegger dieses Konzept begründete, vor allem in der Literatur und der Homiletik (Geschichte und Theorie der Predigt) präsent, worauf an dieser Stelle nicht näher eingegangen werden kann.

2.3.3. Foucault

Michel Foucault greift das Thema ‚Sorge' aus der Antike erneut auf und aktualisiert es wieder in seinen beiden letzten Büchern *Der Gebrauch der Lüste* (L'usage des plaisirs) und *Die Sorge um sich* (Le souci de soi) von 1984. Er stößt auf der Suche nach „Selbsttechnologien" auf die Sorge, mit deren Hilfe sich das

---

[274] Vgl. Safranski, Rüdiger: Ein Meister aus Deutschland. Heidegger und seine Zeit. Frankfurt am Main: Fischer 2001. S. 182.

[275] Vgl. Schmid, Wilhelm: Auf der Suche nach einer neuen Lebenskunst. S. 210.

Subjekt selbst konstituieren kann, anstatt nur ein Produkt in Abhängigkeit von Mächten und Praktiken, die von außen kommen, zu sein. In seiner Vorlesung im Jahre 1981 am Collège de France in Paris, „Subjektivität und Wahrheit", und noch einmal 1982 unter dem Titel *Hermeneutik des Subjekts*, erschließt er diese „Kultur" bzw. „Regierung seiner selbst" und bezeichnet sie als zur antiken Form der Selbsterkenntnis gehörig. Ausgehend vom Aufbau einer Beziehung zu sich selbst und der Bedeutung der Sorge sagt er: „Den Blick sich selbst zuzuwenden bedeutet zunächst, ihn von den anderen abzuwenden, ... [d. h.], dass diese Umlenkung des Blicks, die gegen die krankhafte Neugier gegenüber des anderen eingesetzt werden muss, nicht zur Konstituierung seiner selbst als Untersuchungs-, Entzifferungs- oder Reflexionsgegenstand führt. Es handelt sich vielmehr um die Aufforderung zu einer zielgerichteten Konzentration; es geht darum, dass das Subjekt sein Ziel fest im Blick behält."[276] Ausgangsituation ist der Zusammenhang von Wahrheit und Subjekt, die in der Antike mit der Sorge um sich korreliert. Die Sorge um sich meint Handlungen, die sich auf das Subjekt selbst richten und dabei für Veränderungen an ihm verantwortlich sind. Im Grunde ist das, was sich unter dem Begriff ‚Sorge um sich' subsumieren lässt, ein Katalog von Techniken des Selbst, die durch Meditation, Gewissensprüfung, bewusste Erinnerungen und Systematischer Herbeiführung von vorgestellten Situationen hervorgerufen werden.[277] Generell ist das Sein des Subjekts betroffen, welches sich in den entsprechenden Techniken als Subjekt und Objekt verhält. Dies geschieht in einer Erklärung des Subjekts zu seinem eigenen Objekt. Entscheidend ist dabei die Veränderung des Subjekts, die genau dann eintritt, wenn das Subjekt die Wahrheit über sich selbst ausspricht. Diese Wahrheit ist nur eine vorläufige, aber sie ist die strenge Konsequenz dieses Aussprechens. Foucaults Intention ist es, Praktiken zu zeigen, in denen das Subjekt gebildet wird oder sich selbst konstituiert, denn es ist keine Substanz, sondern eine Form. Das Subjekt kann nicht vorausgesetzt, sondern muss geformt werden. Es ist transformierbar.[278] Das Thema der Sorge, so Foucault, ist von der späteren Philosophie aufgenommen worden und ins Zentrum einer „Kunst der Existenz" gerückt worden. Diese Philosophie behauptete schließlich auch jene zu sein. Dieses Thema überschritt denn auch seine erste philosophische Bedeutung und wandelte sich zu einer Dimension der „Kultur seiner selber". Ausgangspunkt ist

---

[276] Foucault, Michel: Hermeneutik des Subjekts. S. 275 u. 208.

[277] Vgl. Ruoff, Michael: Foucault-Lexikon. 2. durchges. Aufl. Paderborn 2009. S. 54.

[278] Vgl. Schmid, Wilhelm: Auf der Suche nach einer neuen Lebenskunst. S. 247.

für Foucaults Überlegungen der platonische Dialog *Alkibiades I*, der im Zusammenhang mit der Thematik der Selbstsorge steht, die sich als „Führung" im Sinne einer Regierung des Verhältnisses zu sich selbst und der Beziehungen zu Anderen versteht. Das Wesentliche der Selbstsorge ist das „sich" der Selbstpraktiken und nicht das „Ich" des Egoismus, aber auch nicht das „Du" des Altruismus. Selbstsorge heißt auch nicht, dass man an sich selbst interessiert ist, und nicht, dass man zu einer Selbstbezogenheit oder gar Selbstverliebtheit neigt. Vielmehr ist eine Arbeit, die Aufmerksamkeit, Wissen und Technik einschließt. Sie ist keine Selbstsucht, noch Selbstlosigkeit, sondern eher eine Mäßigung und Eindämmung dieser negativen Eigenschaften. Die Erziehung seiner selbst ist der entscheidende Weg dieser Selbstkultur. [279] Das Prinzip der Sorge erhielt so sukzessive eine Erweiterung; der Imperativ, man solle sich um sich selbst kümmern, wanderte dadurch auch durch mannigfaltige Lehren; bereichert um die Form einer Haltung, einer Weise des Sichverhaltens und von entsprechenden Lebensweisen durchdrungen. Dabei manifestierte sie sich in Prozeduren, Praktiken, Rezepten, in denen man sich verbesserte, betrieb und die man bedachte und lehrte, letztlich führte dies zu gesellschaftlichen Praktiken im Sinne intersubjektiven Beziehungen, Austauschprozessen und Kommunikationsmöglichkeiten. Nicht selten entstanden dadurch sogar Institutionen. [280]

„Die Sorge um sich ist eine Haltung, die nicht von einer codierenden Instanz dem Individuum auferlegt wird, sondern die das Individuum selbst wählt." Die „allgemeine Haltung" in Hinsicht auf sich selbst, die Anderen und die Welt, die gleichzeitig Formen von Aufmerksamkeit als auch die Führung seiner selbst (Ethik) erzeugt, ist das Prinzip der Lebensführung des Subjekts. Die Selbstreflexion ist die beständige Selbstsorge, der Stil der Existenz, die unabhängig von normativen oder metaphysischen Gegebenheiten und Vorgaben ist. [281] Foucault bezieht zu dieser Problematik auch klar Stellung, indem er sagt: „Ich frage mich nun, ob unser Problem heute nicht in gewisser Weise dem ähnlich ist. Die meisten von uns glauben nicht länger, daß Ethik in Religion begründet sei, aber wir wollen auch nicht, daß ein Rechtssystem in unser moralisches, persönliches, pri-

---

[279] Vgl. ebd.

[280] Vgl. Foucault, Michel: Sexualität und Wahrheit 3. 3 Bde. Bd. 3 Die Sorge um sich. Frankfurt am Main 1986. S. 61 f.

[281] Vgl. und Zitat Schmid, Wilhelm: Auf der Suche nach einer neuen Lebenskunst. S. 249.

vates Leben eingreift."[282] Diese Ausführung deutet eine individuelle Ethik an, die vom Subjekt ausgeht und den konkreten Einzelfall in einer bestimmten Situation einer Handlung berücksichtigen würde. Der antike, apollinische Imperativ "Erkenne dich selbst" war mit dem Auftrag sich um sich selbst zu kümmern verbunden und die antike Philosophie widmete eine kontinuierliche Aufmerksamkeit den Techniken der Selbstsorge, was Foucault besonders faszinierte. Nicht um Selbstfindung oder Selbstverwirklichung, nicht um das Phänomen eines Ursprungs oder ein echtes Selbst ging es dabei, sondern die Formung und Transformation des Selbst stand im Focus des antiken Denkens.[283] Foucault verwendet den Begriff „Transformation" auf unterschiedliche Weise, aber auch für eine Veränderung des Wissens, was in einer Selbsttransformation von großer Bedeutung ist. Daraus ergibt sich die Konsequenz, dass die Selbstpraktiken so die Form einer Kunst des Selbst annehmen, „relativ unabhängig von einer moralischen Gesetzgebung."[284] Foucault ist sich durchaus darüber im Klaren, dass es moralische Vorgaben metaphysischer Art in der Antike gab, das zeigt das „relativ" in der Aussage an, dennoch erkennt er einen Freiraum zur Entfaltung einer Sittlichkeit, die sich allein aus dem Individuum generiert. Die Lebenskunst der Antike kann im Gesamtumfang nicht einfach auf die Moderne übertragen werden. Bei einer Aktualisierung von Praktiken im Rahmen der Lebenskunst ist auf Erfordernisse zu achten, die in unserer Kultur und für unsere Gegenwart charakteristisch sind.[285] Wie sich lebenskünstlerische Praktiken im Einzelnen in eine Selbstgestaltung in unserem gegenwärtigen Lebenskontext einfügen sollen, ist jedoch erst in den folgenden Kapiteln zu erarbeiten.

Foucault aktualisiert den Begriff der Sorge und bringt ihn als Konzept für eine moderne Gesellschaft ins Gespräch, in der die Subjekte schon allzu sehr ans "Regiert werden" und damit an die Abgabe der Sorge gewöhnt worden sind. Politischer und agonaler (wettkampfmäßiger) Index der Sorge, d. h. Macht über sich selbst zu gewinnen und diese Macht auch gegen die Bevormundung durch eine herrschende Macht einzusetzen, lautet die Forderung Foucaults. Allerdings lehnt Foucault den Begriff „Befreiung" für solche Vorgänge ab. Eine Befreiung

---

[282] Foucault, Michel: Zur Genealogie der Ethik: Ein Überblick über die laufende Arbeit. In: ders. Ästhetik der Existenz. Schriften zur Lebenskunst. Hg. Daniel Defert u. a. Frankfurt am Main: 2007. S. 191-219. S. 194.

[283] Vgl. Schmid, Wilhelm: Auf der Suche nach einer neuen Lebenskunst. S. 250.

[284] Foucault, Michel: Die Sorge um die Wahrheit. In: ders. Ästhetik der Existenz. Schriften zur Lebenskunst. Hg. Daniel Defert u. a. Frankfurt am Main: 2007. S. 226-238. S. 230.

[285] Vgl. Schmid, Wilhelm: Auf der Suche nach einer neuen Lebenskunst. S. 250 f.

ist oft nicht weitgehend genug, anderseits muss sie mit Vorsicht und in Grenzen ablaufen.[286] Als Erben der christlichen Moraltradition und ihrer Betonung der Selbstlosigkeit sind wir jedoch „geneigt, in der ‚Sorge um sich' selbst etwas Unmoralisches zu argwöhnen, ein Mittel, uns aller denkbaren Regeln zu entheben". Es sei interessant zu sehen, dass in unseren Gesellschaften ab einem bestimmten (und sehr schwierig anzugebenden) Punkt die Sorge zu etwas Anrüchigem geworden ist; sie sei nämlich als eine Art Selbstliebe und damit als eine Form von Egoismus verwerflich geworden. In Wahrheit handelt es aber sich um eine Beziehung des Selbst zu sich, die erforderlich ist, um eine Praxis der Freiheit zu realisieren, was bei den griechischen Philosophen auch schon so vorgesehen war.[287] Foucault setzt damit auf ein autonomes Subjekt, das eine humane Selbstbestimmung wahrnehmen kann. Den Antrieb dazu kann es aus eigener Kraft, wie auch durch die Hilfe anderer haben. Es wird dadurch in die Lage versetzt, Modifikationen an seinem Körper, seiner Seele, seinem Denken, Verhalten und seiner Weise zu existieren, zu bewirken. Ziel dieser Veränderungen ist ein gewisser Zustand des Glücks, der Reinheit, der Weisheit, Vollkommenheit oder Unsterblichkeit.[288] Die Philosophen raten zwar zur Sorge um sich selber, was jedoch nicht heißt, dass ein solches Streben denen vorbehalten wäre, die ein philosophisches Leben für sich wählen, oder sich etwa nur auf den Zeitraum erstreckt, in dem man in seiner Nähe verbringt. Dieses Prinzip gilt ausnahmslos für alle, für alle Zeit und das ganze Leben.[289] Daraus ergibt sich eine Erfüllung des Lebens, die kurz vor dem Tode unmittelbar wird, indem die beglückende Nähe des Todes als eine Erfüllung des Alters vorgestellt wird.[290]

Der Begriff der Sorge kann nicht tautologisch (im Sinne Heideggers) sein, da er diejenige Sorge bezeichnet, die das Selbst erst herstellt und die transformierend auf es einwirkt, über das hinaus, was an ihm schon gegeben ist. Dieses Selbst ist eine Form, die zu gestalten ist, und keine Substanz „und diese Form ist weder

---

[286] Vgl. Foucault, Michel: Die Ethik der Sorge um sich als Praxis der Freiheit. (Gespräch mit Helmut Becker, Raúl Fornet-Betancourt, Alfred Gomez-Müller, 20. Januar 1984). In: ders. Ästhetik der Existenz. Schriften zur Lebenskunst. Hg. Daniel Defert u. a. Frankfurt am Main: 2007. S. 253-279. S. 254 f.

[287] Vgl. ebd. 257 f.

[288] Vgl. Foucault, Michel: Technologien des Selbst. In: ders. Ästhetik der Existenz. Schriften zur Lebenskunst. Hg. Daniel Defert u. a. Frankfurt am Main: Suhrkamp 2007. S. 287-317. S. 289.

[289] Vgl. Foucault, Michel: Sexualität und Wahrheit 3. S. 66.

[290] Vgl. Foucault, Michel: Technologien des Selbst. S. 301.

vor allem noch durchgängig mit sich identisch."[291] Es ist ein Unterschied, ob man als politisches Subjekt zur Wahl geht oder in einer Veranstaltung das Wort ergreift, als wenn man versucht, sein Begehren in einer sexuellen Beziehung zu verwirklichen. Es gibt Überschneidungen in den Formen eines Subjekts.

Im Verlauf seiner Untersuchungen fokussiert er das autonome Subjekt, das sich im Rahmen der Selbstsorge konstituiert.

Zusammenfassend lässt sich sagen, dass sich das Sorgekonzept in der Philosophie durchaus pluralistisch zeigt. Zunächst als Sorge für sich und andere, und, so zeigte sich, hat die Sorge immer auch etwas mit Handeln zu tun (ethische Komponente). Besonders in der Selbstsorge des Seneca war dieses Anliegen ausgeprägt, so wie auch bei Kants Formulierung der Pflichten gegen sich selbst. Die Sorge um den Staat (polis) klang bei Platon an, wird diese Forderung heute mit der Politikverdrossenheit missachtet, die sich besonders an zurückgehenden Wahlbeteiligungen zeigt? Die "Hände in der Schoß legen und der Dinge harren" ist nicht die Sache der dargestellten Philosophien. Wäre es vielleicht ein gangbarer Weg einfach auch einmal nichts zu tun, nach dem Motto "Weniger ist Mehr"? Das hinge aber auch von der Form der Sorge ab: eine echte Sorge unmittelbar am Leben bzw. eine lebensnotwendige oder eine gemachte, die nur die Sorge ist, den Reichtum oder die Macht zu vermehren. Doch scheinbar ist es so – wenn Heidegger Recht behält – dass wir gar nicht anders können, als mit der Lebenslast der Sorge zu bestehen und das in einem Lauf in die Zeit hinein bis zu unserem eigenen Ende hin. Insofern ist die Sorge auch der Antrieb unser Leben "in die Hand zu nehmen" und unsere Existenz zu gestalten. Revolutionärer ist die Selbstsorge Foucaults, die eine Selbstbehauptung in der Welt fordert, gegen alle Zwänge, die auf das Subjekt hereinbrechen. Die Sorge kann bei Foucault auch zum Mittel der Wahl werden

2.4. Aneignung

Im Zusammenhang mit der Oikeiosis als Selbsterhaltung war im Grunde bereits von Aneignung die Rede. Dabei ging es um die Individualbestimmung des Subjekts durch sich selbst und nicht um die Möglichkeit einer Fremderhaltung durch einen metaphysischen Gesetzgeber.[292]

---

[291] Ebd. S. 265.

[292] Vgl. Kap. 2.3. dieser Arbeit.

In diesem Kapitel geht es im ersten Teil bezüglich der Lebensgestaltung um eine andere Art von Aneignung, die als der Hermeneutik nahe stehendes Verfahren vorgestellt werden wird, welches die Interpretation nicht als eine rein geistige Übung versteht, sondern als Deutung, die für das eigene Leben bedeutsam werden kann. Danach wird Aneignung, die sich um Integration von objektiven Perspektiven, die in diesem Prozess in subjektive verwandelt werden, vorgestellt.

2.4.1. Hermeneutik in eigener Sache

Die Selbstbiographie liefert ein hohes Maß vom Verstehen des Lebens. Der Mensch, der die Kohärenz „in der Geschichte seines Lebens sucht, hat in all dem, was er als Werte seines Lebens gefühlt, als Zwecke desselben realisiert, als Lebensplan entworfen hat, was er rückblickend als seine Entwicklung, vorwärtsblickend als die Gestaltung seines Lebens und dessen höchstes Gut erfaßt hat – in alledem hat er schon einen Zusammenhang seines Lebens unter verschiedenen Gesichtspunkten gebildet, der nun jetzt ausgesprochen werden soll."[293]

Durch die Erinnerung wurden die entscheidenden Momente des Lebens hervorgeholt und andere vergessen, weil sie nicht bedeutsam genug waren. Es gilt, sich an der gesammelten Erfahrung während des Lebens abzuarbeiten: „Um mit vollkommener Besonnenheit zu leben und aus der eigenen Erfahrung alle Belehrung, die sie enthält, herauszuziehen, ist erfordert, daß man oft zurückdenke und was man erlebt, gethan, erfahren und dabei empfunden hat rekapitulire, auch sein ehemaliges Urtheil mit seinem gegenwärtigen, seinen Vorsatz und Streben mit dem Erfolg und der Befriedigung durch denselben vergleiche. Dies ist die Repetition des Privatissimums, welches jedem die Erfahrung liest. Auch läßt die eigene Erfahrung sich ansehn als der Text; Nachdenken und Kenntnisse als der Kommentar dazu. Viel Nachdenken und Kenntnisse, bei wenig Erfahrung, gleicht den Ausgaben, deren Seiten zwei Zeilen Text und vierzig Zeilen Kommentar darbieten. Viel Erfahrung, bei wenig Nachdenken und geringen Kenntnissen, gleicht den bipontinischen Ausgaben, ohne Noten, welche vieles unverstanden lassen."[294] Diese Praktik lässt sich in das diltheysche Projekt integrieren, da es sich am voranschreitenden Lebenslauf orientiert und ihn auslegt. Das Le-

---

[293] Dilthey Wilhelm: Plan der Fortsetzung zum Aufbau der geschichtlichen Welt in den Geisteswissenschaften. Gesammelte Schriften Bd. VII. 7. Unveränd. Auflage. Göttingen 1979. S. 200.

[294] Schopenhauer, Arthur: Aphorismen zur Lebensweisheit. In: ders.: Werke in fünf Bänden. Bd. IV, 1. Hg. v. Ludger Lütkehaus. Zürich 1988. S. 415.

ben findet Beachtung von verschiedenen Standpunkten aus und die kontinuierlichen Verschiebungen und Verwerfungen im Rahmen von z. B. inzwischen modifizierten Urteilen, das Streben in Hinblick auf Ziele usw. werden nun sichtbar. Die Biographie bildet nicht alles real ab, was ein Lebenslauf so alles birgt, sondern wählt aus und komprimiert. Sie wird aber auch nicht zu einem banalen Abbild des real gelebten Lebens, zeigt aber auch die Selbstbesinnung des Schreibenden, die sich in immer neuen Formen zeigt. „Die Macht und Breite des eigenen Lebens, die Energie der Besinnung über dasselbe ist die Grundlage des geschichtlichen Sehens."[295] Eine Durchdringung des eigenen Lebens, wie auch des geschilderten läuft grenzenlos im Inneren ab, gleichgültig ob der Autor und der Leser eine Person sind, oder nicht. Es findet eine Synthese der Teile hin zu einem Ganzen statt und zu den allgemeinen Denkkategorien treten Begriffe wie Wert, Zweck und Bedeutung hinzu, die sich wiederum unter umfassendere Termini wie Gestaltung und Entwicklung des Lebens subsummierten. Hauptelement ist in diesem Kontext ist aber das Verstehen. In den Geisteswissenschaften ist die Hermeneutik im Prinzip die wichtigste Methode, denn sie bemüht sich dort, wo empirische Zugänge nicht möglich sind, um Verständnis von beispielsweise Texten und Werken der Dichtung. Diese Methode kann aber auch auf das je eigene Leben bezogen werden. Jürgen Habermas zeigt dies in *Selbstreflexion der Geisteswissenschaften: Die historische Sinnkritik*[296], worin es ihm zwar in erster Linie um die Hermeneutik als Grundlage der Geisteswissenschaften geht, er zeigt jedoch auch, wie Verstehen und Interpretieren mit dem Leben zusammen hängt: „Gleichwohl ist Sachlichkeit des hermeneutischen Verstehens in dem Maße zu erreichen, als das verstehende Subjekt über die kommunikative Aneignung der fremden Objektivationen sich selbst in seinem Bildungsprozeß durchschauen lernt. Eine Interpretation kann die Sache nur in dem Verhältnis treffen und durchdringen, in dem der Interpret diese Sache und zugleich sich selbst als Momente des beide gleichermaßen umfassenden und ermöglichenden objektiven Zusammenhangs reflektiert."[297] Die Erweiterung des Aneignungsbegriffs bedeutet hier im Wesentlichen Erleben und Verstehen. Das Durchschauen des Selbst wird befördert und ein größerer Zusammenhang des Verstehens wird im objektiven Kontext gewährleistet. Handlungen, die allgemeinen Normen gemäß folgen,

---

[295] Ebd. S. 201.

[296] Vgl. Habermas, Jürgen: Erkenntnis und Interesse. Mit einem neuen Nachwort. Frankfurt am Main 1973. S. 204-233.

[297] Ebd. S. 228.

bedürfen einer hermeneutischen Entschlüsselung, weil sie sich nicht direkt äußern und nicht umgangssprachlich verständlich gemacht werden können. Die individuellen Lebensverhältnisse sind nicht transparent, da sie sich nicht ohne Brüche umsetzen lassen; würde das Subjekt wörtlich genommen und an seinen manifesten Handlungen identifiziert, so würde man es missverstehen. Es ginge also darum, indirekte Mitteilungen verständlich zu machen.[298] Durch die Umgangssprache wird es möglich, sich selbst zu interpretieren. Die Entschlüsselung dieser Selbstinterpretation soll die Hermeneutik leisten, wobei es dabei allerdings keine Gewissheit geben kann. „Wolfs Forderung, daß die Gedanken des Schriftstellers mit notwendiger Einsicht aufgefunden werden können durch die hermeneutische Kunst, ist schon in der Textkritik und im sprachlichen Verständnis unerfüllbar. Der Zusammenhang der Gedanken, die Artung der Anspielungen hängt aber von der Erfassung der individuellen Kombinationsweise ab. Die Berücksichtigung derselben … ist divinatorisch und ergibt niemals demonstrative Gewißheit."[299] Dieser Gang der Hermeneutik führt zu einem handlungsorientierten Selbstverständnis von Individuen, sowie einem reziproken Fremdverständnis anderer Individuen; er sorgt weiter dafür, dass die Kommunikation in der eigenen individuellen Lebensgeschichte und der kollektiven Überlieferung, der man angehörig ist, aufrecht erhalten bleibt. Ferner wird die Vermittlung zwischen Überlieferungen unterschiedlicher Individuen, Gruppen und Kulturen gefördert.[300] Insgesamt mündet dieser Prozess im Auffassen und Deuten des eigenen Lebens, was eine lange Reihe von Stufen durchläuft; „Die vollkommene Explikation ist die Selbstbiographie. Hier faßt das Selbst seinen Lebenslauf so auf, daß es sich die menschlichen Substrate, geschichtlichen Beziehungen, in die es verwebt ist, zum Bewußtsein bringt. So kann sich schließlich die Selbstbiographie zu einem historischen Gemälde erweitern; und nur das gibt demselben seine Schranke, aber auch seine Bedeutung, daß es vom Erleben getragen ist und von dieser Tiefe aus das eigene Selbst und dessen Beziehungen zur Welt sich verständlich macht. Die Bestimmung eines Menschen über sich selbst bleibt Richtpunkt und Grundlage."[301] Dilthey geht von einer Gleichzeitigkeit des Interpreten mit seinem Gegenstand aus, was zunächst problematisch erscheint. Er

---

[298] Vgl. ebd. S. 209 f.

[299] Dilthey Wilhelm: Plan der Fortsetzung zum Aufbau der geschichtlichen Welt in den Geisteswissenschaften. S. 226.

[300] Vgl. Habermas, Jürgen: Erkenntnis und Interesse. S. 221.

[301] Dilthey, Wilhelm: Plan der Fortsetzung zum Aufbau der geschichtlichen Welt in den Geisteswissenschaften. S. 204.

nimmt dazu die Lebensphilosophie zur Hilfe. „Nur soweit die Objektivationen der geistigen Welt Protuberanzen eines in der Zeit sich ersteckenden omnipräsenten Lebensstrom darstellen, dessen Einheit durch die potentielle Gleichzeitigkeit und Ubiquität seiner Hervorbringungen gesichert ist, kann die historische Welt positivistisch begriffen, nämlich als Inbegriff aller möglichen Erlebnisse aufgefaßt werden – was erlebt werden kann, ist für den Interpreten das, was der Fall ist."[302] Damit entsteht so etwas, wie eine Genialität des Allesverstehens, denn wer sich ins Originale (also in das eigene Leben) hineinversetzt, bekommt eine Teilhabe am allgegenwärtigen Lebensstrom. Daher auch die Aussage Diltheys, dass die Bestimmung eines Menschen über sich selber Richtpunkt und Grundlage bleibt. Die Selbstinterpretation und -hermeneutik wirkt aber auch in einer weiteren Theorie, die jetzt näher vorgestellt werden soll.

Einen ähnlichen Weg geht Alexander Nehamas mit seinem Konzept der „Sich-Aneignung" einer Interpretation. Dies bedeutet, sich eine Werkinterpretation zu Eigen machen – sei sie ein philosophisches Werk oder ein Kunstwerk – nicht indem man sich nicht der Überzeugung hingibt, sie sei richtig und angemessen, und dabei belässt man es dann auch. Dieser Prozess ist nicht statisch, sondern läuft kontinuierlich über eine längere Zeit, in der man sich zu dem Werk in Verhältnis setzen muss. Dazu erweitert sich die Interpretation, denn meine Deutungen wirken sich direkt auf das jeweilige Leben aus. Die Interpretation, die ich annehme, kann die richtige sein, wichtiger ist jedoch, dass sie Auswirkungen auf das jeweilige Leben und auch das der anderen haben kann, wenn ich sie von meiner Interpretation überzeugen möchte. Unsere Interpretationen sind mit unserem ganzen Leben eng verbunden und sorgen so für weitreichende Folgen. Sie berühren unsere Erfahrung und bestimmen so einen Teil von uns.[303] Die Frage ist also, was diese Interpretationen mit und aus uns machen. Die Aneignung einer Interpretation ist etwas Umfangreicheres, als die Überzeugung zu haben, dass sie treffend, gültig, angemessen oder erklärend sei, sie hat weitreichende Folgen für unser weiteres Leben. Dazu ist es wichtig, diese Interpretation sich selbst zu erarbeiten, es nützt nichts, sie nur zu bejahen. Natürlich gibt es Interpretationen Dritter, die übernommen werden könnten, jedoch ist sie dann nicht *meine*. Man muss sich den Texten, z. B. von Platon selbst stellen, sie sich selbst einverleiben, dann wird sie zur eigenen Interpretation mit weitreichenden Fol-

---

[302] Habermas, Jürgen: Erkenntnis und Interesse. S. 229.

[303] Vgl. Nehamas, Alexander: Philosophischer Individualismus. In Kersting, Wolfgang; Langbehn, Claus (Hg.): Kritik der Lebenskunst. Frankfurt 2007. S. 171.

gen: Durch diese Aneignung entsteht ein neuer Blick auf die Welt allgemein. Der Interpretierende hat sich verändert, weil die Interpretation zu dessen Teil wird. Dabei postuliert Nehamas einen Akt der Freiheit, da sich die Aneignung der Interpretation niemals kausal ergibt, sondern ungezwungen und unvermeidlich, man selbst kann den Prozess also nicht beeinflussen.[304] Basierend auf Platon, spricht Nehamas von einer Wiedererkennung bezüglich der Aneignung der Interpretation, was nicht so ganz überzeugend ist. Jede Interpretation, die auf eine andere folgt, stellt eine Neuerung dar, denn keine Nietzsche-Interpretation gleicht einer vorhergehenden, selbst dann nicht, wenn mehrere Menschen die gleiche Interpretation vertreten. Durch diese Aneignung zeigt sich die Freiheit, die den einen oder anderen Schritt im Leben impliziert und der getan werden muss. Die sich zeigende Individualität ist etwas Graduelles, weniger etwas Grundsätzliches und es ist für Nehamas nicht entscheidend, dass das Individuum zu selbständigen Schritten, sondern vielmehr wie viele es gehen kann und welcher Art sie sind. Jede Aneignung bringt auch Neuerung mit sich, aber ob sie Gutes mit sich bringt bleibt offen.

Die Folgen einer Aneignung sind komplex und sorgen immer für eine Wendung in den Lebensäußerungen. Studium eines Textes oder eines Kunstwerks hat unmittelbar darauf Einfluss wie ich die Welt sehe und welche Einstellung ich ihr gegenüber einnehme; im Laufe der Zeit entfalten sich also ihre Folgen. Es wirkt sich sogar bis in meine Handlungen aus, auf Geschmack, den ich für Kunst oder Fernsehen entwickle usw. Die Interpretation bestimmt die Form und Qualität des Lebens mit, sonst wären sie anders ausgefallen. Leider können wir aber nicht sagen, wohin uns die Interpretation führt, weil Form und Dignität des Lebens auch in einer Rückschau nicht leicht zu bestimmen sind. Die Wirkungen auf das weitere Leben sind somit ungewiss und keinesfalls beweisbar. Inwieweit also eine Interpretation über Sokrates, Nietzsche, oder Thomas Mann in das jeweilige Leben eingreift, ist schwierig zu bestimmen. Letztlich aber ist man für all dies verantwortlich. Die Folgen können segensreich wie auch schädlich in Bezug auf moralisches Verhalten sein. Allerdings werden Interpretation und unser Selbst tangiert und der Wert der sie bewundernswürdig macht, ist mannigfaltig und sehr komplex. Man könnte hier auch von Kunstwerken reden, die eine Wert-

---

[304] Vgl. ebd. S. 174.

schätzung genießen, die weit über den moralischen Charakter hinausreichen und ihm auch ab und zu widerstreben.[305]

Diese Vorgänge zeigen, wie sich Lebensgestaltung ereignen kann, wenn man sich hermeneutisch mit philosophischen oder künstlerischen Werken beschäftigt, gleichgültig, welche Intention man im Grunde verfolgt.

2.4.2. Philosophische Lebensläufe

Im Wesentlichen wurde bis hierher nur das Denken innerhalb der Werke von Philosophen beachtet. Dies soll sich in diesem Kapitel ändern, indem auf ihre Lebensweise eingegangen werden soll. Philosophie entstand schließlich nicht aus wegweisenden Schriften, sondern aus einem beispielhaften Leben mit der Frage „Wie sollte man Leben?". Stellte man diese Frage nicht, so lebte man ein Leben, was nicht wert ist, gelebt zu werden. Es ist eine weit in die philosophische Tradition zurückreichende Trennung von Philosophie als akademisches Fach und der philosophischen Lebensweise, wovon im Grunde nur die letztgenannte dazu berechtigt, sich überhaupt als Philosoph zu begreifen. Natürlich ist Sokrates zu nennen, der die Philosophie als Lebensführung verstand, der Liebe zur Weisheit im strengsten Sinne, also der Wahrheit verpflichtet und moralisch gesonnen. Platon, der Sokrates in seinen Dialogen sprechen lässt, teilt dem Philosophen eine Rolle zu, die ähnlich der von Ärzten ist: der Arzt kümmert sich um die Gesundheit und der Philosoph sorgt für eine Verbesserung der Seelen. Während der Arzt letzten Endes am Tod scheitert, hat der Philosoph das bessere Los, denn die unsterbliche Seele wird ewig auf Kosten der Trennung der Seele vom Leib bestehen bleiben.[306] Mit seinem philosophischen Lebensvollzug beantwortet Sokrates die Frage nach dem philosophischen Leben auf paradoxe Art: „Sein Leben war seine Lehre, seine Praxis war seine Philosophie."[307]

Richard Shusterman untersucht drei Lebensläufe von Philosophen hinsichtlich ihrer Auffassung von Philosophie, obwohl oder gerade auch, weil sie an Universitäten lehrten.[308] Ich verstehe dies für meine Vorgehensweise aber nur als Ausgangspunkt um eine allgemeinere Sicht auf diese Zusammenhänge zu geben.

---

[305] Vgl. ebd. S. 177 ff.

[306] Vgl. dazu z. B. Krition, Gorgias und Poleteia.

[307] Shusterman, Richard: Practicing Philosophy: Pragmatism and the Philosophical Life. NewYork, London 1997. Dt.: Philosophie als Lebenspraxis. Wege in den Pragmatismus. Berlin 2001. S. 21.

[308] Vgl. ebd. 1. Kap. S. 21-90.

Seit der Scholastik besteht das Problem des philosophischen Spezialistentums, denn man zielt nicht auf eine Verbesserung der Lebensweise sondern auf Fachleute, die durch Fachleute ausgebildet werden, diese lernen wiederum Fachleute auszubilden. Eine Entwicklung, die gegenwärtig immer noch so gehandhabt wird.[309]

Aus dieser Tatsache ergibt sich die konkrete Beschäftigung mit dem Wohl des Individuums, was eine Universalisierung jedoch nicht ausschließt, weil jeder Mensch sein Leben zu führen hat und darüber nachdenken kann, wie er es organisieren kann. Die Philosophie als Lebenspraxis kann dabei die Unterschiedlichkeit eines jeden Lebens reflektieren. Dies ist auch der Ausgangspunkt von den von Shusterman vorgestellten Lebensweisen von John Dewey, Michel Foucault und Ludwig Wittgenstein. Sie alle teilen die Vorstellung, dass die akademische Philosophie eine gewisse Doppeldeutigkeit birgt, indem sie zwar bildet aber das je zu lebende Leben vergisst. Bevor ich allgemein auf deren Denkrichtungen eingehe, gilt es noch ein mögliches Negativurteil zu entkräften: Ist dies Heldenverehrung? Philosophische Heldenanbetung? So fragt auch Shusterman, aber, so erklärt er, geht es nicht darum, die Erscheinungsweise und Taten beispielsweise des Sokrates' nachzuahmen, sondern die philosophische Lebenspraxis, die er vertreten und gelebt hat. Sokrates hatte seine Philosophie gelebt und er hat nichts dazu aufgeschrieben. Erst Platon macht uns seine Lebenspraxis zugänglich, sodass wir sie heute noch zur Erbauung und als Anleitung lesen können. Die drei genannten Autoren waren alle in Universitäten und somit mit dem, was als professionell zu gelten hatte, bestens vertraut. Sie verspürten ein Unbehagen und besonders Wittgenstein äußerte sich sogar verächtlich über die Universitätsphilosophie. Zunächst wollte er Arzt werden, ein Beruf, der jedem Menschen nützt. Er schreibt 1947: „Ich kann keine Schule gründen, weil ich eigentlich nicht nachgeahmt werden will. Jedenfalls nicht von denen, die Artikel in philosophischen Zeitschriften veröffentlichen."[310] Er hatte mehr Interesse an dem, wie Menschen über ihr Leben reflektieren und es glücklich führen. Philosophie hat eine wichtigere Aufgabe – eine existenzielle. Ein Leben, welches sich durch Selbsterkenntnis, Selbstkritik und Selbstbeherrschung ständig verbessert. Diesen Standpunkt vertreten alle drei Autoren.[311]

---

[309] Vgl. Hadot, Pierre: Philosophie als Lebensform. S. 171.

[310] Wittgenstein, Ludwig: Vermischte Bemerkungen. Werkausgabe Bd. 8. 5. Aufl. Frankfurt am Main 1992. S. 536.

[311] Vgl.: Shusterman, Richard: Philosophie als Lebenspraxis. S. 27 f.

Philosophie ist Weisheitsliebe und die Überzeugung von moralischen Werten und kein Faktenwissen von Weisheit. Verschiedene Philosophien konkurrieren miteinander, weil sie das Leben auf verschiedene Arten denken. Gerade dies kann wertvoll sein, da sie alle auf unterschiedlichen Lebensbedingungen aufbauen, die leidenschaftliche Wünsche und Hoffnungen inspirieren. Die Philosophie unterliegt Veränderungen, weil sich auch die Welt stetig verändert, so meint Dewey.[312] Hier sieht man eine enge Verknüpfung von philosophischen Gedanken und den Lebensbedingungen und die Intention sie zu verbessern. Wittgenstein kommt darüber hinaus zu der Überzeugung, dass das Problem des Lebens mehr mit Philosophie zu tun hat als mit den logischen Rätseln, die er zu lösen versuchte.[313] Das Leben birgt keine propositionalen Wahrheiten, sondern die Praxis der Umformung des Selbst muss konkret gelebt werden. Aus der Dignität der Lebensveränderung und Verbesserung kann „[d]ie Freude an meinem eigenen seltsamen Leben"[314] erwachsen.

Auch Foucault plädiert für eine Lebenspraxis, in der das Selbst durch Erfahrungen, Disziplin und Feuerproben umzugestalten ist. Die kritische Ontologie von uns selbst muss keine Theorie sein, sondern ist eine Haltung, ein Ethos, ein philosophisches Leben. Die historische Analyse von Grenzen, lässt uns durchaus Raum zu Überschreitungen.[315]

Unser körperliches Leben ist wesentlich der Zeit und Veränderungen unterworfen, dafür plädieren alle drei Autoren. Die Selbstverwirklichung ist aber keine deterministische Essenz, die sie bestimmt, dadurch wird die Transformation des Selbst zu einer je individuellen Herausforderung. Sie kann nur geschehen, wenn der Mensch bewusst Lebensgestaltung betreibt und ein Wissen von sich selbst hat. Gerade Foucault ist es, der im somatischen Bereich sehr viele Grenzüberschreitungen wagte. Philosophisches Erproben geht für ihn weit über die theoretische Kontemplation hinaus. Im Grunde ein experimentelles Gebiet im Gebrauch der Lüste, die er möglichst weit auszudehnen suchte. Dafür praktizierte er Sex in Form von S/M-Praktiken, was er sehr lobte, denn er empfand den Körper als einen Ort der Produktion außerordentlicher polymorpher Lüste.[316] Über

---

[312] Vgl. ebd. S. 28.

[313] Vgl. Wittgenstein, Ludwig: Vermischte Bemerkungen. S. 455.

[314] Ebd. S. 480.

[315] Vgl.: Shusterman, Richard: Philosophie als Lebenspraxis. S. 29 f.

[316] Über den Genauss von Lüsten sagt Foucault: „Die Lust scheint mir ein sehr schwieriges Verhalten zu sein. Das ist nicht einfach nur die Dinge zu genießen. Und ich muss gestehen,

die Genitalien hinaus „erfindet" man so „sich selbst" in einer vollständig neuen Art und Weise.[317] Homosexuelle Erfahrungen suchte und lebte er genauso, wie er Drogen ausprobierte: „Da ist auch die Tatsache, dass gewisse Drogen für mich wirklich wichtig sind, weil sie mir erlauben, Zugang zu diesem furchtbar intensiven Freuden zu erhalten, die ich suche, und die allein zu erlangen ich nicht fähig bin."[318] Foucault zweifelte am Empfinden vollkommener Lust, was einer wahren Lust im Sinne einer platonischen Idee gleich käme. Man lebt letztlich in einer Art Lustdefizit mit einer höchstmöglichen Annäherung an das Ideal. Foucault transzendierte sich selbst in einer Art Selbstexperiment, in dem er Grenzen (sei es durch Natur oder Gesellschft), die uns auferlegt sind, überschreitet. Dies soll hier keineswegs zur Nachahmung empfohlen werden – schließlich bleibt zu erwähnen, dass Michel mit nur 58 Jahren 1984 an einer HIV-Infektion gestorben ist, sicherlich ein Preis seiner vielseitigen körperlichen Experimente. Dennoch zeigt er uns, wie Selbstreflexion in das scheinbar grenzenlose Sein greift und darin wieder nach Grenzen sucht, wodurch er einen großen Schritt zur Selbsterkenntnis unternommen hat.

Philosophie heißt Schreiben, Gedanken und Positionen zu bestimmen, sie zu fixieren. Von diesem Thema wird im dritten Kapitel noch ausführlich die Rede sein. Wittgenstein ließ seine Gedanken nicht einfach stehen. Vielfach überarbeite er seine Texte, weil er keine selbstgefällige Stagnation und starre Vereinseitigung seiner Gedanken haben wollte. „Es ist für mich wichtig, beim Philosophieren immer eine Lage zu verändern, nicht zu lange auf *einem* Bein zu stehen, um nicht steif zu werden."[319] Auch Foucault spürte einen Hang zur Veränderung: „Man frage mich nicht, wer ich bin, und man sage mir nicht, ich solle der gleiche bleiben."[320] Die Selbsttransformation wird zum Leitmotiv des philosophischen Lebens: „Das Wichtigere im Leben und in der Arbeit ist, etwas zu werden, das man am Anfang nicht war."[321]

---

dass das mein Traum ist. Ich möchte und ich hoffe, dass ich an einer Überdosis Lust sterbe, welche es auch sein mag." Michel Foucault. An Interview with Stephen Riggins. Übers. von Hans-d. Gondek. In: Foucault, Michel: Ästhetik der Existenz: Schriften zur Lebenskunst. Hg. v. Daniel Defert u. a. Frankfurt am Main 2007. S. 155-170. S. 165.

[317] Vgl. Ebd. S. 48.

[318] Michel Foucault. An Interview with Stephen Riggins. S. 165.

[319] Wittgenstein, Ludwig: Vermischte Bemerkungen. Werkausgabe Bd. 8. S. 488.

[320] Foucault, Michel: Archäologie des Wissens Frankfurt am Main 1981. S. 30.

[321] Foucault, Michel: Technologien des Selbst. Frankfurt am Main 1993. S. 15.

Wittgenstein war der Ansicht, dass die Philosophie keine neuen Wahrheiten formuliert und den Gebrauch der Sprache nicht antasten sollte. Die formulierten Wahrheiten erschöpfen aber auch nicht die Praxis der Philosophie. „Indem man scharfsinnig Erinnerungen zusammenträgt, angemessene Beispiele bestehender Tatsachen und Bedeutungen zu einer klaren Darstellung sammelt, kann man dazu gebracht werden, die Welt anders zu sehen und anders zu bewohnen."[322] Dies ist die wirkliche philosophische Transformation. Der Philosoph ist Experte im Zusammentragen und Aufzeigen von Beispielen, allerdings sollte er auch selbst ein Beispiel sein, gut zu leben, und andere dadurch zu einer Selbstverbesserung ihres Lebens anzuspornen. „Wie kann ich ein guter Philosoph sein, wenn es mir nicht gelingt, ein guter Mensch zu sein?"[323]

Die Transformation in Korrelation mit dem moralisch Guten beschreibt Dewey, wobei es keinen absoluten Zustand und keine absolute Qualität einnimmt, vielmehr ist es ein Vergleichsmaßstab während des Strebens nach stetiger Verbesserung. Wer eine hohe Stufe moralischer Entwicklung des Selbst erreicht hat und nicht mehr danach strebt, sich weiterzuentwickeln, ist deshalb weniger moralisch als jemand, der geringer entwickelt ist, aber an kontinuierlicher Selbstverbesserung arbeitet. Selbstgefälliges Ausruhen auf Erreichtem und Stagnation sind daher die Todsünden des philosophischen Lebens.[324] Für diejenigen, die sich entsprechend einrichten, hat Wittgenstein eine Warnung: „Auf seinen Lorbeeren auszuruhen ist so gefährlich, wie auf einer Schneewanderung auszuruhen. Du nickst ein, und stirbst im Schlaf."[325]

Die Techniken einer "Arbeit an seinem Selbst" und Transzendenz des Selbst sind sehr vielfältig. Eine Erweiterung des Selbst kann durch gemeinschaftliches Handeln erfolgen, so rät Dewey. Über die Grenzerfahrungen der Körperpraktiken und militanter Politik hinaus, empfiehlt Foucault das Schreiben. Er möchte die eigene Seinsweise durch das Schreiben modifizieren, „sich von sich selber zu lösen"[326]. Dabei verweist er insbesondere auf den Essay, da er Versuchscharakter besitzt und so am besten den textuellen Aspekt des philosophischen Lebens heraushebt. „Der ‚Versuch' – zu verstehen als eine verändernde Erprobung seiner

---

[322] Shusterman, Richard: Philosophie als Lebenspraxis. S. 53.

[323] Zitiert in: McGuiness, Brian: Wittgensteins frühe Jahre. Frankfurt am Main 1988. S. 354.

[324] Shusterman, Richard: Philosophie als Lebenspraxis. S. 54.

[325] Wittgenstein, Ludwig: Vermischte Bemerkungen. S. 499.

[326] Foucault, Michel: Sexualität und Wahrheit 2. Der Gebrauch der Lüste. Frankfurt am Main 1989. S. 15.

selber und nicht als vereinfachende Aneignung des andern zu Zwecken der Kommunikation – ist der lebende Körper der Philosophie, sofern diese jetzt noch das ist, was sie einst war: eine Askese, eine Übung seiner selber, im Denken."[327]

Es zeigt die Zerbrechlichkeit der Einheit des Selbst, wenn das Streben der Philosophie nach Selbsterkenntnis durch Selbstanalyse bedroht ist; dazu sagt Wittgenstein: „Die Falten meines Herzens wollen immer zusammenkleben, und um es zu öffnen müßte ich sie immer wieder auseinanderreißen." Der Weg einer diskontinuierlichen Transformation birgt gewisse Gefahren und Ängste, wie Wittgenstein meint: „Den Wahnsinn *muß* man nicht als Krankheit ansehen. Warum nicht als eine plötzliche – mehr oder *weniger* plötzliche – Charakteränderung?" [328] Vor der Zerrissenheit seiner selbst ist man nicht gefeit, wie auch Foucault ganz offen zugab, hatte er eine persönliche, komplizierte und direkte Beziehung zum Wahnsinn, bewirkt durch eine scheinbare Unordnung seiner Forschungen und entzweienden Grenzerfahrungen.

Eine besondere Rolle spielt der Tod bei Foucault und Wittgenstein, denn beide führten auf persönlicher Ebene eine Auseinandersetzung mit ihm und beide erwogen ernsthaft den Suizid. Foucault war vom Freitod derart fasziniert, dass er mehrfach den Versuch unternahm und öffentlich für seine Legitimation eintrat.[329]

Der Tod ist für das philosophische Leben zentral, was beide Autoren zu begründen versuchen. Er liefert einen Ansporn zur philosophischen Reflexion, meint Wittgenstein. Die Konfrontation mit dem Verlust des Lebens impliziert, seiner Bedeutung nachzugehen. Der Tod bildet die unverrückbare Grenze und Gegenpol zum Leben, woher sich eine Wissenschaft vom Leben her entwickeln kann, so argumentiert Foucault. Der Bedeutung des Todes als ein erhabenes Hindernis, welches irgendwie überwunden werden muss, indem man die richtige Lebensweise wählt. Dies inspiriert zu Bemühungen, das eigene Leben unsterblich zu machen, sofern man es außergewöhnlich erinnerungsbedürftig und bewundernswert macht. Es wird dadurch zu einem beispielhaften Leben, das sich nachzuahmen lohnt.

---

[327] Ebd. S. 16.

[328] Wittgenstein, Ludwig: Vermischte Bemerkungen. S. 526 und 531.

[329] Vgl. Shusterman, Richard: Philosophie als Lebenspraxis. S. 59 f.

Für Foucault kann der Tod ein vereinigendes, kulminierendes Moment bilden, das man als Höhepunkt für das eigene Leben erstreben und durchaus auch genießen kann, besonders, wenn dieses Leben eine bewusste Vorbereitung auf den Tod umfasst.

Einen geplanten Freitod bezwingt man dadurch, dass man eine Planungszeit, d. h. eine ausgedehnte Vorbereitung auf ein Ziel (des Todes) hat; er wird nicht mehr zur Bedrohung willkürlicher Auslöschung, sondern zu einem strukturierten Telos, welches den Sinn des eigenen Lebens bereichert. Durch seine Erprobungen der Grenzen der Erfahrung, die auf den Tod gerichtet war, lebte Foucault seine Philosophie. Die Grenze des Lebens und des Subjekts ist die Wahrheit, die Foucault in seinem eigenen Leben als zentralen Punkt erstrebte. [330] Foucault bringt Tod und Lust zusammen, was er in einem Gespräch bekannte, als er als Fußgänger von einem Auto angefahren worden war: „Und während zweier Sekunden vielleicht hatte ich den Eindruck, dass ich dabei sei zu sterben, und ich habe wahrlich eine sehr, sehr intensive Lust empfunden. Es war ein wunderschöner Tag."[331] Die Lust, die Foucault schildert, bezieht sich natürlich nur auf einen imaginären Tod, die eine Nachbetrachtung der Empfindungen zulässt, dennoch ist er wohl mit einer Seelenruhe in den herannahenden Tod gegangen, weil er eine dauerhafte Befreiung bekam, die ihn von der Tyrannei eines unglaublich fordernden, selbstkritischen Subjekts befreite. Man ist so weit gegangen wie man konnte und hat getan, was man tun konnte, gleichzeitig wurde Foucault frei vom Zwang zur Wahrheit.[332]

Zum Abschluss der Todesproblematik von Foucault und Wittgenstein bietet Shusterman noch einen Gedanken zur Erinnerung an das gute Leben: „Es besteht auch die Möglichkeit, die Erinnerungswürdigkeit des Lebens nicht einfach als ein Hinterlassen von Erinnerungen für andere aufzufassen, sondern sie primär in Hinblick darauf zu bedenken, daß das Selbst mit erfüllenden Erfahrungen versorgt wird, deren Erinnerungen das eigene Leben gegenüber einem selbst rechtfertigen. Wählte man die zweite Option, würde man die Schönheit eines moderaten Lebens … gegenüber einem extrem dramatischen wählen, welches von außen betrachtet erhaben sein mag, wenn es durchgestanden wird, jedoch hauptsächlich seine schlimme Tortur bedeutet. Natürlich wird, in dem Ausmaß, wie die eigene Erfahrung von der Vorstellung des eigenen Bildes in den Augen

---

[330] Vgl. ebd. S. 63.

[331] Michel Foucault. An Interview with Stephen Riggins. S. 165.

[332] Vgl. Shusterman, Richard: Philosophie als Lebenspraxis. S. 64.

anderer gefärbt ist, die Trennlinie zwischen einem Leben für uns selbst und einem Leben für andere kleiner. Aber genau hier hat die philosophische, kreative Selbstkritik eine Funktion – darin, uns dabei helfen, zu rekonstruieren, wer man ist und wie man am besten lebt."[333] Dies herauszufinden geschieht auf die jeweilige Weise des Einzelnen, die kein anderer weder beeinflussen, noch bestimmen kann. Die aufgezeigten und analysierten Lebensweisen von Philosophen sind daher keine fixierten oder definierten Essenzen, die festlegen, was ein philosophisches Leben überhaupt ist. Es gibt auch andere Wege sein Selbst zu erkunden, man muss es nicht in foucaultischer Weise, die als eine extreme Form anmuten kann und damit vielleicht abschreckend wirkt. Niemand kann von irgendjemand ein solch beispielhaftes, philosophisches Leben aufgezwungen bekommen, es sind lehrreiche Modellcharaktere für eigene Versuche unser Leben zu gestalten, mögen sie auch Risiken, wie die bereits geschilderten bergen.

2.4.3. Aneignung und Bestimmung

Ein weiterer wichtiger Punkt des Selbstgestaltungsaktes ist die Aneignung und Bestimmung, die deshalb ausführlich dargestellt werden sollen. Personalität, Identität und Individualität des Menschen verweisen aufeinander und bilden eine Einheit, die ihre moralische Beurteilung zu würdigen und abzubilden hat.[334] Personale Identität ohne körperliche Identität ist nicht möglich, wobei körperliche Identität nicht nur das Individualitätsprinzip in Raum und Zeit darstellt, sondern die gesamte empirische Beschaffenheit, die die gesamte Individualität der Person ausmacht. „Eine personale Existenz zu besitzen, das Leben einer Person zu führen setzt also die Integration genau der empirischen Gegebenheiten in die personale, in praktischen Selbstverhältnissen lebende Einheit voraus…"[335]

Die Integration der vorgefundenen natürlichen und sozialen Lebensumstände versteht Wolfgang Kersting als Selbstaneignung und gibt damit eine Definition dieses Begriffs. Die Selbstaneignung hat dabei nichts mit psychologischer, nichts mit zustimmender oder ablehnender Haltung gegen sich selbst zu tun. Die Person, die in Selbstverhältnissen und in vielen unterschiedlichen Zusammenhängen lebt und sich darauf einlassen muss, ist dabei immer schon Voraussetzung. Die Selbstaneignung zielt auf eine Vereinnahmung von dem, was aus objektiver Perspektive zwangsläufig und zufällig ist, dabei wird es in eine subjek-

---

[333] Ebd. S. 69.

[334] Vgl. Kersting, Wolfgang: Über ein Leben mit Eigenbeteiligung S. 193.

[335] Ebd.

tive Perspektive transformiert. Die Person kann damit ein praktisches Verhältnis zu sich selbst gewinnen und ihr Leben entsprechend führen.[336]

Im Kern der Selbstaneignung des Subjekts steht dabei die unterschiedlich ausgebildete Fähigkeit der Reflexion, was durchaus mit der Tatsache, dass wir sozial integrierte und gesellschaftlich konstituierte Wesen sind, vereinbar ist. Das höchste Interesse, was wir verfolgen ist ein in unseren Vorstellungen gutes Leben zu führen, welches wir als wertvoll erachten. Gleichsam leben wir aber auch vor dem Traditionshintergrund kollektiver Wertvorstellungen und Weltsichten. Gerade die Gesellschaft ist für uns keine neutrale Bühne, wo wir uns als tabularasa-Konstruktionen darstellen können, wir bleiben verknüpft ins Netz vorgegebener Themen und Motive. Unsere Selbstverständigungsmaterialien beziehen wir immer aus einem kulturell vorgegebenen Vorrat an Beurteilungsperspektiven, Wertorientierungen und Solidaritätsmustern.[337] Dies klingt so, als sei keinerlei Spielraum für die Selbstaneignung mehr gegeben, also alles nur eine Illusion?

Kersting ist der Überzeugung, dass wir diese Fähigkeit, die einen anthropologischen Gemeinplatz einnimmt, besitzen. Diese ist kulturell vermittelt und geschichtlich erworben. Sie ermöglicht uns trotz der Erwähnten Bedingungen eigene Vorstellungen eines gelingenden Lebens zu prüfen und unter eigenen Erfahrungen neu zu bewerten. Diese entlastende Fortbildung unserer Identität und unseres Lebensprojekt ist eine für uns wertvolle Möglichkeit, da wir den Orientierungs- und Rechtfertigungsstandards reflexiv und distanziert gegenüber treten können. Diese distanzierende Freiheit gehört zum modernen Freiheitsbegriff und Autonomieverständnis.

Dabei darf nicht vergessen werden, dass diese Fähigkeit ein rational kontrolliertes Leben zu führen, mit Freiheit und Selbstbestimmung nicht voraussetzungslos zu bekommen ist, dies kann auch nicht das Ziel dieser Überlegungen sein. Der provisorische Charakter der menschlichen Vernünftigkeit ist nicht abzulegen, Kersting ist dennoch davon überzeugt, dass dies dem Bemühen um eine selbstbestimmte Lebensführung nicht im Wege steht. Das Leben läuft immer, man kann es nicht wie ein Auto in eine Werkstatt bringen, damit es überprüft werden kann, uns fehlt dazu der Außenblick und die Möglichkeit einen kulturexternen Standpunkt einzunehmen von dem aus wir uns unserem Leben kritisch zuwen-

---

[336] Ebd. S. 194.
[337] Ebd.

den könnten. Verbesserungen müssen sozusagen am Leben *in Fahrt* vorgenommen werden. Dazu kann allerdings nur Material Verwendung finden, was wir in unserem Leben vorfinden.

Eine Selbsterschaffung, das haben die Überlegungen bis hierhin gezeigt, lassen keine Selbsterschaffung aus dem Nichts zu: „Selbstbestimmtes Leben ist ja nicht einem Haus vergleichbar, das aus selbstgeschaffenen Materialien auf einen selbst geschaffenen Grund gebaut wird. Selbstbestimmtes Leben ist vielmehr einer Hausbesetzung vergleichbar; es gilt, Vorliegendes anzueignen und den eigenen Vorstellungen anzupassen, es gilt die Grenzen der Selbstbestimmung so durchlässig zu machen, daß auch das Sichbestimmenlassen einen Zugang ins Zentrum personaler Lebensführung findet"[338] Demnach muss dabei zwingend die umgebende Realität berücksichtigt werden, denn Selbstbestimmung heißt auch, sich bestimmen zu lassen, was ein Selbstverhältnis darstellt. Zunächst bestimmt sich die Person selbst, sie lotet ihre Lebensmöglichkeiten aus und legt fest, welche sie ergreifen möchte. Diese Form des Sichbestimmenlassens ist nicht die einzige, oft kann es auch nur eine Absicht oder nur eine Meinung sein, wodurch wir Bestimmung erlangen.[339] Wir sprechen dem Menschen Rationalität in verschiedenen Situationen seines Lebens zu, in Bezug zum eigenen Leben jedoch bleibt offen, ob es sich um eine rationale Bestimmung handelt.

Praktische Überlegungen sowie Festlegungen finden mitten in der historisch ausgebreiteten und sozial geteilten Welt statt. „Sie vollziehen sich unter Aufnahme von Gegebenheiten und Gelegenheiten, die nicht alle auf einmal zur Disposition des eigenen Bestimmens stehen. Sie vollziehen sich unter Bedingungen eines rezeptiven und responsiven Verhaltens, das der spontanen Ausrichtung des Handelns zugleich Rückhalt und Perspektive verleiht. Jede Bestimmung unserer selbst vollzieht sich als ein Sicheinlassen auf einen Spielraum von Möglichkeiten, in dem sich die Möglichkeit einer eigenen Festlegung eröffnet."[340] Im Bewusstsein der Rahmenbedingungen, die auf eine Person einwirken, kann sie sich dennoch bestimmen, in dem sie Möglichkeit ergreift, die sich ihr bieten, auch wenn sie von Materie, Motiven, genetischer Ausstattung, familiärer und sozialer Herkunft, ökonomischer und politischer Lage usw. bestimmt wird. Ferner ist entscheidend, welche Bedeutung eine Festlegung für die Zukunft hat, welche

---

[338] Kersting, Wolfgang: Über ein Leben mit Eigenbeteiligung. S. 195.

[339] Vgl. Seel, Martin: Sich bestimmen lassen. Studien zur theoretischen und praktischen Philosophie. Frankfurt am Main 2002. S. 286ff.

[340] Seel, Martin: Sich bestimmen lassen. S. 287.

Konsequenzen daraus resultieren, welches Telos angestrebt werden soll. Auch wenn es zunächst nicht den Anschein hat, aber sich bestimmen zu lassen, ist für den Akt der Selbstbestimmung grundlegend. Im Freiraum unserer Festlegungen können wir aus eigener Abwägung bestimmend sein: Zu denken ist dies: „als ein Feld unübersehbarer und im Ganzen unverfügbarer Möglichkeiten, die eben darin Möglichkeiten sind, dass wir sie ergreifen oder verwerfen können."[341]

Ein Aneignungsprozess ist erfolgreich, wenn das Leben zu einem Zuhause wird, in dem man sich wohlfühlt, wenn alles geschickt in es integriert worden ist, was doch auch letztlich hingenommen werden muss, ein äußerer Rahmen, der ins Lebensbild eingefügt wird. Die Aneignung allerdings kommt zu keinem Abschluss, denn das Lebensglück ist immer wieder gefährdet, eine neue Versicherung in Sachen Glück muss angegangen werden und ebenso muss sich den wesentlichen Fragen immer wieder neu gestellt werden. Die Lebensumstände können sich ändern und die Selbstaneignung ist in so einem Fall wieder neu auszurichten.

Unter Selbstaneignung versteht Kersting weder eine bewusste Handlung noch ein intentionales Handlungsprogramm. Selbstaneignung ereignet sich sozusagen während des Lebens von Personen und macht ihr Leben aus. Auch der Begriff ist nicht deskriptiv und/oder normativ, was beides zur Zirkularität führen würde, denn Handlungsaufforderungen richten sich immer nur an Personen. Er ist allerdings unverzichtbares Bedeutungselement im Selbstverständnis von Personen, was Kersting „selbstverständigungstranszendental" nennt. Personen verstehen sich als frei und auch nur so können sie sich begreifen. Daher wird Verantwortung zugesprochen oder abgewiesen, denn Personen begegnen sich in einem Rechtfertigungsdiskurs, nicht aber in einem Erklärungsdiskurs. Werden Handlungen bis ins letzte Detail expliziert und wird dadurch die Kausalität unserer Handlungen erhellt, so wären sie, wenn dies überhaupt möglich wäre, im Kontext der Kultur vollkommen uninteressant, da Personen darin gar nicht mehr vorkommen. Ein Adressat der Verantwortungszuschreibung kann sich immer nur als Subjekt seiner Handlungen verstehen, er beansprucht damit eine kausale Stellung, hinsichtlich der in Frage stehenden Handlung, die als letzte Ursache anzusehen ist. Darüber hinaus besteht im gesellschaftlichen Diskurs auch gar kein Interesse. Wir sind kontingente Wesen, die nicht etwa eine geistige Entrückung aus natürlichen und sozialen Bedingungen beanspruchen können, unser

---

[341] Ebd. S. 290.

Denken, Fühlen und Handeln ist durch diese Bedingtheiten bestimmt, welche sich insgesamt unserer Kontrolle entziehen. Wir setzten uns aber dennoch über diese Fremdbestimmungstendenzen hinweg.

Menschliche Subjekte können als Personen einen objektiven Standpunkt besetzen, indem sie sich als Ding unter Dingen betrachten können, wobei sie sich ihrer Kontingenz bewusst werden. Dies ist als Selbstdistanzierung im Sinne einer reflexiven Selbstentfremdung möglich. Dies funktioniert im Grunde wie eine Entpersonalisierung durch selbstbezogenes Kontingenzbewusstsein, wobei die ganze natürliche und gesellschaftliche Empirie der Person der selbstbezüglichen personalen Einheit entnommen und in den objektiven Kontext natürlicher Dinge und Ereignisse versetzt wird. Aus diesem Vorgang resultiert: „Entsprechend läßt sich personale Existenz und personale Lebensführung aus notwendig interner Perspektive durch Gegenbewegung der Dekontingentisierung der natürlichen Gegebenheiten der eigenen genetischen und körperlichen Beschaffenheit und erfahrungsleitenden und charakterbildenden Herkunftsumstände verständlich machen. Personale Existenz und moralisches Subjektsein beruhen wesentlich auf dekontingentisierender Selbstaneignung und Vermeinigung des Gegebenen."[342]

Durch den Prozess der Selbstaneignung kann die uns bedrängende Zufälligkeit abgewiesen und eine interne und kontingenzfreie Aussicht gebildet werden, aus der heraus das eigene Leben entworfen und entsprechend gelebt werden kann. Eine basale Grundlage für Selbstbeanspruchung und Selbstverantwortung kann so gewonnen werden.

---

[342] Kersting, Wolfgang: Über ein Leben mit Eigenbeteiligung S. 197. Kersting verteidigt diese Position gegen John Rawls' kontingenzphilosophischen Standpunkt, wonach Rawls von uns verlangt: „uns gegenüber genau eine solche objektive Perspektive einzunehmen, unsere Identitätkonstituierende Selbstaneignung zu revidieren und alle empirischen Individualitätsmerkmale, unseren natürlichen und gesellschaftlichen Körper, unsere Begabungen, Fähigkeiten und Charaktereigenschaften als kontingent, als Wirkungen anonymer kausaler Prozesse zu erkennen." Kersting, Wolfgang: Theorien der sozialen Gerechtigkeit. Stuttgart, Weimar 2000. S. 149. Diese Arbeit sei zur weiteren Vertiefung des Problems empfohlen.

3. Konstituierende Praktiken

Praktik ist eine kooperative Tätigkeit und eine Handlung die unmittelbar ausgeführt wird, es spielt dabei auch keine Rolle ob sie bewusst/unbewusst, mit oder ohne Überlegung erfolgt.

Ihre konstitutiven Regeln werden gesellschaftlich ausgearbeitet, wobei die Maßstäbe für Vortrefflichkeit zur Anwendung kommen. Diese Maßstäbe für Vortrefflichkeit bieten Regeln für den Vergleich „verschiedener Ergebnisse – mit der Funktion von Perfektionsidealen, die einer bestimmten Gruppe von Ausübenden gemeinsam und von den Meistern und Virtuosen der fraglichen Praktik interiorisiert sind."[343] Die Maßstäbe für Vortrefflichkeit entsprechen auf einer Ebene den bestimmten Praktiken und sie kommen nicht vom einsam irgendwo Handelnden. Zu diesen Praktiken, die im Folgenden näher expliziert werden sollen, zähle ich das Reden (inklusive des Selbstgesprächs), Hören bzw. Zuhören, Lesen und Schreiben. Gleichsam spielen für diese Möglichkeiten des Menschen die Sinnesorgane eine ohne Zweifel bedeutende Rolle, weshalb zu Beginn jedes Abschnitts einen kurzen, anthropologischen Blick auf den jeweilig betroffenen Sinn geworfen werden soll. Dies lässt an den Rat erinnern, der besagt, „man solle seine fünf Sinne zusammenhalten", wenn jemand bestimmte Dinge tun soll. Schließlich muss der Mensch mit diesen Fähigkeiten beginnen, will er sein Leben gestalten; was sich zunächst als Behauptung zeigt, soll ab dem folgenden Abschnitt näher erläutert und begründet werden. Lebensgestaltung ist also nur möglich, wenn man diese Praktiken anwenden kann und wofür ich ausdrücklich plädiere, denn bereits in der Antike – dies hat u. a. Michel Foucault gerade auch im Sinne seiner Sorge-um-sich-Philosophie sehr anschaulich gezeigt – gab es bereits die Forderung nach diesen Grundgegebenheiten. Letztlich sind es diese hier zu behandelnden Praktiken, die die *Sorge um sich* konstituieren.

Das Reden bzw. die Rede bezieht sich im Zusammenhang mit dieser Studie auf das Weitergeben von ethischen Anweisungen, die der Zuhörende bei adäquatem Verständnis in seine Handlungsintentionen integrieren kann. Daraus ergibt sich

---

[343] Ricœur, Paul: Das Selbst als ein Anderer. A. d. Franzö́s. v. Jean Greisch. 2. Aufl. München 2005. S. 215. Die Praktiken, die einen kooperativen und traditionsgebundenen Charakter haben, schließen eine Kontroverse natürlich nicht aus, im Gegenteil entstehen sie erst, weil eine Definition der Maßstäbe für Vortrefflichkeit jeweils eine eigene Geschichte hat. Die Kontroverse greift dann, wenn die Handelnden einer gemeinsamen Kultur keinen zureichenden und dauerhaften Konsens über die Erfolgsstufen der Maßstäbe für Vortrefflichkeit finden. Vgl. ebd.

die im Folgenden verwendete Bezeichnung "wahre Rede". Um sie aufzunehmen, bedarf es natürlich eines konzentrierten Zuhörens.

Natürlich kann es im Kontext des Hörens auch zu Missverständnissen und Unverständnis, Überhören bzw. zum Nicht-Hören kommen. „Hört zu, ihr tolles Volk, das keinen Verstand hat, die da Augen haben, und sehen nicht, Ohren haben, und hören nicht!"[344] Um dies zu vermeiden, wird besonders das Hörverstehen thematisiert. Darüber hinaus, gehen die Überlegungen in Richtung einer Ethik des Hörens, die im Rahmen der Selbstgestaltung durchaus eine Berechtigung findet.

Beim Thema des Selbstgesprächs (*Soliloquium*) beachte ich die religiös-theologische Meditation bestenfalls nur rudimentär, weil dies nicht nur den Rahmen dieser Studie sprengen würde, sondern der Schwerpunkt der Selbstgestaltungstechniken im säkularen Bereich untersucht werden sollen, die als Selbstdisziplinierung schon in der Antike auftraten. Der Themenbereich des Soliloquiums widmet sich auch dem ihm nahe verwandten Thema der Selbstbefragung als Wegbereitung zur Selbsterforschung.

Es wird sich im Rahmen der nachfolgenden Analysen, trotz der Trennung in einzelne Kapitel nicht vermeiden lassen, dass sich die verschiedenen Praktiken ergänzen, bedingen und gegenseitig durchdringen.

3.1. Reden

Um sprechen zu können und eine Rede halten zu können wird der Mund, der als orale Sprechöffnung definiert werden kann, benötigt. Im Kindesalter dient er sogar der Welterschließung durch Nähren, Fühlen, Einverleibung oder Zärtlichkeit. Andererseits kann auch mit den Händen, ja letztlich mit dem ganzen Körper gesprochen werden. Doch wird zum Verbreiten von Wissen, Texten und zum Reden in der Regel der Mund verwendet. In Verbindung mit der Sprache wird dies für die folgenden Ausführungen leitend sein.[345]

Eine jahrhundertealte Überzeugung, die sich jüngst in den neuesten genetischen Entdeckung zu verfestigen scheint, ist die nach der der Mensch erst durch die Sprache zum Menschen wird. Um die Frage was Sprache sein kann beantworten

---

[344] Jer. 5, 21.

[345] Vgl. Mattenklott, Gert: Mund. In: Wulf, Christoph (Hg.): Der Mensch und seine Kultur. Hundert Beiträge zur Geschichte, Gegenwart und Zukunft des menschlichen Lebens. Köln 2010. S. 471-479. S. 471.

zu können, lohnt es auf diese Dreiheit zu achten: „Ihre Einmaligkeit im Vergleich mit ähnlichen Verfahren und Fähigkeiten im Tierreich besteht darin, daß sie ein kognitives Verfahren und ein kommunikatives Verfahren koppelt, daß sie also ein Repräsentations- oder Informationsverarbeitungs-System zum Zwecke der Kommunikation einsetzt, und dabei – drittens – eine einmalige Technik der Kombination verwendet, durch die mit dem Stimmapparat produzierte Laute zu bedeutungsvollen Sequenzen (Sätzen) zusammengesetzt werden."[346] Besonders die zuletzt genannte Fähigkeit ist entscheidend, wenn in aktuellsten Publikationen vom angeborenen „Sprachinstinkt" gesprochen wird. Diese angeborene Sprachfähigkeit entwickelt sich jedoch nur in einer menschlichen Gesellschaft. Weder ein konkretes Wort einer bestimmten Sprache noch grammatische Regeln sind angeboren, sondern lediglich die Fähigkeit Wörter, grammatische Konstruktionen und Sätze zu bilden.[347] Immerhin ist das „Wort des Menschen … das dauerhafteste Material. Hat ein Dichter seine flüchtige Empfindung in ihr richtig angepaßten Worten verkörpert: so lebt sie, in diesen, Jahrtausende hindurch, und wird in jedem empfänglichen Leser aufs Neue rege."[348] Dies ist nicht nur für die Literatur bzw. Dichtung entscheidend auch für die Philosophie, die in Wörtern übermittelt wird.

Nach einer Redensart ist Reden Silber, wahrscheinlich deshalb, weil jeder Reden kann, Zuhören und Schweigen[349] scheinen ungemäß schwieriger zu sein, denn Zuhören können nur wenige. Wo Reden und Hören wechselseitig aufeinander trifft entsteht ein Gespräch. Schnell kann man dabei als Redner in ein Vortragen gelangen, indem die anderen zum Zuhören veranlasst werden. Aus einem harmlosen Gespräch kann also im Nu ein waschechter Vortrag werden (z. B. in der U-Bahn, in einem Lokal, bei einem zufälligen Zusammentreffen usw.). Das Gespräch kann damit abreißen, denn niemand hört mehr richtig zu, lediglich der Ort verweist noch auf das „Mit". Im sogenannten Vier-Augen-Gespräch kann das anders sein, auch wenn das Thema ein ernstes ist (Kündigungsgespräch oder Überbringung einer schlechten Nachricht). Spinnen Gesprächspartner an einem Faden, den das Gespräch weiter bringt – als anerkannte Personen – haben sie Mut zum Widerspruch, zur eigenen Meinung und waltet die Vernunft in diesem

---

[346] Trabant, Jürgen: Sprache. In: Wulf, Christoph (Hg.): Der Mensch und seine Kultur. S. 595-608. S. 595.

[347] Vgl. ebd. S. 596.

[348] Schopenhauer, Arthur: Parerga und Paralipomena II. § 298. S. 487.

[349] Vgl. dazu Abschnitt 2.2.

Dialog, so kann es ein „starkes" Gespräch werden, kurz, zu dem, um das die Philosophie von Anfang bemüht ist. Dies hilft uns untereinander und die Welt zu verstehen. Auch im sozialen Kontext wird das Miteinanderreden bedeutsam, wenn es darum geht, eine soziale Handlungsweise und/oder moralische Normen zu vermitteln, dies wird aber an anderer Stelle noch intensiver behandelt werden. Grundlegend dafür sind Redegeln, die von Gesprächspartnern zu achten sind, wollen sie nicht permanent aneinander vorbei reden. Einen weiteren Sinn verleihendes Moment ist die Aufrichtigkeit. Man meint, was man sagt oder zumindest glaubt das, was man meint, was man sagt. Dies ist eine Haltung, die Menschen brauchen um sich auf Dauer begegnen zu können.[350] Gleichsam sind Wahrhaftigkeit und die Verbindlichkeit von Aussagen Bedingungen, die Gespräche und erst recht das ganze Leben mit Sein und damit mit Sinn erfüllen.

Die Freiheit des Gesprächs liegt nicht zwingend allein in der Freiheit der am Gespräch teilnehmenden, sagen zu können was sie wollen, dies geht zwar, aber man sollte auch nicht vom gegebenen Thema abweichen (z. B. in einem theologischen Gespräch plötzlich über Automarken reden). Die Freiheit des Gesprächs liegt vielmehr in ihm selbst, denn seine Wirkung ist frei. Es lässt sich von den Rednern sicher nicht voraussagen, welchen Verlauf das Gespräch nimmt. Durchdenken der vom anderen geoffenbarten Gedanken bedeutet keinesfalls zu bestimmen, wie sich das Gespräch entwickelt. Auch Menschen die zum Gespräch nicht unmittelbar dazu gehören oder ganz außen vor sind, können daran teilnehmen, auch wenn sie nur Zuhörer sind, sie können mehr verstehen, evtl. mehr heraushören als die Beteiligten.[351] Nicht zuletzt beim Belauschen eines Gesprächs ist man am Gespräch nicht beteiligt, kann ihm aber wertvolle Inhalte abgewinnen, zu welchem Nutzen auch immer. Letztlich unterliegt das Verstehen eines Gesprächs der Kunst der Auslegung.[352] Das Gespräch kann durchaus ein Genuss sein, kann man doch dadurch andere kennen und schätzen lernen, gleichzeitig lernt man sich selbst im Gespräch mit anderen kennen und schätzen. Leben kann dadurch im Mitsein erlebt werden im Gegensatz zur Einsamkeit. So sagt Odo Marquard: „wir leben nicht nur ein Gesprächsleben, sondern einzig ein

---

[350] Vgl. Brenner, Andreas, Zirfas, Jörg: Lexikon der Lebenskunst. Artikel: Miteinander reden. Leipzig 2002. S. 260 ff.

[351] Vgl. ebd. S. 263.

[352] Gadamer, Hans-G.: Wahrheit und Methode. Grundzüge einer philosophischen Hermeneutik. Gesammelte Werke Bd. 2. 6. Aufl. Tübingen 1990. S. 312 f.

Leben, zu dem auch ein Gesprächsleben gehört."[353] Dies drückt kurz und knapp die Zentralität aus, die das Sprechen mit anderen für uns einnimmt. Ohne Gesprächsleben ist das Leben wahrscheinlich gar nicht lebbar. „Da es also auch das Leben nach dem Gespräch gibt, kann man sich auf das Gespräch im Grunde ganz einlassen, klüger kommt man allemal heraus, und sei es nur um die Weisheit belehrt, daß doch eben das Schweigen, ob in der Einsamkeit oder in der Mitsamkeit, Gold verdient."[354]

Die Rede, die Wahres im Rahmen einer Ethik verkündet, muss, damit sie von Zuhörenden aufgenommen werden kann, erst einmal ausgesprochen werden und sie muss im Sinne der *askesis* versuchen „zwischen Subjekt und Wahrheit eine ... möglichst solide Verbindung herzustellen."[355] Die Art und Weise wie die Rede organisiert ist, spielt eine genau so große Rolle, wie der Inhalt, den sie verkünden soll. Worte variieren, sie sind sorgfältig auszuwählen und schließlich bleibt auch immer etwas rhetorisches Geschick, das der Vortragende anwenden muss. Fehlen diese Prämissen mehr oder weniger, so besteht die Gefahr, dass der Zuhörende die Aufmerksamkeit und auch die Lust an der Rede verliert. Selbstverständlich kann es passieren, dass das Sprechen statt nützlich, nutzlos oder gar schädlich wird. Damit die wahre Rede fruchtbar werden kann, braucht der Vortragende eine *technē* – eine Kunst, die ein angemessenes Sprechen möglich macht.[356] Darüber hinaus bedarf es einer gewohnheitsmäßigen Ausübung und reicher Erfahrung.[357]

Dient die philosophische Rede dazu, Wahres zu verkünden, so wurde die Rhetorik sehr oft als ihr diametral entgegengesetzt angesehen, Sophisterei, leere Rede, Betrügerei und anderes wurde ihr vorgeworfen. Platon kritisiert sie durch Sokrates in seinem *Gorgias* als Überredung, die in der Seele der Hörenden stattfindet.[358] Augustinus z. B. studierte sie, was in der Laufbahn des Staatsbeamten bzw. Rechtsgelehrten, die er zunächst anstrebte, auch durchaus angemessen war, später jedoch kritisierte er sie heftig, als er bereits Bischof geworden war. Rheto-

---

[353] Marquard, Odo: Das Über-Wir. Bemerkungen zur Diskusethik. In ders.: Individuum und Gewaltenteilung. S. 38-63. S. 63.

[354] Brenner, Andreas, Zirfas, Jörg: Lexikon der Lebenskunst. S. 264.

[355] Foucault, Michel: Hermeneutik des Subjekts. S. 453.

[356] Vgl. ebd. S. 408.

[357] Vgl. Platon: Phaidros 270b.

[358] Vgl. Platon: Gorgias 453a.

rik als „siegeskundige Wortmacherei"[359], als List und Betrug. Allerdings nutzte er sie immer noch um die christliche Lehre in seinem Sinne dazustellen. Aristoteles hingegen versuchte Philosophie und Rhetorik zu versöhnen. „Die Rhetorik sei also als Fähigkeit definiert, das Überzeugende, das jeder Sache innewohnt, zu erkennen."[360] Kunstgerechte Rhetorik ist über den Dreischritt Sache-Redner-Hörer erreichbar; Sachverstand über das Thema seitens des Redners, genau wie seine moralische Stärke und das Wohlwollen des Hörers sind die wichtigsten Anforderungen der Redekunst. Damit die Rede beim Rezipienten nachhaltig wirken kann, werden dem Leser menschliche Verhaltensweisen in typischen Situationen vorgeführt.[361] Die wahre Rede kommt ohne Rhetorik nicht zurecht, das erkannten – wie vorgestellt – Aristoteles und Augustinus. Die Materialität der Rede mit ihrer Form und Rhetorik wirkt letztlich zusammen, um die zu transportierende Wahrheit zum Zuhörer zu geleiten, der wiederum eigene Initiative aufbringen muss, worüber im Kapitel über das Hören noch einige Prämissen zu explizieren sein werden. Polemisch wurde sie auch als Überredungskunst bezeichnet und in der Tat ist die Rhetorik durchaus zur Lüge fähig.

Das Subjekt muss sich mit wahren Reden beschäftigen und somit zum Wahrheitssubjekt werden. Dies beginnt mit dem Anhören wahrer Reden, die ihm angeboten werden, dadurch soll es das Wahre sagen können und dies auch zu sich selber. Im Rahmen einer Anleitung bezüglich der wahren Rede, kann das Subjekt auch geprüft werden, in dem Sinn, dass es das, was es nicht zu wissen glaubte, weiß oder ihm zu zeigen, dass es nicht weiß, was es zu wissen glaubt. Beides tut Sokrates, wie auch Stoiker und Kyniker. Das Subjekt muss ich bewusst machen, inwieweit es die Subjektivierung der wahren Rede, also die Fähigkeit, wahr zu sprechen, internalisiert hat. Diese Form der Rede dieses Subjekts dient aber lediglich dazu, den Lehrenden zum Reden zu veranlassen und seine Rede zu entwickeln, woraus folgt, dass das was ihm entrissen wird, Dialog oder Diatribe, nur dazu dient, aufzuzeigen, dass „die Wahrheit, die ganze Wahrheit in der Rede des Lehrers und in ihr allein beschlossen liegt."[362] Wie hat man sich die Wahrheit der wahren Rede, die vom Lehrer kommt, vorzustellen?

---

[359] Augustinus, Aurelius: Confessiones/Bekenntnisse, lat.-dt. Eingel., übers. u. erl. v. Joseph Bernhart. Vorw. v. Ernst L. Grasmück. Frankfurt am Main 1987. II, 2. S. 141.

[360] Aristoteles: Rhetorik. Übers. u. hg. v. Gernot Krapinger. Stuttgart 2007. I, 2,1. S. 11.

[361] Vgl. ebd. Nachwort. S. 251.

[362] Foucault, Michel: Hermeneutik des Subjekts. S. 446.

Muss der Schüler schweigen, um die Wahrheit wieder aufzunehmen, liegt ein Gegenpol in Form der *parrhesia* (Freimut, Offenheit des Herzens und der Rede, Redefreiheit, freier Gebrauch des Wortes) vor. Diese Offenheit impliziert, dass gesagt wird, was man zu sagen hat, was man glaubt sagen zu müssen, da es nötig ist, weil es nützlich und wahr ist. Die *parrhesia* ist im Wesentlichen eine moralische Qualität, die grundsätzlich jedem sprechenden abverlangt wird, d. h. ergreift ein sprechendes Subjekt das Wort, so wird erwartet, dass es das Wahre sagt, weil es dieses für das Wahre hält und ist nicht der Lüge fähig wie es die Rhetorik sein kann. Gäbe es Lüge, so würde die *parrhesia* vollständig verschwinden, woraus folgt, dass sie die reine Übermittlung des Wahren verkörpert. *Parrhesia* (Freiheit alles zu sagen) und *technē*, also das technische Verfahren und das „alles sagen" müssen korrelieren, damit die wahre Rede demjenigen mitgeteilt werden kann, der derselben bedürftig ist.[363] Die *parrhesia* als wahre Rede macht wahr, dass sie einem bestimmten Individuum zu einem bestimmten Zeitpunkt in gegebener Form und unter bestimmten Bedingungen übermittelt wird. Die wahre Rede soll mit dem Leben übereinstimmen und nicht unbedingt erfreuen, sondern nützlich sein. Dabei ist der *kairos*, also die Gelegenheit, genauso wichtig wie die Situation in der die Individuen zueinander finden.[364] Diese Art Selbstpraktik steht in Verbindung mit dem Aufschreiben der wahren Rede, woraus letztlich ein philosophischer Text entsteht, der der Wahrheit verpflichtet ist. Foucault betont hier ausdrücklich den Zusammenhang zwischen philosophischer Rede und Rhetorik (Diese waren in der Antike oft im Konflikt, wie bereits erwähnt), die sich aber doch wechselseitig bedingen, muss doch die philosophische Rede einen Sprachkörper haben, eine bestimmte Wortwahl um den *logos*, der seine spezifische Gestalt und notwendigerweise auch seine pathetischen Attribute hat, zu befördern und damit unterliegt das Thema bzw. die Bedeutung der wahren Rede auch rhetorischen Regeln. Außerdem kann eine wahre Rede durchaus auch schön sein, was der Darlegung von Sachverhalten förderlich sein kann. Allerdings muss sich die *parrhesia* die Freiheit gegenüber den Rhetorikregeln bewahren. Gelänge dies nicht, so wäre die Rhetorik ein Gegenspieler der *parrhesia*, sie soll aber lediglich ihr technischer Partner sein. Der Jünger muss sich die Rede aneignen können, um sein Ziel, das er sich gesteckt hat, zu erreichen; dabei stellt er ein Souveränitätsverhältnis zu sich selbst her, was für ein tugendhaftes Subjekt typisch ist und seine Glückseligkeit bis zum Maximum in

---

[363] Vgl. ebd. 454.
[364] Vgl. ebd. S. 468 f.

dieser Welt führt.[365] Davon zu unterscheiden wäre eine Rede, die lediglich den Gesetzen der Rhetorik folgt und bestenfalls eine betörende Rede ist und die dem Schüler das Schweigen auferlegt und an keinerlei Sein teilhat.[366] Irgendwann kann der Jünger auf die Rede des Lehrers verzichten, und dies, weil sie wahr ist, was gleichzeitig das Ziel der *parrhesia* ist. Er ist jetzt selbst in der Lage wahre Reden zu halten. Auch das Gespräch – womit wir aber schon das nächste Kapitel berühren – kann er führen, was er auf dem Herzen hat mitteilen, Fehler und Schwächen für die er sich verantwortlich fühlt zur Sprache bringen. Demnach gilt: Ist die wahre Rede verinnerlicht und subjektiviert, so kann auf den Meister verzichtet werden. „Die Wahrheit, die in der *parrhesia* von einem zum anderen übergeht, besiegelt, sichert und gewährleistet die Autonomie des anderen, nämlich dessen, der das Wort erhalten hat, im Verhältnis zu dem, der es ausgesprochen hat."[367] Die parrhesia ist im Bereich der vermutenden Künste (conjectura) anzusetzen, denn sie verwenden Argumente, die wahrscheinlich und plausibel sind, was erlaubt, nicht einer einzigen Regel folgen zu müssen, sondern die *wahrscheinliche Wahrheit* in einer Reihe von Argumenten zu finden. Die Verbindung zwischen den Argumenten muss nicht zwingend einer einzigen Ordnung folgen, was bedeute, dass man die *conjectura* um den Preis dieser anwendet.[368]

In der hellenistischen bzw. römischen Antike waren die Anbieter dieser wahren Reden die verschiedenen philosophischen Schulen, in denen es Führer gab, Weise, die die anderen individuell anleiteten. Die individuelle Leitung setzte voraus, dass zwischen den beiden Partnern, Führer und Geführtem eine enge Beziehung, eine freundschaftliche Bindungen vorhanden war. Dies unterstand einer „Ethik des gesprochenen Wortes". Die Begleitung durch solch einen persönlichen Lebensberater blieb bis hin zum Sterbebett bestehen. Die Anleitung durch diesen Berater sollte u. a. die Einsicht fördern, dass es wichtig ist, das Nützliche statt dem Schädlichen zu tun. Dazu diente eine Redekunst, die mit zwei sehr technischen Begriffen aufwartet: *protreptikos* (derjenige, der die Lehre erteilt) und *elenktikos* (derjenige, der gut in der Kunst des überführens ist). Hat der Geführte eine schlechte Handlung begangen, so galt es ebenfalls ihm einsichtig zu machen, dass es ein Kampf mit sich selbst ist, sich auf das Gute auszurichten. Die

---

[365] Vgl. ebd. S. 470.
[366] Vgl. ebd. S. 448-450.
[367] Ebd. S. 463.
[368] Vgl. ebd. S. 473 f.

Rede zu hören und sich ihrer erinnern, ist die eine Grundlage, eine weitere ist es das, was man ins Gedächtnis gebracht hat, in die Tat umzusetzen, denn „[n]icht das bloße Wissen macht glücklich sondern die Tat."[369] Es kam auf eine Lehre an, die den Geist in die richtige Richtung lenkt. Auch die Kunst des Streitgesprächs muss hier erwähnt werden, denn darin kann die Trennung von Wahrem und Falschem verstanden werden. Ein Ziel ist dabei, die Haltung desjenigen, der sich täuscht, zu verändern. Hat der Führer seinem Schützling nicht überzeugen können, so liegt die Schuld dafür beim Führenden; er muss sich fragen und Rechenschaft geben, warum er ihn nicht überzeugen konnte.[370] In der Antike konnte nur derjenige Führer sein, der in seinem Leben zeigte, dass er sich tugendhaft verhalten hat: Das, was er aussprach, galt auch für sein Verhalten.

Im Kontext der Rede und ihrer Aufnahme durch den Zuhörenden gibt es ein weiteres wichtiges Moment, das Hans–Georg Gadamer in einem Zusammenwirken der Sprache mit dem Verstehen sieht. Von „stillem Einverständnis" ist in seinem Aufsatz *Sprache und Verstehen* die Rede. Eine Evidenz des Verstehens entsteht, wenn ich einen Satzzusammenhang bzw. eine Aussage von irgendjemand in einer bestimmten Situation verstehe. „Das heißt, wenn es mir plötzlich ganz klar und greifbar ist, mit welchem Recht der andere das, was er sagt, oder auch mit welchem Unrecht."[371]

Diese Form der ethischen Unterrichtung (wahre Rede) ist in unserer momentanen gesellschaftlichen Orientierungen so nicht mehr gegeben. Auf der einen Seite haben die Religionen dies übernommen, andererseits gibt es individuelle Formen eines philosophischen bzw. ethischen Lehrangebotes: Die wahre Rede kann in Form eines Vortrages, Fernsehbeitrages, Zeitungsartikels, Volkshochschulkurses usw. gehalten sein. Es steht jedem frei, diese Angebote zu nutzen und im Sinne einer Selbstgestaltung zu transformieren. Sicherlich – so lässt es sich hier einwenden – sind die Angebote unserer Gegenwart qualitativ nur schwer mit denen, der Antike vergleichbar, aber wir haben im Moment nichts Besseres als die genannten Möglichkeiten.

---

[369] Seneca, Lucius A.: Ep. 75, 7.

[370] Vgl. Foucault, Michel: Hermeneutik des Subjekts. S. 177-183. Foucault gibt hier sehr detaillierte Hinweise im Hinblick auf die unterschiedlichen Philosophenschulen und ihrer subtilen Lehren, was an dieser Stelle leider nicht weiter ausgeführt werden kann.

[371] Gadamer, Hans-G.: Sprache und Verstehen. In: ders.: Hermeneutik II. Wahrheit und Methode. Ergänzungen, Register. Gesammelte Werke Bd. 2. Tübingen 1986. S. 185.

3.1.1. Vom Gespräch zum Selbstgespräch

Die Intention, das Gespräch als philosophische Methode anzuwenden geht auf Platons Begriff der Dialektik zurück und wurde im Sinn von *sich unterreden* gebraucht. Der Terminus Dialektik bezeichnet aber bei Platon weit mehr als nur die Unterredung.[372] Im Kontext des Gesprächs beleuchte ich diesen Aspekt aber nur kurz. Im Grunde ist der platonische Dialog eine treffende literarische Darstellung von dem, was in einem Gespräch methodisch erreicht werden kann. Natürlich braucht es dazu mindestens zwei Personen. Platon sagt aber auch, dass das Denken Selbstgespräch mit der Seele sei, was schon auf eine Technik des Selbstgesprächs hinweist.[373] Die Seele muss in solch einem Fall einer Zweiheit unterliegen, damit es einen Adressaten für diese Kommunikation gibt.[374] Platon plädiert im Siebentem seiner Briefe für das Gespräch im Gegensatz zu einer geschriebenen Abhandlung, wenn er schreibt: „Von mir gibt es keine Schrift über diese Gegenstände [philosophische Erkenntnis M. K.], noch dürfte eine erscheinen, läßt es sich doch in keiner Weise, wie andere Kenntnisse, in Worte fassen, sondern indem es, vermöge der langen Beschäftigung mit dem Gegenstande und dem Sichhineinleben, wie ein durch einen abspringenden Feuerfunken plötzlich entzündetes Licht in der Seele sich erzeugt und dann durch sich selbst Nahrung erhält."[375] Hier gibt Platon wohl auch einen Hinweis darauf, warum er in Dialogform geschrieben hat.[376]

Zurück zur Dialektik, die durch Konsens und Widerlegung gekennzeichnet ist. Wird der Gesprächspartner widerlegt, so ist dies nur dann nützlich, wenn der Widerlegte dieser auch zustimmt, womit es zu einem Konsens kommen kann. Nicht jedes Gespräch ist schon Dialektik, denn dazu bedarf es, um den Erkennt-

---

[372] Vgl. dazu : Böhme, Gernot: Platons theoretische Philosophie. Darmstadt 2000. Hier bes. Kap. II.

[373] Vgl. bei Platon bes. Theatet 189e: „[Die Seele], solange sie denkt, sie nichts anderes tut als sich unterreden, indem sie sich selbst fragt und antwortet, bejaht und verneint. Wenn sie aber langsamer oder auch schneller zufahrend nun etwas feststellt und auf derselben Behauptung beharrt und nicht mehr zweifelt, dies nennen wir dann ihre Vorstellung. Darum sage ich, das Vorstellen ist ein Reden, und die Vorstellung ist eine gesprochene Rede, nicht zu einem andern und mit der Stimme, sondern stillschweigend zu sich selbst." Weiter Stellen zu diesem Thema: Sophistes 263e, Philebos 38d-e.

[374] Vgl. ebd. S. 100.

[375] Platon: Siebter Brief 341c-d.

[376] Die Schriften, die der platonischen Akademie Verwendung fanden, sind nicht erhalten geblieben, womit selbstverständlich offen bleibt, ob diese in einer anderen Form als dem Dialog formuliert worden waren.

nisgewinn zu erreichen mehrerer Kriterien: Die Rede spricht nicht nur Meinung aus, sondern rechtfertigt diese anhand von Begriffen bzw. ihrer Semantik, was zur Prüfung der Konsequenzen führt, die sich aus dem Behaupteten ergeben. Schließlich mündet dies im Beibringen von Begründungen für die angeführten Thesen.[377]

Bei der Frage, was ein Gespräch ist, kann wiederum auf Gadamers Ausführungen zurückgegriffen werden: Ein „Vorgang zwischen Menschen, der bei aller Ausbreitung und potentiellen Endlosigkeit dennoch eine eigene Einheit und Geschlossenheit besitzt. Etwas ist ein Gespräch gewesen, was etwas in uns hinterlassen hat. Nicht dies, daß wir etwas Neues erfahren haben, machte das Gespräch zu einem Gespräch, sondern daß uns im anderen etwas begegnet ist, was uns in unsrer eigenen Welterfahrung so noch nicht begegnet war ... Wo ein Gespräch gelungen ist, ist uns etwas geblieben und ist in uns etwas geblieben, das uns verändert hat. So ist das Gespräch in eigentümlicher Nachbarschaft mit der Freundschaft."[378] Lässt sich das von Gadamer hier für ein Gespräch zwischen zwei Menschen tatsächlich auf das Selbstgespräch anwenden? Der Versuch ist sicherlich berechtigt, gerade, wenn man Günter Butzers Konzept des Selbstgesprächs dazu in Korrelation bringt. Ein erfolgreiches Gespräch mit sich selber kann also durchaus etwas in uns verändern, unser Handeln beeinflussen. Im Reden mit dem Ich, welches im Grunde das Du der Anrede ist, ist etwas in uns angestoßen worden, was wir so noch nicht erlebten. Freundschaft kann im Kontext des Selbstgesprächs durchaus eine Freundschaft mit uns selbst meinen.

Kommen wir zum Kontext des Hören und Sprechen zurück. Durch den *rückbezüglichen* Hörsinn kann sich der Sprechende selbst Hören. Sein Hören folgt seinem Sprechen und ermöglicht ihm, sich als Sprechendem zu folgen und nachdenklich zu werden. Von der ontogenetischen Situation abgesehen, in der das Hören dem Sprechen vorausgeht, d. h. dieses erst ermöglicht, bleibt unentschieden, ob das Sprechen dem Hören oder das Hören dem Sprechen vorausgeht. Diese Besonderheit des Hörsinns ermöglicht die Selbstwahrnehmung des Menschen. Eine elementare Selbstwahrnehmung und Selbstvergewisserung entsteht nicht nur durch das Hören etwa des eigenen Atmens, Bewegens und Vertrauens des eigenen Körpers, sondern auch durch eine Selbstaffektaktion, welche besonders beim Sprechen wirksam wird. Jedes Sprechen wird auch zu einem Sprechen

---

[377] Vgl. ebd. S. 101.

[378] Gadamer, Hans-G.: Die Unfähigkeit zum Gespräch. In: ders.: Hermeneutik II. Wahrheit und Methode. Ergänzungen, Register. Gesammelte Werke Bd. 2. Tübingen 1986. S. 211.

zu sich selbst. Der Hörsinn ist für die Konstitution von Subjektivität und Sozialität von größter Bedeutung.[379]

Das Selbstgespräch wird als ‚Monolog' bzw. als ‚Soliloquium' (Alleinrede) bezeichnet. Dies kann – so zumindest suggerieren es diese Charakterisierungen – leicht zu Missverständnissen führen, indem angenommen wird, es handelt sich dabei um eine eigensinnige Rede mit sich selbst, die das innere Befinden einer Person zur Sprache bringt oder einfach nur um das Mitteilen einer vorgefassten Sache. Da hierbei praktisch einstimmig gesprochen wird, handelt es sich in beiden Fällen um einen Monolog. Es wird hier verkürzt angenommen, dass der Redner nur mit einer Stimme spricht. Bei den Selbstgesprächen im Sinne der Alleingespräche handelt es sich aber in den meisten Fällen um einen Dialog. Im seelischen Geschehen, dem die Sprachäußerung entspringt, wandelt sich der potentielle Dialogcharakter in eine Monologsprache um. In diesem psychischen Vorgang sind Monologisches und Dialogisches schon gleichzeitig und untrennbar gegenwärtig, sie sind nicht einander fremd, sondern zwei Kräfte, die im Prozess des Gesprächs kontinuierlich um die Vorherrschaft ringen.[380] Die Bezeichnung ‚monologisch' heißt daher nicht, dass nur ein Sprecher existiert, „sondern dass der Text keine semantischen Richtungsänderungen aufweist, dass die Rede ‚undirektional' adressiert ist und nicht mit anderen Kontexten zusammenstößt."[381] Das Selbstgespräch stellt einen dialogischen Monolog dar, weil ein einzelnes psychophysisches Individuum beide Sprachäußerungen der beteiligten Subjekte übernimmt und sich beide durch die gleiche Stimme des einzigen Individuums als jeweils verwirklichte Subjekte konstituieren und sich als ‚Ich' und ‚Du' wechselseitig aneinander wenden. Durch die Literaturgattungen hindurch lässt sich feststellen, dass in einem Selbstgespräch jeder und alles zum Adressaten werden kann. Es ist – gegen das modernistische Vorurteil – nicht nur eine Vielheit im Ich, die zur Sprache kommt, denn es können, wie in der antiken Literatur leblose Dinge, Schwerter, abwesende Menschen, Dämonen Götter usw. angesprochen werden. Das Selbstgespräch kann zu einem Zwiegespräch werden, da es auf andere ausgerichtet sein kann, ohne den Bezug auf das sprechende Ich zu verlieren. Richtet man sich an andere, entdeckt man andere in sich selbst. Das

---

[379] Vgl. Wulf, Christoph: Ohr. In: ders. (Hg.): Der Mensch und seine Kultur. Hundert Beiträge zur Geschichte, Gegenwart und Zukunft des menschlichen Lebens. Köln 2010. S. 460.

[380] Vgl. Butzer, Günter: Soliloquium. Theorie und Geschichte des Selbstgesprächs in der europäischen Literatur. München 2008. S. 15.

[381] Ebd.

Ich steht gegenüber dem Sprechenden und der andere wird zu einem Teil des Ichs. Aus dem Selbstgespräch ergeben sich damit eine Objektivierung des Ich und die Internalisierung des anderen in gleichem Maße.[382] Wie Butzer anhand des platonischen Dialogs *Hippias I* zeigt, lässt Sokrates sein Selbst zunächst als eigenständiges gegenüber sprechen, um es danach wieder in sein eigenes Ich zu integrieren. Sokrates berichtet von einem „Menschen", der ihn immer zurechtweist. „Denn er ist mir gar nahe verwandt und wohnt mit mir zusammen."[383] Dieser fragt Sokrates, ob er sich nicht schäme, das zu verbreiten, was er gar nicht wisse. In einer chiastischen Struktur ausgedrückt bedeutet dies: Das Ich steht dem Sprechenden als ein anderer gegenüber, und der andere wird zum Teil des Ich.[384] Bei Platon zeigt sich aber auch, dass im Soliloquium etwas anderes, was adressiert wird und sich bemerkbar macht – eine autoritative Position. Sokrates beschreibt sie ironisch, wenn er sagt, dieser (im Sinne der autoritativen Position) schelte und schimpfe ihn. Deutlich wird aber, dass es eine Instanz gibt, vor der sich Sokrates rechtfertigen und der er Rede und Antwort stehen muss. Bei Platon erweitert sich das Sprechen mit sich selbst zu einer Selbstprüfung, zu der Sokrates bemerkt: „...das größte Gut für den Menschen ist, täglich über die Tugend sich zu unterhalten und über die andern Gegenstände, über welche ihr mich reden und mich selbst und andere prüfen hört, ein Leben ohne Selbsterforschung aber gar nicht verdient, gelebt zu werden..."[385] Das autoritative andere innerhalb der Rede, das vernehmbar wird kann Gott, Gesetz, Gewissen oder was auch immer sein. Besonders in der antiken und christlichen Selbstgesprächspraktik ist die Instanz des „Anderen" (Dritten) höchst präsent, während sie im modernen Selbstgespräch nur noch durch einen ‚intimen Beobachter' innerer Monolog) gekennzeichnet ist. Sicherlich gilt das bis hierhin Gesagte für die Literatur und nicht so sehr für den realen Lebensvollzug.[386] Letztlich gilt es

---

[382] Vgl. ebd. S. 16 f.

[383] Platon: Hippias I, 304d.

[384] Vgl. Butzer, Günter: Soliloquium. S. 16.

[385] Platon: Apologie 38a.

[386] Literarische Selbstgespräche (Soliloquien) sind überlieferte Aufzeichnungen oder, wie meistens, bewusst gestaltete und zur Publikation vorgesehene Texte. Dies bedeutet, dass sie unterschiedliche Positionen in einem bestimmten Kontext einnehmen können, eine Illusion spontaner Rede vorstellen können, des Weiteres können sie streng disponiert bzw. arrangiert sein. Es ist eine intime Kommunikationsform vor, die in der Regel mündlich erfolgt. Das Selbstgespräch kann in Einsamkeit oder im selbstgewählten Rückzugsraum außerhalb einer sozialen Verbindung auftreten (besonders im Bereich des christlichen Lebens). Vgl. dazu: Butzer, Günter: Soliloquium. S. 20.

aber diesen fiktiven Zusammenhang im Kontext der Selbstgestaltung zu berück-sichtigen, wobei schriftliche Quellen Situationen aufzeigen, die durchaus im Le-bensvollzug einer realen Person von Bedeutung sein können. Diese Texte kön-nen ohne Zweifel zum Gegenstand meditativer Praxis werden, indem sie zu ei-nem psychotechnischen Verfahren, wie im Folgenden zu erläutern sein wird, werden.

Das zeigt sich besonders, wenn die Handlungsdimension des Soliloquiums do-minant direktiv (Handlungen bewirken bzw. Dispositionen schaffen) ist, womit richtiges Handeln ermöglicht werden soll. Freilich können dazu auch narrative und diskursive Elemente gehören, die durchaus notwendig sind. Prinzipiell geht es weniger darum eine Norm zu diskutieren als sie sich anzueignen.[387] Im anti-ken und christlichen Selbstgespräch soll eine Norm verinnerlicht und damit ein bestimmter Effekt erreicht werden. Dies verändert sich seit dem 18. Jahrhundert zunehmend, wenn das „Soliloquium nicht mehr als konzentrierte S e l b s t -b e s p r e c h u n g, sondern als sprachlicher Effekt affektiver Überwältigung und/oder gedanklicher Zerstreutheit verstanden – eine Konzeption des Selbstge-sprächs, die bis heute die dominante geblieben ist."[388] Butzer konstatiert seit dem 18. Jahrhundert eine Art von Selbstvergessenheit im Selbstgespräch, wel-ches in „starken Affekten" und großen „Zerstreuungen des Geistes" geführt wird. Der Mensch, der „sich selbst" vergisst, bedeutet dabei wohl den Verlust der rationalen Kontrolle über die eigene Rede.[389] Der Schwerpunkt Butzers Ana-lyse bildet das Diskurselement und die einübende Subjektformung des Selbstge-sprächs, was auch für die Selbstgestaltung einen wichtigen Bezugspunkt bildet. Bis in das 18. Jahrhundert dient das meditative Selbstgespräch der Therapeutik, konzipiert als rhetorische Psychotechnik neben anderen Psychotechniken wie Beichte und Gewissensprüfung als wichtiges Instrument der Seelenheilung. Von dort aus ist es nicht mehr weit zu einem rhetorischen Enthusiasmus sowie der Inspiration.[390]

Ein weiterer Aspekt des Selbstgesprächs ist das Verfahren der Selbsterforschung, die bereits in der antiken Psychagogik bekannt war. Pythagoreer wie Stoiker empfehlen jeweils vor dem Schlafengehen die Selbstprüfung durchzuführen. Dabei gilt es eine Liste von Fragen zu beantworten. Eine von Jamblichos den

---

[387] Vgl. ebd.
[388] Ebd. S. 21. Gesperrt gedrucktes Wort findet sich im zitierten Text.
[389] Ebd. S. 22.
[390] Vgl. ebd. S. 33 f.

Pythagoreern zugeschriebene Liste, die zur Durchforstung jeder einzelnen Tageshandlung auffordert, lautet: „Worin fehlte ich? was war die rechte Tat? was die Unterlassung?"[391] Die Selbsterforschung wird von den Pythagoreern mit einer Art rituellem Spruch eingeleitet, der die abendliche Prüfung, die Liste der Fragen sowie die Vorschrift zu sukzessivem Voranschreiten einschließt. Er wird „mit lauter Stimme gleichsam als Vorspruch der feierlichen Handlung hergesprochen"[392]. Die danach folgende Prüfung ist ebenfalls laut zu sprechen, als Befragung der Seele, „die täglich zur Rechenschaft gezogen werden muß", indem das Getane jeweils durchmustert und beurteilt wird. Die Seele tritt als Beobachter und Richter ihrer selbst („speculator sui cencorque") auf, womit die Selbstprüfung zum Selbstgespräch wird. [393] Die Mittel zur Bearbeitung seiner selbst sind demgemäß auch wieder sprachlicher Art: Anklage und Verteidigung, Lob und Ermahnung verschränken der paränetischen mit dem juristischen Diskurs und zeigen die Prüfung als ein Element ‚innerer Rhetorik'.[394] Dabei werden nicht nur die nach außen sichtbaren Handlungen und Verhaltensweisen, sondern auch die inneren Antriebe und Reaktionen hinsichtlich des moralischen Ergebnisses, auch im Hinblick auf Fehler und Tugenden kontrolliert. Dabei sind die sukzessive Verbesserung der Tugenden und die Minimierung von Fehlern das Ziel. Wer von Freunden getadelt wird und damit auch noch verspottet oder lächerlich gemacht wird, wer eine Verteidigungsrede halten muss, ein Amt begleitet und bei all dem „unerschüttert und unverändert bleibt, ist offenbar schon von der Philosophie hinreichend gewonnen ... Denn Ruhe und Gelassenheit in diesen Dingen, wenn man die Unterredung weder mit Hitze beginnt, noch mit Zorn abbricht, oder bei der Widerlegung schmäht, oder unwillig wird, wenn man selbst widerlegt ist, zeigt schon einen ziemlichen Fortschritt."[395] Dies gilt insbesondere für die Beurteilung der Intentionen von Handlungen, deren Beurteilung nur durch Introspektion ermittelt werden kann: „Wer aber einmal in das Innere gedrungen ist und das helle Licht erblickt hat, wenn ihm das Heiligthum gleich-

---

[391] Vgl. Jamblichos: Pythagoras: Legende, Lehre, Lebensgestaltung. Eingeleitet, übers. und mit interpretierenden Essays vers. v. Michael von Albrecht. Darmstadt 2002. S. 256.

[392] Rabbow, Paul: Seelenführung : Methodik der Exerzitien in der Antike. München 1954. S. 180 f.

[393] Vgl. Seneca, Lucius A.: Über den Zorn/De ira. III, 36.

[394] Vgl. Butzer, Günter: Soliloquium. S. 352.

[395] Plutarch: Wie man seine Fortschritte in der Tugend bemerke. In: ders.: Moralia. Hg. v. Christian Weise u. Manuel Vogel. 2 Bde. Bd. 1. Wiesbaden 2012. S. 135-151. S. 140, [78 B-78 C].

sam geöffnet ist, der nimmt eine andere Haltung an, er schweigt und staunt und folgt der Vernunft, wie einer Gottheit, mit Demuth und Bescheidenheit."[396] Dies hört sich zwar plausibel an, dennoch ist die Introspektion ein äußerst schwieriges Unterfangen. Der Unterschied zwischen einer tugendhaften und verwerflichen Handlung ist für Plutarch signifikant: Nur wer gute Handlungen auch im Verborgenen und ohne fremde Beobachtung genauso ausführen würde, ist wahrhaftig gut.[397] Die Intention wird hier zu einem entscheidenden Kriterium, auch wenn deren Tragweite kaum überschaubar ist. Neben das paränetische Mittel der Selbstbesprechung mit Vorsätzen und Lobsprüchen tritt nun etwas Außersprachliches: die kontinuierliche Aufmerksamkeit, die der antiken Meditation implizit ist, folgt eher dem visuellen der Selbstbeobachtung. In der Neuzeit wandelt sich dies zu dem, was in der Moderne als Selbstbewusstsein in Form von Selbstbetrachtung konzipiert wurde. Die Aufmerksamkeit ist ein Akt, der jedoch nur wirkungsvoll erscheint, wenn er beständig ausgeführt wird und alle inneren und äußeren Bereiche erfasst. In der Moderne gilt ein permanent mit sich selbst Redender als solipsistisch und sozial auffällig, während die andauernde Selbstbeobachtung sozial verträglich erscheint. In der Antike wirkte diese Technik der Selbstkontrolle durch Selbstbeobachtung in alle Lebensbereiche wie Gestik und Mimik über Essen und Reden bis hin zur totalen Kontrolle der Vorstellungen und Empfindungen, um ab dem 17. Jahrhundert zur eingeübten gesellschaftlichen Praxis zu werden.[398]

3.2. Hören und Schweigen

Entscheidend für das Hören ist die entsprechende physiologische Ausstattung in Form des Ohrs, durch die Laute, Töne, Klänge wahrgenommen werden. Bereits Plutarch bezeichnet das Gehör als den passivsten Sinn, d. h. die Seele verhält sich passiv zur Außenwelt und ist dem Geschehen, was aus dieser kommen kann, ausgesetzt und kann sogar von ihm überrascht werden.[399] Im Gegensatz zu den Augen, die man schließen kann, den Geschmackssinn, den man umgehen kann, indem man nicht probiert, den Tastsinn überlistet, wenn man nichts berührt, kurz, das alles tut, um eine Affektion zu unterbinden, ist das Ohr immer aktiv, je nach wahrgenommenem Geräusch erschrecken wir, springen auf oder

---

[396] Ebd. S. 145 [81 E-81 F] u. S 143 [80 B-80 C].

[397] Vgl. ebd. S. 145, [8/0 D-81 F].

[398] Vgl. Butzer, Günter: Soliloquium. S. 352 f.

[399] Foucault, Michel: Hermeneutik des Subjekts. S. 408.

fühlen uns gestört. Bereits Odysseus musste die Ohren seiner Gefährten mit Wachs verschließen und sich selbst vorher an den Segelmast seines Schiffes fesseln lassen, damit er dem zauberhaft verführerischem Gesang der Sirenen entfliehen konnte, es ist daher praktisch einfacher wegzusehen als wegzuhören. Denn gegen das kontinuierliche Hören ist selbst das machtlos, was Odysseus eigentlich auszeichnet: Mut, Selbstbeherrschung und Besonnenheit. Selbst im Schlaf sind wir immer noch irgendwie mit der Außenwelt verbunden.[400] Dies kann jedoch lebenswichtig sein, wenn eine Veränderung in unserer Umwelt geschieht, sodass es gefährlich oder sogar tödlich wäre, die Ohren, wie beispielsweise Lider die Augen, verschließen zu können. Genauso wäre ein willkürliches Öffnen und Schließen der Ohren nutzlos. Das Hören unterliegt so einer Kontingenz des Gehörsinns, welche an die Abfolge gebunden bleibt und somit nicht dem Sein, sondern dem Werden unterliegt.

Um eine Hörempfindung zu empfangen ist der Hörende darauf angewiesen, dass außerhalb seines Handlungsbereiches überhaupt etwas passiert. Diesem Geschehen ist der Vernehmende dann ausgesetzt, er kann in aufmerksamer Bereitschaft die Klänge empfangen, d. h., er muss warten bis diese Signale gesendet werden und kann dann auch nur diese wahrnehmen. Er kann also nicht, wie im Fall des Sehens die Objekte wahrnehmen und nach seinem Interesse oder Gefallen auswählen. Die Freiheit ist in diesem Augenblick in einem hohen Maße eingeschränkt, denn es wird exakt das empfunden, was empfangen wird.[401]

Das Gehör schließt denjenigen Sinn ein, der den anderen wie Sehen, Riechen und dem Tastsinn vorausgehend ist: Bereits im Mutterleib hört der Fötus die Stimme seiner Mutter, deren Atem und Blutkreislauf. Ferne Geräusche nimmt er ebenfalls wahr (das Sprechen des Vaters, der Geschwister usw.) und dies im Alter von vier Monaten; erst in der weiteren Entwicklung kommen die anderen Sinne hinzu. Hören ist auch die Bedingung für Verstehen und Sprechen. Durch das Angesprochen werden bilden sich Emotionen von Geborgenheit und Zugehörigkeit. Damit wird der Sinn des Hörens zum *sozialen Sinn*. Über die Wahrnehmung von Geräuschen, Lauten und Tönen kommen wir in die Kultur und besonders nach der Geburt werden diese Prozesse intensiver. Durch das Timbre der Stimme, ihren Tonus, ihre Intensität und ihre Artikulation ergibt sich die

---

[400] Vgl. Wulf, Christoph: Ohr. S. 461.

[401] Jonas, Hans: Das Prinzip Leben. Absätze zu einer Philosophischen Biologie. 8. Kap.: Der Adel des Sehens. Eine Untersuchung zur Phänomenologie der Sinne. Frankfurt am Main 1994. S. 240 f.

Vermittlung zwischen Sprechendem und Hörendem, was eine expressive und eine soziale Komponente impliziert.[402]

In Platons Philosophie spielt das Hören eine gewichtige Rolle, obwohl sich in dieser Zeit schon langsam der Übergang zur Dominanz des Sehens über die restlichen Sinne abzeichnet. Sprechen und Hören sind ohne Zweifel wichtig für sein Denken in den Dialogen, in denen Menschen jeweils sprechen oder zuhören, zumal in der Dialektik die wechselseitige Rede zu einer wissenschaftlichen Methode erhoben wird. Auch die Musik als bedeutende Erzieherin[403] der Jugend ist letztlich mit dem Hören verbunden. In vorplatonischer Zeit, besonders in der der großen Epen des Homer spielt das Hören der oral überlieferten Erzählung im Prinzip die Grundlage der später sich bildenden Schriftlichkeit und der Literatur, die zunehmend das Hören in den Hintergrund drängte (wobei es heute mit der Entstehung von Hörbüchern wieder in den Fokus rückt). Durch das Hören – obwohl wir gar nicht aktiv sind – wird unsere Seele von schmeichelnden Worten, rhetorischen Effekten, die sie irgendwie betören, berühren, erreichen und dies mit positiven wie aber auch schädlichen Wirkungen.[404]

Selbstverständlich ergibt sich im Kontext der Praktik Hören auch das Problem des Nicht-Zuhörens bzw. die Unfähigkeit des Hörens, die Gadamer folgendermaßen beschreibt: „Unfähigkeit zu Hören ist ein so wohlbekanntes Phänomen, daß man sich durchaus nicht dabei andere vorzustellen braucht, die diese Unfähigkeit in besonderem Maße besäßen. Man erfährt sie genügend an sich selbst, sofern man überhört oder auch falsch hört."[405] Als menschliche Grunderfahrung erklärt Gadamer diese Gegebenheit, in der man den Gegenüber nicht richtig wahrnimmt, was in dem Gesprächspartner vorgeht, vielleicht ist unser Ohr nicht feinfühlig genug um sein „Verstummen und sein Sichversteifen zu ‚hören'?" Natürlich ist ein Falschhören hier ebenso als Ursache denkbar.[406] Warum aber interessiert hier das Missverstehen oder Nicht-Hinhören auf das Gesprochene? Die Antwort wird erst endgültig im Bereich des Selbstgesprächs in den nächsten Kapiteln geklärt werden können.

---

[402] Vgl. ebd. S. 459 f.

[403] Vgl. Platon: Poleteia 401d.

[404] Foucault, Michel: Hermeneutik des Subjekts. S. 408

[405] Gadamer, Hans-G.: Die Unfähigkeit zum Gespräch. S. 214.

[406] Ebd.

Diese Unfähigkeit des Hörens bzw. des Zuhörens kann sicherlich minimiert werden, wenn es im Sinne der *askesis* verstanden wird, also in übendem Zuhören hin auf die wahre Rede (*logos*) und was in der Überzeugung des Wahren enden soll. Die Wahrheit dringt so ins Subjekt ein, sie prägt sich in es ein und beginnt, sein eigenes „und damit die Matrix des *ethos* zu werden". In seinem Vortrag *Vom Hören* befasst sich Plutarch mit dem Hören als einen der Sinne, darüber hinaus gibt er aber auch eine Anleitung zum richtigen Zuhören. Einer Rede zuhören ist das eine, etwas völlig anderes ist es, das Gehörte adäquat aufzunehmen und zu verinnerlichen, daher muss der Hörer „mit Aufmerksamkeit in den Sinn der Rede eindringen, so wie in den Charakter des Redners eindringen, um daraus das Brauchbare und Nützliche zu gewinnen; er soll eingedenk seyn, daß er nicht in ein Theater oder einen Gesangsaal, sondern in eine Schule und in eine Lehranstalt getreten ist, um seine Lebensweise durch Das, was er hört, zu bessern. Deshalb soll man auch das Gehörte betrachten und prüfen mit Rücksicht auf sich selbst und den eigenen Zustand, man soll sehen, ob dadurch irgend eine Leidenschaft besänftigt, irgend ein Kummer erleichtert, ob muthiges Vertrauen und Festigkeit der Seele, ob Begeisterung für die Tugend und das Edle uns gewonnen sey."[407] Der Hörsinn ist – so zumindest für Plutarch – der einzige Sinn, der über die Tugend unterrichtet, wogegen die anderen Sinne mehr zum Laster führen können. Das Tugendhafte zu lernen ist nicht durch das Sehen möglich, sondern nur durch das Hören. Der Logos, der durch die Vernunft artikuliert wird, dringt einzig durch das Ohr in die Seele. [408] Soweit die Stellungnahme des Plutarch. Als Vorteil erweist sich das Ohr auch, weil es alles in sich hinein lässt, auch etwas, was unserem Willen widerstrebt; auch wenn nicht zugehört wird, nichts verstanden wird, so ist die Möglichkeit gegeben, dass doch irgendetwas in uns haften bleibt. Der *logos* dringt in das Ohr ein, ob das Subjekt will oder nicht.[409] Die Tugendanlagen im Menschen werden durch die Worte der Wahrheit, die durch das Ohr eindringen, angeregt, sodass gesagt werden kann, es findet eine Art Weckruf statt, der den *logos* zum Erwachen bringt ohne dass das Subjekt seine Aufmerksamkeit darauf gerichtet hätte. Diese Anlagen sind im Menschen durch die Natur der Vernunft angelegt, wodurch das Subjekt für diese

---

[407] Vgl. Plutarch: Vom Hören. In: ders.: Moralia. Hg. v. Christian Weise u. Manuel Vogel. 2 Bde. Bd. 1. Wiesbaden 2012. S. 80-95. S. 86, [42A-42 B].

[408] Vgl. ebd. [38A-B], S. 81.

[409] Vgl. Seneca, Lucius A.: Ep. 108, 4. "Wer einen Salbenladen besucht und sich längere Zeit da aufgehalten hat, der nimmt den Geruch solcher Stätte mit sich."

auch nichts kann.[410] Im Prinzip ist diese Passivität in Bezug auf das Hören ein großer Vorteil, wenn es darum geht, sein Handeln als ein gutes Handeln auszurichten. Es gibt jedoch auch Nachteile des Hörens, wenn z. B. jemand nicht richtig zuhört oder er seine Aufmerksamkeit falsch ausrichtet, daher ist es wichtig, eine gewisse Technik des Zuhörens inne zu haben. Bei all dieser Reflexion darf aber nicht vergessen werden, dass es einer qualitativ guten Rede bedarf um die Wahrheit im Subjekt verankern zu können, dies wurde bereits im Abschnitt über das Reden thematisiert. Durch die Möglichkeit unterschiedlicher Ausrichtung der Aufmerksamkeit in Bezug des Zuhörens, entsteht eine Dichotomie der Systeme des Hörsinns. Irrtum und Missverständnisse können demnach auftreten, davor ist der Gehörsinn ebenso wenig gefeit wie die übrigen Sinne auch. Im Bereich des Sprechens ist es genauso: nützliche, unnütze und sogar schädliche Rede kann durch Sprechen erreicht werden; so kann auch das Hören gewinnbringend, wie auch unnütz sein oder es schadet uns sogar. Zum angemessenen Zuhören gehört Sachverstand und Erfahrung.

Darüber hinaus reicht natürlich das fast schon als grundlegende Praktik zu bezeichnende Schweigen. Sie ist jahrtausendealt und auf sie bestanden schon die Pythagoreer. Fünf Jahre hatte man zu schweigen, wenn man zu der Gemeinschaft der Pythagoreer dazu gehören wollte, d. h. bei allen Übungen, beim Unterricht, bei Gesprächen usw. Dies alles, wenn der Novize mit der wahren Rede (*logos*) konfrontiert wurde. Keine Meinung, keine Wortmeldung, ohne Entgegenhaltungen hatte der Lernende diese Inhalte hinzunehmen. Eine gute Erziehung ist daran kenntlich, dass in ihr die Kinder erst das Schweigen und später das Sprechen gelehrt bekommen. Diese für uns heute sicherlich befremdliche Reihenfolge galt durchaus noch bis in die Mitte des zwanzigsten Jahrhunderts.[411] Allerdings gilt auch heute noch: Wer ein guter Gesprächspartner sein will, sollte möglichst viel zuhören. Dadurch eröffnet nicht nur das Geschick miteinander zu reden, sondern auch die Eröffnung der gesamten Welt des Dialogs.[412]

Im Grunde ist das Schweigen der Hintergrund des Redens. Sprechprozesse werden von ihm umrahmt und durchdrungen, es entstehen Pausen zwischen Wörtern oder Sätzen in denen sich Gedanken bilden. „Für den Zuhörer ist es eine notwendige Bedingung für die Entschlüsselung der semantischen und metaphori-

---

[410] Vgl. Foucault, Michel: Hermeneutik des Subjekts. S. 411.

[411] Vgl. ebd. S. 416 f.

[412] Vgl. Brenner, Andreas; Zirfas, Jörg: Lexikon der Lebenskunst. S. 264.

schen Dimension der Rede."[413] Schweigen ist Teil jeder Interaktion, denn wer redet, lässt andere zu schweigenden Zuhörern werden, gleichzeitig bestimmt der Redner, wann zu schweigen ist. Das Zuhören wird aber auch zu einem Bestandteil des Sprechens und somit auch zu einem Teil der Verständigung, denn die Zuhörenden verhelfen dem „Sprechenden bei der Entstehung und Ausbildung seiner Gedanken."[414] Das Schweigen kann aber auch negativ im Spiel von Macht und Ohnmacht auftreten. "Jemanden zum Schweigen bringen" ist eine geläufige Wendung, die aber nicht zwingend dazu führen muss, den anderen zu töten, es reicht oft genug ihn mundtot zu machen. An Beispiel dieses Machtspiels sieht man schon, wie vielfältig ‚Schweigen' verwendet werden kann: Zurückhaltung, Ablehnung, Verweigerung, Zustimmung und Akzeptanz. Ich halte dies für durchaus bedenkenswert in Hinsicht einer Selbstgestaltung, die ein Individuum bewusst verfolgen soll, sich Zeit nehmen und ein besonderes Privileg genießen – Schweigen, vielleicht kein schlechter Rat in einer immer schneller (und lauter) werdenden Gesellschaft, in der diese Forderung fast schon reaktionär erscheint und um mit Foucault im Gefolge von Plutarch zu reden – übe man sich in einer „Ökonomie des Schweigens"[415]. Eine andere Stellungnahme bezüglich dieser Praktik lautet: „Schweigen ist die größte Kunst[416]." Unklar ist, ob hier Kunst im engeren Sinn verstanden werden muss, oder es eine Kunst ist, wenn man überhaupt in der Lage ist, bewusst zu schweigen. Neben dem Schweigen gehört auch die nötige Konzentration und die Zuwendung zum Vortragenden um ihm aufmerksam folgen zu können.[417] Dabei ist es wichtig sich zu fokussieren, quasi bei sich zu sein und nicht immer von einem Thema ins nächste zu springen. Die Eigenleistung beim Zuhören liegt beim Zuhörenden: er muss die Wahrheit erkennen ohne auf grammatikalische Formen oder das Vokabular zu achten, Stilistik und eine etwaige Schönheit sind ebenfalls auszublenden. Diese philosophische Lehre lässt sich nach dem Hören in eine Handlungsanweisung transformieren, was bedeutet, man gelangt zu einer Regel. Dazu muss die

---

[413] Wulf, Christoph: Schweigen. In: ders. (Hg.): Der Mensch und seine Kultur. Hundert Beiträge zur Geschichte, Gegenwart und Zukunft des menschlichen Lebens. Köln 2010. 1119-1127. S. 1119.

[414] Ebd.

[415] Ebd. S. 417.

[416] Diesen Spruch hatte Gerhart Hauptmann in seinem Haus auf Hiddensee an die Wand über seinem Bett gekritzelt, wo sie noch heute zu lesen ist.

[417] Zu weiteren Aspekten des Zuhörens wie Körperhaltung, Verhalten in der Antike usw. vgl. Foucault, Michel: Hermeneutik des Subjekts. S. 421.

Bedeutung des Gesagten heraus präpariert werden und zwar die Idee selbst, als das, was darin zur Handlungsanweisung führen muss. Nach dem Hören kommt eine Prüfung dessen, was gehört worden ist und es muss ein Abgleich stattfinden: Hat sich das Gehörte wesentlich von dem unterschieden, was bereits bestehende Ausstattung ist und ob dies auch zur weiteren Vervollkommnung beitragen kann. Dies ist ungefähr so, wie wenn man im Friseursalon in den Spiegel schaut um sein Aussehen zu begutachten, bevor man geht. Nach dem Gehörten folgt der Blick auf sich selbst mit der Prüfung ob alles verstanden wurde und ob man sich im Verhältnis zur Wahrheit befindet, was auch heißt, sich das Gesagte ins Gedächtnis zu bringen. Zuhören und Gedächtnisarbeit sollen dazu führen, dass die Rede zu einer wird, die sich selbst vorträgt, wodurch es zu einer Subjektivierung der wahren Rede kommt, der letztlich der Zweck der ganzen Übung darstellt.[418] Die Aufmerksamkeit, die im weiteren Verlauf der Arbeit noch thematisiert werden wird, spielt hierbei eine Doppelrolle, es gilt auf diese Bedeutung zu achten, wie auch den Blick auf sich selbst zu richten.

3.3. Lesen und Schreiben

Die Schrift kann als graphische Symbolisierung von Wahrnehmungen, Vorstellungen und Wissen dienen. Sie kann sich in Büchern, Tafeln, Plakaten, Grabsteinen, Bildschirmen usw. materialisieren und ist durch den Gesichtssinn wahrnehmbar. Somit stellt die Schrift Projektionsflächen für Bezeichnungen, Gedanken und Vorstellungen zur Verfügung, die durch Entzifferungs- und Interpretationsverfahren entschlüsselt bzw. wiedererkannt werden können.[419] Wahrnehmungen, Kenntnisse und Erlebnisse werden dabei in Zeichen übertragen, die abstrakt sind, womit das erste Kennzeichen der Schrift dargelegt worden ist, was Prozesse des Ver- und Entschlüsselns hervorruft. Die Ordnungsfunktion der Schrift sorgt dafür, dass die Anordnung von Schriftzeichen zur Strukturierung schriftlich fixierter Erkenntnisse und Wahrnehmungen führt, wodurch ein „soziales Wissen" entsteht. Regeln und Gesetze sind ohne Schrift gar nicht denkbar.[420] Daneben leistet der Umgang mit der Schrift die Subjektivierungsleistung, die im Kontext der Selbstgestaltung noch erläutert werden wird. Zwar ist Schriftlichkeit

---

[418] Vgl. ebd. S. 428 f.

[419] Vgl.: Sting, Stephan: Schrift. In: Wulf, Christoph (Hg.): Der Mensch und seine Kultur. Hundert Beiträge zur Geschichte, Gegenwart und Zukunft des menschlichen Lebens. Köln 2010. S. 631-638. S. 631.

[420] Vgl. ebd. S. 634.

bzw. Literalität insgesamt gesehen ein „sozialer Zustand", der an soziale Kommunikation und an ein Lesepublikum gebunden ist, dennoch kann der einzelne Mensch sich vom sozialen Kontext distanzieren, indem er seine Gedanken, Vorstellungen und Äußerungen, die nur er interpretieren und durch subjektive Fiktionen und Konstruktionen zu entschlüsseln imstande ist. Eine Differenz von einzelnem Subjekt und der Gesellschaft kann somit entstehen.[421]

Die in sehr engem Kontext liegenden Praktiken Lesen und Schreiben dienen der Selbstformung und damit der intendierten Handlung, die erfolgen soll. Allein auf diese Ausrichtung wird dieses Thema an dieser Stelle behandelt. Die Grundlagen dieser Praktiken liegen in der Antike, als Sentenzen bzw. Spruchsammlungen erstellt wurden und zur Verinnerlichung von Handlungsmaximen Verwendung fanden. Diese wurden zu Kompendien zusammengestellt um die Grundgedanken in aphoristischer Kürze zu komprimieren[422] und wirken in einer doppelten Hinsicht: sie erhöhen, wie z. B. die metrische Form im Vers, das mnemonische Einprägen und bilden durch die sprachliche Prägnanz, die eine gesteigerte Überzeugungskraft fördert, die in tiefere Bewusstseinsschichten eindringt, so wird zumindest unterstellt, als die Alltagssprache dies je vermochte. Seneca beschreibt die Wirkungsweise dieser Sentenzen: „Zudem haben Vorschriften an und für sich ein starkes Gewicht, zumal wenn sie einem Gedicht einverleibt oder in prosaischer Rede in eine spruchartige Form gebracht worden sind …. Solche Sprüche bedürfen keines Anwalts. Sie bewirken. Sie wirken unmittelbar auf das Herz und führen, weil sie die Natur selbst zu mächtigen Helfern haben, zum Ziel."[423] Diese gleichsam natürliche Wirkung dieser Sprachgebilde begründet Seneca mit in der Seele liegenden, zunächst nicht offensichtlichen Anlagen, „die anfangen sich zu regen, sobald die Rede auf sie kommt."[424] Hier wird also ein Seelenpotential angeregt, was in einer normalen Rede nicht erreicht werden

---

[421] Vgl. ebd. S. 636.

[422] Zu dieser Thematik gehören u. a. Epikurs Sentenzen, *Das Handbüchlein der Moral* (*Encheiridion*) des Epiktet, die Epistulae des Seneca und die *Selbstbetrachtungen* von Marc Aurel. Vorbilder solcher Sentenzensammlungen sind auf ethischem Gebiet (vulgärethische Sentenzen werden seit dem 3. Jahrhundert in größeren Gnomologien zusammengefasst oder einem der Sieben Weisen zugerechnet. Vgl. Dihle, Albrecht: Die goldene Regel : eine Einführung in die Geschichte der antiken und frühchristlichen Vulgärethik. Göttingen 1962. S. 9. Auch die medizinischen Aphorismen des Hippokrates zählen sicher dazu. In der frühneuzeitlichen Moralistik wird auch die mnemonische und meditative Bedeutung solcher Sammlungen wichtig, wozu auch die Sprüche Salomons gehören.

[423] Seneca, Lucius A.: Ep. 98, 27-28.

[424] Ebd., 94, 29.

kann, ein Kraftzuwachs, welcher das latent Unterbewusste aktiviert. „Alles, was heilsam ist, muß häufig in Betrieb gesetzt, häufig verwendet werden, auf daß es uns nicht nur bekannt sondern unmittelbar nutzbar sei"[425], so lautet die psychagogische Methode des Seneca. Im Kontext des Lesens und memorierens ist das Ziel das Parat-Haben, sodass man in der Lage bleibt, sich in jeder Situation selbst helfen zu können, indem man einen Spruch hat mit dem man wirksam an sein Unterbewusstsein appellieren kann und somit eine Bewährungsprobe bestehen kann.

Eine Selbst-Besprechung, die meditativ ist, hat praktisch zwei Phasen: lesendes oder rezitierendes bzw. mehrfachcodierte murmelndes Einprägen. Dies stellt eine moralische Übung dar, da sie der Ausbildung eines motorisch-psychischen Habitus dient, „die das recta actio" ermöglicht; zweitens die Selbst-Anrede in der Handlungssituation, die das antrainierte psychische Potential mittels Sprache freizusetzen sucht."[426] Es gilt, sich auf kommende Ereignisse vorzubereiten und sich auf ihre Bewältigung gefasst zu machen, wie Epiktet ein Beispiel bezüglich des Zorns gibt: „Wenn du auf jemanden voll Erbitterung in drohender Haltung losgehst, dann vergiss nicht, dir vorher zu sagen: ‚Du bist sanftmütig.' – Und wenn dich dann die Leidenschaft nicht fortreißt, wirst du ohne Reue und ohne Schuld bleiben."[427] In einem höchst affektiven Moment setzt die Rückbesinnung auf das Memorierte ein und führt dazu die zornige Haltung zu überwinden. Marc Aurel rät sogar zu täglichen Morgenübungen: „Morgens früh zu dir sagen: Ich werde mit einem zudringlichen, undankbaren, frechen, falschen, mißgünstigen, unfreundlichen Menschen zusammentreffen. – …All diese Eigenschaften haben sie ja, weil sie im unklaren darüber sind, was gut und böse ist. Ich aber, der das Wesen des Guten erkannt hat, daß es schön ist, und des Bösen, daß es schädlich ist, wie auch die Natur des (gegen mich) Fehlenden selber, d. h., daß er mit mir verwandt ist – hat er auch nicht an demselben Blut oder Samen mit mir teil, so doch an demselben Geist und an der gleichen göttlichen Abkunft – ich kann von

---

[425] Ebd., 94, 26.

[426] Butzer, Günter: Soliloquium. S. 72.

[427] Epictetus : The discourses as reported by Arrian, the Manual and fragments : in two volumes. With an English transl. by W. A. Oldfather. Repr. Cambridge, Mass.: Harvard Univ. Press [u.a.], 1967. Diatribe, Frg. 25.

keinem von ihnen Schaden erleiden. Denn in Schande kann mich keiner stürzen. Ich kann auch meinem Verwandten nicht zürnen oder ihm feind sein...“[428]

Eine andere Art der Selbstanrede findet sich in der Spruchsammlung des Epiktet: „Krankheit ist hinderlich für den Körper, für die sittlichen Grundsätze aber nicht, falls sie selbst es nicht wollen. Lähmung ist hinderlich für das Bein, für die sittlichen Grundsätze aber nicht. Sag dir bei allem, was dir zustößt.“[429] Dabei ist es unerheblich, ob der Spruch poetisch und/oder autoritativ ist, wovon Kleanthes, ein Schuloberhaupt der frühen stoischen Schule, ein Zeugnis gibt, welches von Epiktet zitiert wird: „Bei allem was geschieht, sollten uns folgende Kernsätze stets abrufbar sein: ‚O Zeus, und du, allmächtiges Schicksal, führt mich/zu jenem Ziel, das mir einst von euch bestimmt wurde./ Ich werde folgen ohne Zaudern. Sträubt‘ ich mich,/ein Frevler wär ich dann, ein Feigling und müßte doch euch folgen!‘“[430] Solche Sprüche und deren Sammlungen finden sich sehr zahlreich und das nicht nur bei Epiktet[431]. Dieser beschwörende Gestus ist durchaus sentenziös zu verstehen, denn der Redner will damit nicht nur ein mögliches Publikum, sondern auch sich selbst beeinflussen um eine prekäre Situation zu meistern. Diese, sich in Erinnerung zu rufenden Sprüche müssen jedoch nicht nur kurz und prägnant sein, es gibt durchaus Varianten, die länger sind, wie Senecas Mitteilung an Lucilius über das Verhältnis von körperlicher und geistiger Übung: „...wenn der Körper durch Übung es zu einer Ausdauer bringen kann, die nicht bloß Faustschläge sondern auch Fußtritte von mehr als e i n e m Gegner aushält, wenn einer den glühendsten Sonnenbrand im heißesten Staube, triefend von Blut, über sich ergehen lassen kann, wieviel leichter könnte wohl der Seele zu jener Kraft verholfen werden, die des Schicksals Schläge ungebeugt über sich ergehen läßt, die, zu Boden geworfen und mit Füßen getreten, gleichwohl sich wieder erhebt! Denn der Körper bedarf wieder Zufuhr, um sich bei Kräften zu erhalten: der Geist wächst von innen heraus, nährt und übt sich selbst. Jene Ringkämpfer bedürfen viel Speise, viel Trank, viel Öl, viel Zeit für ihre anstrengenden Übungen: dir kann die Tugend zuteil werden ohne Zurüs-

---

[428] Marc Aurel: Selbstbetrachtungen (Τὰ Εἰς ἑαυτόν). 12. Aufl. Übers. u. m. Einl. V. Wilhelm Capelle. Stuttgart 1973. II, 1. S. 12.

[429] Epiktet: Handbüchlein der Moral (Encheiridion). Lat./Dt. Übers. u. hg. v. Kurt Steinmann. Stuttgart 1992. 9.

[430] Ebd. 53. In dieser Zusammenstellung von Kernsätzen findet sich noch ein sentenziöses versspaar von Euridides sowie zwei Zitate von Sokrates in den Dialogen *Kriton*, *Phaidon* und der *Apologie* von Platon.

[431] Vgl. dazu beispielsweise Seneca, Lucius A.: Ep. 98, 4-5 u. 9.

tung, ohne Aufwand."[432] Diese Rede geht noch bis zum Ende des Briefes und es ist nicht möglich, die Grenze zwischen Selbstgespräch einerseits und Anrede an Lucilius andererseits zu ziehen. Diese Reden und Spruchsammlungen können einen Verhörcharakter annehmen und dadurch auch nahtlos in eine Gewissensprüfung übergehen.

Mit diesen Ausführungen wird klar, was von der Lektüre zu erwarten ist: die Herausbildung eines Repertoires an wahren Sätzen, die dem einzelnen wirklich *gehören*. Das Lesen um das Verständnis willen, was ein Autor sagen will, ist dabei nicht von Bedeutung. Dies ist kein Eklektizismus, denn es geht hierbei nicht darum, ein Mosaik aus Sätzen unterschiedlicher Herkunft zusammenzustellen, sondern um die Erstellung eiesn Rasters von Sätzen, die Vorschriften darstellen, von wahren Reden, die Handlungsanweisungen sind.[433]

Um ein breiteres Verständnis für die antiken philosophischen Theorien zu entwickeln ist es nötig, sie mit hoher Aufmerksamkeit zu lesen, was bis in die Gegenwart gilt, um ein Gespür für die existentielle Haltung zu bekommen, die die einzelnen Lehrgebäude begründen: Platonische Dialoge, die Vorlesungsschriften des Aristoteles', Briefe Senecas, Sentenzen eines Epiktets usw. Alle sind Produkte philosophischer Schulen, in denen Lehrer Schüler formen und begleiten, um sie zu verwandeln und zu ihrer Verwirklichung beitragen. Diese Werke müssen – und dies tun sie größtenteils auch – an das Niveau der Lesenden angepasst sein. Die Texte wurden auch nicht gleichzeitig von Anfängern, Fortgeschrittenen und fast fertigen Schülern gelesen.[434] Die Rede (logos) ist ein quasi lebendes System: „wie ein lebendes Wesen müsse gebaut sein und ihren eigentümlichen Körper haben, so daß sie weder ohne Kopf ist noch ohne Fuß, sondern eine Mitte hat und Enden, die gegen einander und gegen das Ganze in einem schicklichen Verhältnis gearbeitet sind."[435] Bildet ein *logos* ein System, so muss nicht eine Niederlegung von *logoi* zwingend ein System sein.[436] Die Lehrenden möch-

---

[432] Seneca, Lucius A.: Ep. 80, 3. Gesperrt gedrucktes Wort findet sich in der zitierten Übersetzung.

[433] Vgl. Foucault, Michel: Hermeneutik des Subjekts. S. 437.

[434] Vgl. Hadot, Pierre: Philosophie als Lebensform. S. 41 f. u. S. 44. Gerade deshalb ist es heute auch für Nicht-Philosophen einfach diese Texte verstehen zu können.

[435] Platon: Phaidros, 264c.

[436] Vgl. Hadot, Pierre: Philosophie als Lebensform. S. 42. Dies lässt sich bei Platon und besonders in den aristotelischen Vorlesungen zeigen, die teilweise inkonsistent und inkonsequent anmuten. Diese Art des Arbeitens entspricht aber durchaus den Intentionen ihrer Autoren, denn sie wollten keine vollständigen Systeme der Wirklichkeit liefern.

ten ihren Schüler lediglich mit korrekten Methoden Logik, Naturwissenschaft und Moral vermitteln. Durch Lektüre und die sich angeeignete Interpretation[437] entsteht eine Vertrautheit mit den antiken Übungen, wodurch die Philosophie nicht mehr als theoretische Konstruktion erscheint, sondern als eine Methode der Menschenformung, deren Ziel eine neue Lebensweise und ein neues Weltverständnis ist, mit der Bemühung den Menschen zu verändern.[438] Der Bereich des Schreibens in meditativem Sinne ist ungleich schwerer als das Lesen und/oder Reden von bzw. über vorliegende Texte. Es sind entstehende Texte, die in einen literarischen Text münden, dann wieder durch Lesen und Sprechen in Übungen transformiert werden, wodurch sich abstrakt formuliert ein Regessus in infinitum ergibt; Text und Praxis ergänzen sich in diesem Prozess gegenseitig. Ein produktiver Übungskontext tritt dadurch buchstäblich vor die Augen. Daran zeigt sich auch die Korrelation des Lesens und Schreibens, explizit des Schreibens als eine auf das Selbst gerichtete Übung. Dies soll im nächsten Abschnitt explizit erläutert werden.

Allerdings kann es in Bezug auf das Lesen auch zu einer Art Blockade kommen, denn „[w]ann wir lesen, denkt ein Anderer für uns: wir widerholen bloß seinen Mentalen Proceß." Wer zu viel liest und sich zwischendurch „gedankenlosem Zeitvertreib" hingibt unterliegt der Gefahr sein Denkfähigkeit einzubüßen, man hat sich dann sozusagen dumm gelesen. Die geistige Dynamik kann verschwinden, wenn sich ständig nur fremde Gedanken aufdrängen. Der Geist kann daran ersticken, genauso wie man sich den Magen durch zu große Mengen an Nahrung verderben kann. Das Gelesene eignet man sich erst durch ein Darüber-Nachdenken an. Letztlich bleibt aber – wie Schopenhauer bemerkt – nur ein kleiner Teil des Gelesenen im Geist hängen und wird assimiliert.[439] Daran lässt sich die Forderung der antiken Autoren messen, die mit Sentenzen und Spruchsammlungen die Problematik sicherlich umgehen wollten.

---

[437] Zum Kontext der Interpretation und ihre Aneignung siehe Abschnitt 3. 4.

[438] Vgl. Hadot, Pierre: Philosophie als Lebensform. S.45.

[439] Vgl. Schopenhauer, Arthur: Parerga und Paralipomena II. § 291. S. 480 f. Zitat ebd.

3.4. Lesen und Schreiben als Verinnerlichung und Subjektivierungsleistung

In der hellenistischen Zeit war das Schreiben ein bedeutendes gesellschaftlich-kulturelles Phänomen, welches auch als ein Schreiben *für sich selbst* angelegt war. Oft genanntes und zitiertes Beispiel dafür ist der Philosophenkaiser Marc Aurel, der in seinen *Selbstbetrachtungen* (so lautet der Titel je nach Übersetzung): Kraftvolle Formulierungen, Lebendigkeit des Ausdrucks und die Herbheit der Sprache fesseln den Leser und steigern seine Aufmerksamkeit. Diese Aufzeichnungen von ‚Ermahnungen an sich selbst' scheinen aber auf den ersten Blick durchaus unsortiert und zufällig aneinander gereiht. Sie erheben aber auch gar keinen Anspruch auf Systematik[440], denn Marc Aurel verfasste sie als Selbstgespräche *für sich selbst.*[441] Im Grunde stellt diese Schrift, selbstverständlich auch andere, eine Subjektivierungsleistung dar, denn jenseits aller sozialen Bindungen und Kontakte schrieb der Kaiser in Abgrenzung an das, was vielleicht eine Gesellschaft allgemein für gut und richtig hielt, er individualisierte sich sozusagen ‚unter den allgemeinen Normen', die in seiner Zeit sicher für alle galten. Daraus wird ersichtlich, dass das individuelle und persönliche Schreiben zu einer Übung werden, die auf das Selbst zielt. So sagt Seneca: „Wir sollen weder bloß schreiben noch bloß lesen. Das erstere, die Schriftstellerei, verzehrt unsere Kraft und erschöpft sie, das andere zerstreut und zersetzt sie. Man muß abwechselnd den einen und den anderen Weg einschlagen und das rechte Mischungsverhältnis für beide finden, um, was man durch Lesen gesammelt hat, durch die Feder zu einem einheitlichen Ganzen zu gestalten."[442] Durch das Lesen entsteht eine meditierende Gedankenübung, die dann in das Schreiben über geht und im Üben endet.[443] Sich selbst zu Überprüfen im Bezug zur Wirklichkeit ist dabei von höchster Bedeutung, will man seine Übungserfolge weiterbringen und verinnerlichen. Das Schreiben ist also ein wichtiges Übungselement, dass gewährleistet, dass zwei mögliche bzw. gleichzeitigen Verbindungen zu haben. Den Gebrauch für sich selbst, denn die Sache, die durch das Schreiben assimi-

---

[440] Die Analyse von P. Hadot zeigt jedoch, dass es eine Ordnung und strenge Gesetzmäßigkeiten in den Tὰ Εἰς ἑαυτόν gibt. Vgl. dazu Hadot, Pierre: Philosophie als Lebensform. S. 83 ff.

[441] Vgl. Marc Aurel: Selbstbetrachtungen. Vorwort. S. XXXVII. Daher auch der eigentliche Titel des Buches: *Aufzeichnungen „An sich selbst".*

[442] Seneca, Lucius A.: Ep. 84, 2.

[443] Vgl. Epiktet: Gespräche/Dissertationes. I, 1, 25.

liert wird, ist das, was man denkt. Dies wird unterstützt, in dem es sich in Seele und Körper festsetzt und zu einer Art Habitus wird. Selbstverständlich wurde in dieser Zeit laut gelesen, während im Mittelalter das leise Lesen praktiziert wurde. Allerdings war Lesen sehr schwierig und aufwändig, man flog nicht einfach mit dem Auge über den Text, sondern betonte die Wörter angemessen und sprach sie leise aus, so wurde aus dem Lesen eine durchaus physische Übung um die Wahrheit der Rede zu assimilieren.[444] Zur Bereitschaft der aufgenommenen Rede sagt Epiktet: „Halte diese Gedanken Tag und Nacht griffbereit; schreibe sie auf und lese sie."[445] Aus dem ‚Zeichengewirr' muss durch Zerlegen und Aufteilen eine Erkenntnis gewonnen werden, was schwierig zu verstehen ist. Die bereit liegenden Gedanken dienen dazu, im Gespräch mit sich selbst oder mit anderen besprochen zu werden. Das Aufschreiben des Gelesenen dient der Verinnerlichung desselben: Anwendung auf sich selbst und durch das Notieren dient es auch dem anderen. Man hilft sich selbst, was ein Gewinn für sich selbst darstellt und man schafft Wohlfahrt für andere, indem man andere auch dem Weg zum Guten unterstützt. Daher ist die Praktik des Schreibens ein sehr wichtige gewesen. Besonders spiegelt sich dies in den Briefwechseln der damaligen Zeit: Man teilte mit, was in der eigenen Seele vor sich ging, erbat Hinweise und Hilfe zur moralischen Verbesserung, erkundigt sich über den Zustand des Adressaten, man dient als Seelenleiter usw. „Die Ratschläge, die man erteilt, erteil man ebenso sich selbst."[446] Dem anderen werden Auskünfte mitgeteilt, die man notiert hatte und jetzt griffbereit hat. Dadurch wird auch ein Appell an sich selbst gegeben und die Erinnerung aufgefrischt. Mit Nachdruck plädiert selbst Schopenhauer auf das Aufschreiben von Gedanken, denn „[die] Gegenwart eines Gedankens ist wie die Gegenwart einer geliebten. Wir meynen, diesen Gedanken werden wir nie vergessen und diese Geliebte könne uns nie gleichgültig werden. Allein aus den Augen, aus dem Sinn! Der schönste Gedanke läuft Gefahr, unwiederbringlich vergessen zu werden, wenn er nicht aufgeschrieben, und die Geliebte, von uns geflohen zu werden, wenn sie nicht angetraut worden."[447] Dies mag in gewissem Sinn trivial erscheinen, aber wie oft geht es uns so, es blitzt etwas auf und wenn es nicht fixiert wird, entgleitet es sehr schnell, auch die Be-

---

[444] Vgl. Foucault, Michel: Hermeneutik des Subjekts. S. 438 f.

[445] Ebd. III, 24, 103.

[446] Foucault, Michel: Hermeneutik des Subjekts. S. 440.

[447] Schopenhauer, Arthur: Parerga und Paralipomena II. § 268. S. 442.

merkungen zur Schreibpraktik hat gezeigt, dass es wichtig ist, Sätze zu notieren, die das eigene Handeln positiv verändern können.

In Nietzsches *Also sprach Zarathustra* findet sich ebenfalls eine Stelle, die Lesen und Schreiben thematisiert:

> „Von allem Geschriebenen liebe ich nur Das, was Einer mit seinem Blute schreibt. Schreibe mit Blut: und du wirst erfahren, dass Blut Geist ist.
>
> Es ist nicht leicht möglich, fremdes Blut zu verstehen: ich hasse die lesenden Müßiggänger. Wer den Leser kennt, der thut Nichts mehr für den Leser. Noch ein Jahrhundert Leser - und der Geist selber wird stinken.
>
> Dass Jedermann lesen lernen darf, verdirbt auf die Dauer nicht allein das Schreiben, sondern auch das Denken.
>
> Einst war der Geist Gott, dann wurde er zum Menschen und jetzt wird er gar noch Pöbel.
>
> Wer in Blut und Sprüchen schreibt, der will nicht gelesen, sondern auswendig gelernt werden.
>
> Im Gebirge ist der nächste Weg von Gipfel zu Gipfel: aber dazu musst du lange Beine haben. Sprüche sollen Gipfel sein: und Die, zu denen gesprochen wird, Große und Hochwüchsige."[448]

Zarathustra möchte hiermit das Verhältnis Autor-Leser erklären: Der Autor soll den Leser auf keinen Fall indoktrinieren, sondern ihn dazu anleiten, sich selbst als autonomes Individuum hervorzubringen. Schreibt jemand mit Blut, so bezeugt er dies mit seinem Leib. Das Blut steht für Lebendigkeit und gleichzeitig für das Ureigenste, Intimste, Individuellste des je eigenen Leibes. Der Geist bringt die „große Vernunft" zum Ausdruck, weil er durch das Medium der Sprache nicht nur intellektuelle Dinge in Gestalt von abstrakten Formeln und allgemeiner Begriffe, sondern auch den Sinn des gelebten Lebens mitteilen kann. Dieser Sinn jedoch ist einzigartig, da er von *einem* bestimmten Individuum durch angestrengte Selbstüberwindung hervorgebracht worden ist, was das Verständnis eines Lesers erschweren kann. „Wer verstehen will, was ein anderer mit seinem Blut, mithin aus der inneren Kraft einer gelebten Überzeugung heraus geschrieben hat, der darf kein lesender Müßiggänger sein, d. h. einer, der das Geschriebene als ein fertiges Ergebnis genießt oder bloß überfliegt, ohne es sich zu erarbeiten und existentiell anzueignen."[449] Das Gelesene nur passiv zu rezi-

---

[448] Nietzsche, Friedrich W.: Also sprach Zarathustra. S. 48.

[449] Pieper, Annemarie: „Ein Seil geknüpft zwischen Thier und Übermensch." Philosophische Erläuterungen zu Nietzsches *Also sprach Zarathustra* von 1883. Fotomechanischer Nachdruck von 1990. Basel 2010. S. 183.

pieren, wie es der Müßiggänger tut bring nichts ein, weil er dabei und dadurch untätig bleibt, während der auswendig lernende Leser aktiv ist. Er verleibt sich das Aufgenommene sozusagen ein und erfasst im dynamischen Vollzug des eigenen Handelns zugleich das Handeln des anderen und über die Aneignung des fremden Tuns erschießt sich ihm der Sinn dieses Tuns als der Sinn des eigenen Handelns. Der Leser transformiert sich somit in einen, der mit seinem Blut schreiben kann. Die Zeit derjenigen Leser, die die Schrift des getrockneten Blutes zu lesen vermögen und somit wieder lebendig werden lassen können und damit eigenes Sinnschaffen in Gang bringen können, ist nach Zarathustra weit entfernt: Nichts mehr wird für den Leser getan, so sagt er. Der Autor, der in Blut schreibt, braucht einen Leser, der den Geist der Gedanken des Aufgeschriebenen wiederbeleben kann, und somit vor dem Sinken schützt, also vor dem Sinnverfall und Vergessen. In diesem Kontext, wie ihn Nietzsche hier darlegt, muss man die Tätigkeiten des Lesens und Schreibens metaphorisch verstehen, denn es sind Praktiken des Lehrens und des Lernens im Sinne eines Studiums, also einer großen Bemühung, die Mitteilung aber auch die Aneignung einer existenziell verwirklichten Lebensform zu verfolgen. Diese Passage aus *Also sprach Zarathustra* spielt natürlich auch auf die Überwindung des Leib-Seele-Dualismus und das Übermenschkonzept an, worüber aber erst in späteren Kapiteln die Rede sein soll.[450]

Es fehlen geeignete Leser, die all das vollbringen können, die Ausbildung der Massen misslingt, da jeder lesen lernen darf, verdirbt die Qualität des Geschriebenen, die Quantität überwiegt. Alles Bedeutende wird banalisiert und trivialisiert, dem Durchschnitt angepasst und für jeden erreichbar gemacht. Zarathustra will hier keine Elite, der man huldigen muss, vielmehr soll einer Degeneration des Geistes von Gott über den Menschen zum Pöbel klar gemacht werden, dass dieser der falsche Weg ist: anstatt zum Übermenschen führt er zum letzten Menschen. Schreibt jemand in der Absicht, eine möglichst breite Leserschaft zu bekommen, so wird er sukzessive immer mehr Zugeständnisse an sein Lesepublikum machen.

Das Gespräch, das Zarathustra als einzelner zu einem anderen führt und in dem er ihn zur Erschaffung eines höchst persönlich vorzunehmendem Lebensinn auffordert, verstummt bei ihm, denn der andere wird das individuelle Anliegen verallgemeinern und dadurch das Moment des Geistigen auf ein fassliches Mittel-

---

[450] Siehe dazu Kapitel 4.4.

maß bringen, das eine Lebensweisheit zulässt, die problemlos von jedem angeeignet werden kann. Das Große und Überragende wird durch quantifizierende
und popularisierte Verallgemeinerungen eingeebnet. Dem hält Zarathustra eine
existenzielle Kommunikation entgegen, die von den Gesprächspartnern ein hohes Maß an Kraft, Mut und Ausdauer fordert. Autor und Leser sollen einander
übereinstimmen wie die hohen Gipfel und die langen Beine. Dies bedeutet, dass
der adäquate Leser, um das Große, das nicht mit der Logik eines *Systems* zu-
sammenhängenden Sprüche erfassen muss, die wie durch Täler getrennte Gipfel
nacheinander folgen. Er muss an sich selbst Größe entwickeln, indem er sich auf
den gewagten Schritt von Gipfel zu Gipfel begibt und die jeweiligen Abgründe
überwindet.[451]

Selbst wenn die Rede Zarathustras metaphorisch das Lesen und Schreiben als
Studienleistung betrachtet, zeigt sich dadurch dennoch explizit die Subjektivierungsleistung im Sinne einer bewussten Selbstgestaltung durch diese Tätigkeiten. Die Philosophie Zarathustras wird für diese Untersuchung an anderer Stelle
noch von großem Interesse sein.

---

[451] Pieper, Annemarie: „Ein Seil geknüpft zwischen Thier und Übermensch." S. 183 ff.

4. Selbstgestaltung bei Nietzsche

Friedrich Nietzsche arbeitete in seinen Werken wie *Die Fröhliche Wissenschaft* aber auch in *Also sprach Zarathustra* ein umfangreiches Programm einer Philosophie der Lebenskunst aus. Dies soll hier näher beleuchtet werden und sich für einen Diskurs als fruchtbar erweisen. Auch das wegweisende Projekt bzw. Konstrukt vom Übermenschen soll hier in die bewusste Lebensgestaltung integriert werden.

Es ist über den Übermensch so einiges geschrieben worden, mit dem Ziel dieses Ethik-Konzept immer wieder zu diskreditieren.[452] Darauf kann ich hier allerdings nicht en Detail eingehen, lediglich ein Zitat von Nietzsche mag genügen, weil er wohl selbst mit heftiger Kritik an seinem Projekt rechnete. „Das Wort "Übermensch" zur Bezeichnung eines Typus höchster Wohlgerathenheit, im Gegensatz zu "modernen" Menschen, zu "guten" Menschen, zu Christen und andren Nihilisten - ein Wort, das im Munde eines Zarathustra, des V e r - n i c h t e r s der Moral, ein sehr nachdenkliches Wort wird, ist fast überall mit voller Unschuld im Sinn derjenigen Werthe verstanden worden, deren Gegensatz in der Figur Zarathustra‘s zur Erscheinung gebracht worden ist, will sagen als "idealistischer" Typus einer höheren Art Mensch, halb "Heiliger", halb "Genie" ... Andres gelehrtes Hornvieh hat mich seinethalben des Darwinismus verdächtigt; selbst der von mir so boshaft abgelehnte "Heroen-Cultus".‘"[453]

Im nachfolgenden Kapiteln sollen die Ausgangspunkte der nietzeanischen Philosophie im Abriss erläutert werden, was für das Verständnis der darauf folgenden Abschnitte unerlässlich ist. Danach soll die nietzscheanische Analyse des Menschen in derjenigen Verfassung verfolgt werden, in der er verhaftet ist und die ihn von der eigenverantwortlichen Formung seines Lebens abhält, während im darauf folgenden Abschnitt die Mittel, Wege und Werkzeuge, welche Nietzsche bereitstellt, erarbeitet werden, um sich schließlich im dritten Teil dieses Nietzsche-Kapitels auf das sich umformende Individuum zu konzentrieren.

Natürlich wurde zu Beginn dieser Arbeit schon auf die Zustände hingewiesen, in denen der Mensch steckt, bevor er sich der Selbstgestaltung zuwendet; dies hatte gerade die antike Tradition bereits ausführlich herausgestellt, aber als Nietzsches

---

[452] Vgl. zu dieser Problematik der "Übermensch-Irrtümer": Niemeyer, Christian: Nietzsche verstehen: Eine Gebrauchsanweisung. Darmstadt 2011. Kapitel "Das siebte Gebot".

[453] Nietzsche, Friedrich W.: Ecce Homo. Warum ich so gute Bücher schreibe 1. S. 300.

Programm kommt, ist der Mensch schon gut zwei Jahrtausende in Irrtümern, Unfreiheit, kurz, mit dem Ballast (Verstellungen) einer überkommenen Moral aus Philosophie und Religion beladen.

4.1. Ausgangspunkte: Redlichkeit und Experimentalphilosophie

Für das Individuum sind die Bejahung des eigenen Willens und die Tugend der Redlichkeit, in der es Wahres aussagt, entscheidend. Wahrheit ist aber auch zu ertragen wie auch zu wagen, zumal es nicht *die* Wahrheit für Nietzsche gibt.

Es ist von großer Bedeutung, hart und sauber gegen sich selbst zu sein – exakt in Denken und Tun. Die Redlichkeit resultiert aus dem Kampf der Triebe mit dem Intellekt als einen Trieb unter anderen und sie ist für Nietzsche ein moralischer Trieb neben einigen anderen und steigert sich in den Aufzeichnungen von 1880 bis zur herrschenden Leidenschaft, obwohl sie eingestandenermaßen rein subjektiv und idiosynkratisch ist. Nietzsche unterscheidet die moralische Unbedingtheit, also den Anspruch auf Allgemeingültigkeit, und die subjektive Unbedingtheit, das rein individuelle ‚Um jeden Preis‘, welches zur Leidenschaft als solcher gehört.[454] „Unsere moralischen Triebe drängen den Intellekt, sie zu vertheidigen und absolut zu nehmen, oder sie neu zu begründen. Unsere Selbsterhaltstriebe treiben den Intellekt, die Moral als relativ oder nichtig zu beweisen. Es ist ein K a m p f d e r T r i e b e – im Intellekt abgespielt. Der Trieb der Redlichkeit tritt dazwischen – nebst den Trieben nach Aufopferung, Stolz, Verachtung: i c h.“[455] Der Trieb der Redlichkeit hat seinen Zweck in der Tätigkeit des Intellekts und er übernimmt auch die Führung, ferner ist der Austragungsort für Kämpfe der geschilderten Art, wobei es scheint, als herrsche der Intellekt, aber tatsächlich übernimmt der intellektuelle Trieb die Führung.[456] „… Diese Redlichkeit selber ist das Ergebnis der intellektuellen Arbeit, namentlich wenn zwei entgegengesetzte Triebe den Intellekt in Bewegung setzen. Das Gedächtnis führt uns in Bezug auf ein Ding oder eine Person bei einem neuen Affekt die Vorstellungen zu, die dies Ding oder Person früher, bei einem anderen Affekt in uns erregte: und da zeigen sich v e r s c h i e d e n e Eigenschaften, sie zusammen gelten lassen ist ein Schritt der Redlichkeit d. h. es dem, welchen wir jetzt

---

[454] Vgl. Brusotti, Marco: Die Leidenschaft der Erkenntnis: Philosophie und ästhetische Lebensgestaltung bei Nietzsche von Morgenröthe bis Also sprach Zarathustra. Berlin/New York 1997. S. 631.

[455] Nietzsche, Friedrich W.: Nachgelassene Fragmente Herbst 1880 6[127]. S. 228 f.

[456] Vgl. Brusotti, Marco: Die Leidenschaft der Erkenntnis. S. 123.

hassen, nachtragen, daß wir ihn einst liebten und sein früheres Bild in uns mit dem jetzigen vergleichen, das jetzige mildern ausgleichen. Dies gebeut die K l u g h e i t: denn ohne dies würden wir, als Hassende, zu weit gehen und uns in Gefahr bringen. Basis der Gerechtigkeit: wir gestehen den Bildern d e s - s e l b e n Dinges in uns ein Recht zu!"[457] Befinden sich zwei verschiedene Bilder im Menschen, wie frühere Liebe und gegenwärtigem Hass, so muss seine Redlichkeit diese beiden Bilder beachten und den Hass durch die vergangene Liebe ausgleichen, wodurch der Gerechte seine Rachegefühle überwindet. Im Triebkonflikt entsteht die Redlichkeit durch eine intellektuelle Tätigkeit, d. h. durch Übung des Intellekts. „Die Übung m e h r e r e Eigenschaften an einem Dinge anzuerkennen, a b s e i t s von unserem Affekt, konstituiert eine Reihe von festen Dingen, die immer größer wird, und immer feiner. Diese Übung bildet ein B e d ü r f n i ß: nach der Erkenntnis der Dinge in ihrer Vielheit: Basis des i n t e l l e k t u e l l e n T r i e b e s. … Die Übung im Erkennen hat zuletzt ein B e d ü r f n i ß d e r W a h r h a f t i g k e i t erzeugt, welches jetzt eine neue große Macht ist, mit Gefahren und Vortheilen. Titel vielleicht: ‚d a s B e d ü r f n i ß d e r W a h r h a f t i g k e i t.'"[458] Die Wahrhaftigkeit geht auf die Übung des Intellekts zurück und steigert gleichzeitig die Lust an seiner Aktivität.[459] Die Lust an der korrekt ausgeführten Aktivität ist für den Intellekt die Wahrhaftigkeit. Die Lust ist eine Begleiterscheinung auch der intellektuellen Arbeit. Die Lust an der Betätigung versteht Nietzsche als Gefühl der Macht, das das antreibende Moment für Gerechtigkeit und Redlichkeit ist: „…Wie kommt es nur, daß wir gegen die gründliche V e r l o g e n - u n d V e r s t e l l t h e i t ankämpfen? Ein Gefühl der M a c h t, welche in der Entwicklung und im Wirken unseres Intellekts frei wird, treibt uns: es macht Appetit."[460] Die Macht des Triebes der Redlichkeit steigert sich durch regelmäßige Tätigkeit und Übung über die anderen Instinkte hinweg. Die Leidenschaft der Redlichkeit entsteht in einem unbewussten Prozess und ist determiniert: „Der Intellekt ist das Werkzeug unserer Triebe und nichts mehr, er wird n i e f r e i. Er schärft sich im Kampf der verschiedenen Triebe, und verfeinert die Thätigkeit jedes einzelnen Triebes dadurch. In unserer größten Gerechtigkeit und Redlichkeit ist der Wille nach Macht, nach Unfehlbarkeit unserer Person: Skepsis ist nur in Hinsicht auf alle

---

[457] Nietzsche, Friedrich W.: Nachgelassene Fragmente Herbst 1880 6[234]. S. 259.

[458] Ebd. 6[235] und 6[261]. S. 259 f. u. 266.

[459] Vgl. ebd. 6[265]. S. 266 f.

[460] Ebd. 6[274]. S. 269.

Autorität, wir wollen nicht düpiert sein, auch nicht von u n s e r e n
T r i e b e n! Aber was eigentlich w i l l denn da nicht? Ein Trieb gewiß!"[461]
Nietzsche legt im Sommer 1880 seine ausgearbeiteten Ansichten über das Gefühl der Macht vor und erklärt darin, wie ein Gefühl der Macht durch redliches
Denken im Menschen erreicht werden kann. Gerechtigkeit und Redlichkeit werden zusammen als „Wille nach Macht" aufgefasst. Der intellektuelle Trieb der
Redlichkeit strebt Macht über die anderen Triebe, wie besonders die moralischen und die ‚Selbsterhaltungstriebe' an und beherrscht sie, wenn er ihre Täu-
schungen enttarnt und sie ihn nicht betrügen können. Dieser spontane Prozess,
in dem sich Redlichkeit und Gerechtigkeit entwickeln, muss zur Wahrhaftigkeit
führen. Dennoch ist es keine Entscheidung eines freien Willens, es ist das Misstrauen der Triebe, das zunächst noch angeheizt werden muss, denn dem Organismus ist die Verlogen- und Verstelltheit deutlich eingeprägt worden, so dass
sich Redlichkeit und Freude im Moment noch ausschließen. Vertrauen und
Freude gehören untrennbar zusammen und solange der Redliche zum Misstrau-
en verpflichtet ist, kann er kaum glücklich sein. So bleibt für den Moment eine
fatalistisch-melancholische „Resignation" und vor allem „j e n e h e r o i s c h e
L u s t a m T r o t z u n d a m S i e g e s i n d d i e e i n z i g e n
F o r m e n u n s e r e r F r e u d i g k e i t: wenn w i r E r k e n n e n d e
s i n d."[462] Jedoch hat das gesteigerte Misstrauen zur Folge, dass jeder einzelne
Trieb sich allmählich intellektualisiert und somit redlicher wird, bis der gegensätzliche Prozess „einsetzt und ihr gegenseitiges Misstrauen graduell abnimmt
und schließlich verschwinden darf."[463] Dem Redlichen wird dann auch grundle-
gendere Freude möglich sein, denn er übt dann keine Verstellung mehr aus. Ein
„Freund der Wahrheit" ist als solcher auch ein „Freund der Unabhängigkeit"[464].
Die Redlichkeit ist also selbst ein Drang nach idealer Unabhängigkeit und dies
hinsichtlich der Mitmenschen und vor allem auf die eigenen Triebe bezogen.
Der Redliche wird von ihnen unabhängiger und ist es auch in zwischenmenschlichen und gesellschaftlichen Beziehungen, denn er hängt dann nicht von den
gängigen Meinungen und etablierten Interessen ab. „Aber warum sollten wir
nicht zu l a c h e n geben! ... Und wehe mir, wenn etwas Lächerliches an mir
genügt, um mir meine eigene Achtung vor mir zu nehmen! Dies aber geschieht

---

[461] Ebd. 6[130]. S. 229.

[462] Ebd. 6[274]. S. 269.

[463] Brusotti, Marco: Die Leidenschaft der Erkenntnis. S. 127.

[464] Nietzsche, Friedrich W.: Nachgelassene Fragmente Herbst 1880 3[124]. S. 87.

bei den Eiteln, die sich v e r n i c h t e n möchten, nach einem Etikettefeh-ler."[465] Ist er bereit, das Lächerliche auf sich zu nehmen, so kann der Stolze und Unabhängige sein individuelles Modell verwirklichen, denn was für den meisten Anlass zum Spott sorgt, ist gerade seine Lebensführung, die Singularität des Modells.[466] Mit diesen Aussichten gelangt man aber schon sehr tief in die Ge-dankengänge Nietzsches, die er besonders in *Also sprach Zarathustra* weiterfüh-ren wird; wichtig war in diesem Kapitel lediglich das Material, mit dem Nietz-sche die Selbstgestaltung vorantreiben will.

Nietzsche war es klar, dass seine Philosophie, die besonders für den orientie-rungslos gewordenen Menschen konzipiert worden war, nachdem dieser den Tod Gottes, die fragwürdige Vernunft der Aufklärung, und die zunehmende Zersplit-terung der Moral miterleben musste, also kurzum, keinen Sinn und Zweck der Welt mehr erkennbar war, der Auslegung bedurfte und sagte, dass man sie wie eine „offene" Lektüre lesen, einer „mit Hintergedanken, mit offen gelassenen Thüren, mit zarten Fingern und Augen"[467], die sich der Autor für seine Leser wünschte. So lautet denn auch sein Programm, denn sein Denken nannte er eine Experimentalphilosophie und schreibt dazu 1888 rückbilckend: „W o r a n i c h m e i n e s G l e i c h e n e r k e n n e. – Philosophie, wie ich sie bisher ver-standen und gelebt habe, ist das freiwillige Aufsuchen auch der verwünschten und verruchten Seiten des Daseins. Aus der langen Erfahrung, welche mir eine solche Wanderung durch Eis und Wüste gab, lernte ich Alles, was bisher philo-sophirt hat, anders ansehn: – die v e r b o r g e n e Geschichte der Philosophie, die Psychologie ihrer großen Namen kam für mich ans Licht. "Wie viel Wahr-heit e r t r ä g t, wie viel Wahrheit w a g t ein Geist?" – dies wurde für mich der eigentliche Werthmesser. Der Irrthum ist eine F e i g h e i t... jede Errungen-schaft der Erkenntniß f o l g t aus dem Muth, aus der Härte gegen sich, aus der Sauberkeit gegen sich... Eine solche Experimental-Philosophie, wie ich sie lebe, nimmt versuchsweise selbst die Möglichkeiten des grundsätzlichen Nihilismus vorweg: ohne daß damit gesagt wäre, daß sie bei einem Nein, bei einer Negati-on, bei einem Willen zum Nein stehen bliebe. Sie will vielmehr bis zum Umge-kehrten hindurch – bis zu einem d i o n y s i s c h e n J a s a g e n zur Welt, wie sie ist, ohne Abzug, Ausnahme und Auswahl – sie will den ewigen Kreis-lauf, – dieselben Dinge, dieselbe Logik und Unlogik der Knoten. Höchster Zu-

---

[465] Ebd. 8[60]. S. 395.

[466] Vgl. Brusotti, Marco: Die Leidenschaft der Erkenntnis. S. 131.

[467] Nietzsche, Friedrich W.: Morgenröthe. Vorrede 5. S. 17.

stand, den ein Philosoph erreichen kann: dionysisch zum Dasein stehn –: meine Formel dafür ist amor fati…"[468] In diesem Zitat sind alle wichtigen Begriffe angelegt, die in den folgenden Kapiteln von Bedeutung sind: „Ertragen", „Irrtum", und besonders das "Nein-sagen" und das "Jasagen". Gerade die letzten beiden Begriffe zeigen programmatisch Nietzsches Vorhaben an: Weg von althergebrachtem und inzwischen nicht mehr haltbaren Dogmen und Mythologien in schlechtestem Sinn, die es zu negieren gilt.

Nietzsche ist also im Sinne der Aufklärung tätig, wie sie schon vor ihm Immanuel Kant beschrieben und gefordert hatte: „Aufklärung ist der Ausgang des Menschen aus seiner selbst verschuldeten Unmündigkeit. Unmündigkeit ist das Unvermögen, sich seines Verstandes ohne Leitung eines anderen zu bedienen. Selbstverschuldet ist diese Unmündigkeit, wenn die Ursache derselben nicht am Mangel des Verstandes, sondern der Entschließung und des Mutes liegt, sich seiner ohne Leitung eines anderen zu bedienen. Sapere aude! Habe Mut, dich deines eigenen Verstandes zu bedienen! Ist also der Wahlspruch der Aufklärung."[469]

Was bedeutet für Nietzsche die Experimentalphilosophie? Es gilt dabei die moralische Vergangenheit einschließlich der klassischen Antike Versuchen zu unterziehen und dabei auch mit Neuem zu experimentieren[470]: „… es sollen zahlreiche neue Versuche des Lebens und der Gemeinschaft gemacht werden; es soll eine ungeheure Last von schlechtem Gewissen aus der Welt geschafft werden, – diese allgemeinsten Ziele sollten von allen Redlichen und Wahrheitsuchenden anerkannt und gefördert werden!"[471] Diese beiden Anforderungen, mit neuen Lebensformen zu experimentieren und das Schuldgefühl zu überwinden, sind, so scheint es, heterogen und zwischen ihnen besteht eine tiefe Korrelation. Das Umlernen bezieht sich vorrangig auf Schuld und Schuldgefühl.

---

[468] Nietzsche, Friedrich W.: Nachgelassene Fragmente Frühjahr-Sommer 1888. 16 [32]. S. 492.

[469] Kant, Immanuel: Beantwortung der Frage: Was ist Aufklärung? In ders.: Schriften zur Anthropologie, Geschichtsphilosophie, Politik und Pädagogik. 1-9. Aufl. Werke in zwölf Bänden. Band XI. Hg. von Wilhelm Weischedel. Frankfurt am Main: Suhrkamp 1991. S. 53.

[470] „Die zukünftigen Menschen werden es einmal so mit allen Werthschätzungen der Vergangenheit machen; man muß sie freiwillig noch einmal d u r c h l e b e n, und ebenso ihr Gegentheil, - um schließlich das R e c h t zu haben, sie durch das Sieb fallen zu lassen." Nietzsche, Friedrich W.: Morgenröte 61. S. 62.

[471] Ebd. 164. S. 147.

„Wir sind Experimente: wollen wir es auch sein!" Diese Notwendigkeit muss eingesehen werden und es gilt zu warten, bis die Wissenschaften „die Grundsteine für neue Ideale" gelegt haben und somit die Aufgabe erfüllen, [d]ie Gesetze des Lebens und Handelns neu auf[zu]bauen."[472] Im Prinzip möchte Nietzsche mit seiner Experimentalphilosophie – und ich greife damit schon in die fortfolgenden Kapitel ein – die Menschen auf die moralischen Irrtümer und besonders die, über die Irrtümer der Menschheit aufmerksam machen. Diese Irrtümer wirkten sich jedoch in zweideutiger Weise aus: Sie waren eine starke Treibkraft zur Entwicklung der Menschheit (allerdings auch eine Quelle höchst fragwürdiger Glücksformen). Andererseits brachten sie in hohem Maße auch Leiden und Unfreiheit mit sich, wodurch der einzelne begann an sich selbst zu leiden. Die Moderne setzt der metaphysischen Selbstüberhöhung des Menschen sukzessive ein Ende; der Mensch entgleitet dabei immer mehr einem geordneten Kosmos und muss seine Sterblichkeit (auch der Seele) einsehen. Damit wird er allerdings auch in die Belanglosigkeit der Weltgeschichte gezwungen und der metaphysische Stolz im Bezug auf den Menschen gegenüber dem niedrigen Tier schmilzt zusammen.[473]

In diesem Sinne geht es Nietzsche darum, die Menschen ebenfalls auf ihre Defizite im Kontext der Mündigkeit hinzuweisen bzw. aufzuklären, wie bereits Kant dies eingefordert hatte, wozu er Zarathustra, den Lehrer des Übermenschen auftreten und vor allem reden lässt.

Zu den Ausgangspunkten seiner Philosophie einer Selbstgestaltung gehört – und dies wird sich im hier Dargestellten bereits zeigen – die Kritik an der Moral, die Nietzsche durch sein ganzes Werk hindurch verfolgen und entsprechend formulieren wird. Ausführliche Behandlung dieses für die Lebensgestaltung so wichtigen Themas, wie auch sein Moralbegriff wird aber erst das Kapitel über die Individualethik liefern.

4.2. Überwindung des menschlichen Selbstverständnisses

In *Unzeitgemäße Betrachtungen III. Schopenhauer als Erzieher* lässt Nietzsche einen Reisenden, der viele Länder, „Völker und mehrere Erdtheile gesehn hat", über diejenige Eigenschaft der Menschen berichten, die ihm überall begegnet ist. Es ist ein Hang zur Faulheit und sie sind furchtsam, sie verharren in Sitten und

---

[472] Beide Zitate ebd. 453. S. 274.

[473] Vgl. Brusotti, Marco: Die Leidenschaft der Erkenntnis. S. 262 f.

Meinungen. Der Mensch ist ein besonderes Individuum aber er nutzt seine Potenziale nicht, denkt und handelt herdenmäßig, was nicht zu sein bräuchte. Trägheit und Bequemlichkeit scheinen das Individuum auszubremsen, wenn es darum geht, die Wahrhaftigkeit zu vertreten. Gleichzeitig ist der Mensch in dieser Situation wohl beratungsresistent, obwohl er nur gegen seine Trägheit und besagte Bequemlichkeit aufbegehren brauchte, ja vielmehr, müsste er dem Gewissen, welches ihm zuruft: „„sei du selbst! Das bist du alles nicht, was du jetzt thust, meinst und begehrst.‟‟[474] Das Streben nach Eudaimonia im Sinne des Aristoteles ist nicht möglich, wenn man in den „Ketten der Meinungen und Furcht" verstrickt ist. Das Leben ohne eine Befreiung aus dieser Misere kann öd, trost- und sinnlos sein. Nietzsche hat harte Worte für einen Menschen, der seinem rufenden Gewissen permanent ausweicht: „Man darf einen solchen Menschen zuletzt gar nicht mehr angreifen, denn er ist ganz Aussenseite ohne Kern, ein anbrüchiges, gemaltes, aufgebrauchtes Gewand, ein verbrämtes Gespenst, das nicht einmal Furcht und gewiss auch kein Mitleiden erregen kann."[475]

Eine weitere Bestandaufnahme der Defizite des Menschen in Bezug der Selbstgestaltung liefert Nietzsche in der *Fröhlichen Wissenschaft* gleich im ersten Aphorismus, der viele Gedanken zu dieser misslichen Lage des Individuums zusammenträgt. Auch das, was ihn zu bestimmen versucht, bringt Nietzsche hier sehr deutlich auf den Punkt: Irrlehren irgendwelcher Morallehrer und natürlich die Religion, die den Menschen niedrig halten will. Er verharrt in der Erhaltung der menschlichen Gattung, wobei es nicht darauf ankommt, ob der Mensch ein guter oder böser ist, ob er raub- oder herrschsüchtig ist, liebt oder hasst; es ist eine „Oekonomie der Arterhaltung", die Nietzsche in Erstaunen versetzt. Eine törichte Ökonomie, die aber das menschliche Geschlecht erhalten hat. Zu Ungunsten der Art kann scheinbar niemand „unvernünftig" und „schlecht" leben. Das Individuum hat nichts getan, um sich über die Arterhaltung zu erheben, es hält lieber „Lobreden" auf die Menschheit, bleibt der „Fliegen- und Frosch-Armseligkeit" verhaftet. Der Frosch frisst zwar die Fliege, aber er hat nicht die Möglichkeit sich über seine Erhaltung der Art hinwegzusetzen. Nicht einmal über sich und „a u s   d e r   g a n z e n   W a h r h e i t   h e r a u s"[476] kann er über sich lachen. Das Dasein ist eine Komödie mit der errungenen Einsicht in sich selbst hinein: in die eigene und allgemeine Sinnlosigkeit. Dieses Bewusst-

---

[474] Vgl. und Zitate: Nietzsche, Friedrich W.: Unzeitgemäße Betrachtungen III. S. 337 f.

[475] Ebd. S. 338.

[476] Nietzsche, Friedrich W.: Die Fröhliche Wissenschaft 1. S. 370.

sein selbst, ist letzten Endes in der Einheit von Lachen und Weisheit, Lachen und Wahrheitssinn fröhliche Wissenschaft. Selbst die Besten haben nicht genügend Wahrheitssinn und die Begabtesten, die mit zu wenig Genie ausgestattet waren, vermochten dies bisher nicht. Im Aphorismus 54 der "Fröhlichen Wissenschaft" zeigt sich der Erkennende – worauf noch näher einzugehen ist – mit seinem „B e w u s s t s e i n   v o m   S c h e i n e" zugleich „schauerlich und ironisch". So wird das ganze Buch in der Dualität von Tragödie und Komödie, von Erhabenem (Würde und Lächerlichem), von Ernst und Lachen durchzogen. Das Bewusstsein vom Schein manifestiert sich als primär ironische Einstellung, obwohl zunächst Schauer und Ironie nebeneinander stehen; schließlich bleibt aber nur ironische Einsicht in „die erhabene Consequenz und Verbindlichkeit aller Erkenntnisse" als „das höchste Mittel" um „d i e   D a u e r   d e s   T r a u m e s   a u f r e c h t   z u   e r h a l t e n "[477]. Es muss geträumt werden, um nicht aus der realen Welt abzustürzen. Im Bewusstsein vom Schein findet zuletzt auch die „Selbstverspottung" statt „der die Erhabenheit der Erkenntnisse" anheimfällt. Nietzsche bleibt im Konjunktiv und hofft, dass sich der Mensch den Satz „die Art ist alles, Einer ist immer Keiner" vielleicht doch noch einverleiben wird; es wäre der Weg zur „Befreiung und Unverantwortlichkeit". Würde man sich diesen Umstand „einverleiben", so würde man die Niedrigkeit auf der naturhaften Ebene, auf der der Mensch Arterhaltung betreibt akzeptieren und müsste sich nicht ständig interessant machen und das menschliche Geschlecht über die Natur hinaus erhöhen. Das Übersteigen des natürlichen Lebens durch eine imaginäre Zweckwelt ändert selbstverständlich nichts an dem Trieb der Arterhaltung. Nach der Analyse dieses Zustands schlägt Nietzsche vor, endlich Steuermann dieses Daseins zu werden und sich nicht wie eine gedankenlose Zufälligkeit im Meer der Existenz herumtragen zu lassen. Allerdings ist der Lauf der Welt in Wahrheit ein Marionettenspiel, was man jedoch noch nicht wahrgenommen hat und Hinterrücks wirkt der „Trieb der Arterhaltung" im Menschen und vordergründig setzt er sich Zwecke und Ziele und kommt sich dabei auch noch heldenhaft und einfallsreich vor. Die Natur wird verkannt, denn: „[d]amit Das, was nothwendig und immer, von sich aus und ohne allen Zweck geschieht, von jetzt an auf einen Zweck hin gethan erscheine und dem Menschen als Vernunft und letztes Gebot einleuchte, – dazu tritt der ethische Lehrer auf, als der Lehrer vom Zweck des Daseins."[478] Das naturbestimmte Leben wird von einem

---

[477] Nietzsche, Friedrich W.: Die Fröhliche Wissenschaft 54. S. 416 f.

[478] Ebd. 1. S. 371.

Überbau einer imaginären Zweckwelt überwuchert, was allerdings nichts an dem ursprünglichen Trieb zur Arterhaltung ändert. Er wird subtiler, indirekter, variabler auch in Hinsicht von Umwegen und auch fantastischer. Was aber meint Nietzsche mit Einverleibung? Es gilt sich die Wahrheit einzuverleiben, wodurch Wissen instinktiv und unbewusst gemacht werden kann. „Es ist immer noch eine ganz neue und eben erst dem menschlichen Auge aufdämmernde, kaum noch deutlich erkennbare A u f g a b e, d a s W i s s e n s i c h e i n z u v e r - l e i b e n und instinktiv zu machen, – eine Aufgabe, welche nur von Denen ge-sehen wird, die begriffen haben, dass bisher nur unsere Irrthümer uns einverleibt waren und dass alle unsere Bewusstheit sich auf Irrthümer bezieht!"[479] Einer-seits vertritt Nietzsche die Skepsis gegen diejenigen Wahrheiten, also die einver-leibten Irrtümer, die das Experiment eigentlich gar nicht zulassen, aber gerade die erkenntnistheoretische Skepsis und die Experimentalphilosophie beziehen sich aufeinander. Die *Morgenröte* hat das Anliegen moralische Urteile abzulegen und sich die moralischen Gefühle abzugewöhnen, was auf die logischen und on-tologischen Urteile, und vielmehr, auch auf die Wahrnehmung auszudehnen ist. Das Bewusstsein irrt und wer dies weiß, muss die Einverleibung als Experiment vornehmen. *Die Fröhlichen Wissenschaft* versucht experimentell zu klären, in wie weit die Einverleibung der Wahrheit möglich ist. Der „U r s p r u n g d e r E r k e n n t n i s"[480] kann als letzte Konsequenz der Entwicklung und Verfeine-rung angesehen werden. Jedoch sieht Nietzsche ein, dass eine Einverleibung nie vollständig sein kann und den Irrtum leider mit einschließt. Die Leidenschaft zur Erkenntnis in der *Fröhlichen Wissenschaft* Aphorismus 110 ist die Triebkraft für die Einverleibung der Wahrheit.[481] Die Leidenschaft der Erkenntnis ist eine indi-viduelle Passion, wobei die *Fröhliche Wissenschaft* sie als edle Leidenschaft be-stimmt und die der Leidenschaft der Redlichkeit (*passio nova*)[482] zugrunde liegt. Allgemeines Merkmal dieser Leidenschaft ist die Opferbereitschaft, denn der so Leidenschaftliche ist dazu bereit, dieser Passion alle sonstigen Rücksichten und Interessen zu opfern oder sie ihr unterzuordnen.[483] Was als Wahrheit einver-leibt werden muss, ist eine Moral, die den Menschen nicht mit Prinzipien er-drückt, die sich große Morallehrer je ausdachten, was ich aber erst im späteren

---

[479] Ebd. 11. S. 383.

[480] Vgl. ebd. 110. S. 469 f.

[481] Vgl. Brusotti, Marco: Die Leidenschaft der Erkenntnis. S. 426.

[482] Vgl. Nietzsche, Friedrich W.: Nachgelassene Fragmente Herbst 1880 6[461]. S. 316.

[483] Vgl. Brusotti, Marco: Die Leidenschaft der Erkenntnis. S. 428.

Kapitel behandeln[484]. Zunächst gilt es weitgehend denjenigen Zustand des Menschen darzustellen, in dem er verstrickt und aus dem er herausgeholt werden soll. In *Also sprach Zarathustra* zeigt sich sehr deutlich diese Trennlinie zwischen Verstrickung und Entwicklungschancen:

„Der Mensch ist ein Seil, geknüpft zwischen Thier und Übermensch, - ein Seil über einem Abgrunde.

Ein gefährliches Hinüber, ein gefährliches Auf-dem-Wege, ein gefährliches Zurückblicken, ein gefährliches Schaudern und Stehenbleiben.

Was groß ist am Menschen, das ist, dass er eine Brücke und kein Zweck ist: was geliebt werden kann am Menschen, das ist, dass er ein Übergang und ein Untergang ist."[485]

Das „geknüpfte Seil" ist Philosophie in konzentrierter Form, die etwas irreführend anmutet. Der Mensch ist das Seil, das zwischen Tier und Übermensch gespannt ist. Der Mensch ist Seil aber gleichzeitig auch Seiltänzer. Seil und Seiltänzer implizieren den Weg, den es nicht gibt, wenn das Seil oder der Seiltänzer fehlt. Den Weg gibt es nur, wenn er gegangen wird, er entsteht sozusagen erst, wenn jemand bereit ist ihn zu gehen und sich damit ganz neu hervorzubringen weiß. Er würde damit bestimmen, wer er sein will. Allerdings bleibt das Gelingen völlig offen, dieser Weg ist ein großes Risiko und somit ein Wagnis des sich selbst Überwindens, wozu nötig ist, sich vom gewohnten, Altvertrauten und -bewährten zu trennen. Alte Stabilitäten und Sicherheiten muss der Mensch dazu hinter sich zurücklassen.[486] Es ist die in Begriffen entwickelte Bestimmung des Menschen: er ist weder Subjekt noch eine Wesenheit in immer gleichen Veränderungen begriffen, in seinem Vollzug des identischen Lebens nicht konsistent, so dass er alle Zustände und Erfahrungen grundsätzlich nicht als die seinigen hat, noch nicht einmal etwas Verständliches und Bestimmbares aus sich selbst heraus. Es besteht spannungsvolles Verhältnis zwischen dem in sich befangenem Leben und einem anderen und bevorstehenden und möglichen Sein. Der Mensch ist kein Weg zu einem bestimmten Ziel, das sich als einfaches „Noch nicht" herausstellt und als seine eigentliche Bestimmung zeigt. Es reißt ein unendlicher Abgrund auf, zwischen dem, was man war, dem was man ist und dem, was man sein will. Diesen Abstand hat man zu sein ohne dass er ein eigenes Sein wäre.

---

[484] Siehe Kapitel 5.3.ff

[485] Nietzsche, Friedrich W.: Also sprach Zarathustra Vorrede 4. S. 16.

[486] Vgl. Pieper, Annemarie: „Ein Seil geknüpft zwischen Thier und Übermensch." S. 64.

Dieser Weg ist gefährlich, wenn man ihn geht, und ein solcher „Untergang" und „Übergang" sein will – man kann nicht mehr wie man war, es wird immer anders sein, als man war, wenn man zurückblickt auf das Gewesene (der Affe), das man nicht mehr ist, oder innehält und zurückbleibt hinter dem, was sein kann (der Übermensch): immer ist eine Differenz auf diesem Weg: man ist das nicht und nicht das – nicht Tier und nicht Mensch, nicht wirklich und nicht endgültig über sich hinaus – mit einem unbekannten Ziel voraus. Jedes Stehenbleiben bedeutet, dass der Weg und das Ziel verschwinden. Das Gehen bringt die Unterlage sozusagen hervor, wodurch Weg und Ziel untrennbar verbunden sind. Das Ziel entsteht durch das Gehen des Weges. Mit dem Gehen wird das Leben bezeichnet und das dynamische über sich hinaus Strebende, was im Wesentlichen aber auf sich zurückbezogen bleibt. Es verliert sich nicht im Unendlichen, sondern kommt auf sich selbst zurück. Im Auf-dem-Weg-sein erzeugt sich der Mensch den Übermenschen als das Seil worüber er geht, dass er aber auch gleichzeitig ist.[487] Hier wird sehr deutlich, dass die Biologie bzw. Eugenik völlig außen vor gelassen werden kann, vielmehr geht es ums Ganze der Selbstgestaltung, in einem Schaffen möglichst weit über sich selbst hinaus. Der Mensch, der in dem Übermensch lebt, lebt darin als seine Zukunft, sein Auftrag, gar als seine Hoffnung, im Grunde bis hin zum Wesen und Begriff des Über-Lebens, denn das Leben ist ein Kämpfen, Siegen, Verlieren und Leiden und ist ständig mit Aneignen, Vergewaltigen, Insicheinziehen beschäftigt.[488] In diesen Gedankengängen zeigt sich aber schon der Übergang zu den Techniken und Praktiken, die Nietzsche zu diesem "Seiltanz" empfiehlt.

Es gibt in der ersten Rede Zarathustras „Von den drei Verwandlungen": eine "Genealogie des Geistes" und weitere Hinweise auf die Situation, in der der Menschen sich befindet und welche Konversion ihn aus dieser misslichen Lage befreien kann. „Drei Verwandlungen nenne ich euch des Geistes: wie der Geist zum Kameele wird, und zum Löwen das Kameel, und zum Kinde zuletzt der Löwe."[489] Hier, d. h. in diesem Kapitel wird aber nur die Verwandlung zum Kamel von Interesse sein, denn diese zeigt doch sehr klar, wie der Mensch in das Selbstverständnis einer langen abendländischen Tradition eingebunden ist – und dies nicht unbedingt nur zu seinem Vorteil.

---

[487] Vgl. ebd. S. 65.
[488] Vgl. Simmel, Georg: Nietzsches Moral. S. 171 f.
[489] Nietzsche, Friedrich W.: Also sprach Zarathustra. S. 29.

„Was ist schwer? So fragt der tragsame Geist, so kniet er nieder, dem Kameele gleich, und will gut beladen sein."[490] Die Lasten, die das Kamel sich aufladen lässt, drücken den Geist schwer, indem er sich selbst erniedrigt und sich eine Demutshaltung auferlegt gegenüber allem, was er mit Ehrfurcht betrachtet. Er verbeugt sich vor der Autorität des seit alters her Geltenden, vor den Normen und Wertevorstellungen eines überlieferten Moralkodexes, der durch die abendländische Philosophietradition und das Christentum geprägt worden ist. Der Geist (in Analogie zum Kamel) fühlt seine Stärke im fraglosen Übernehmen und selbstverständlichen Weitertragen der Tradition und dies macht ihn froh.[491] Für den redenden Zarathustra ist dies ein höchst fragwürdiger Zustand. Der Geist nutzt seine Kraft lediglich dazu, sich selbst zu schwächen, indem er auf fremde Autoritäten hört, die ihm auferlegen, nicht das zu tun, was er eigentlich will. Daher die Frage, was „schwer" ist. „Ist es nicht das: sich erniedrigen, um seinem Hochmuth wehe zu thun? Seine Thorheit leuchten lassen, um seiner Weisheit zu spotten? Oder ist es das: von unserer Sache scheiden, wenn sie ihren Sieg feiert? Auf hohe Berge steigen, um den Versucher zu versuchen?"[492] Alte Weisheits- und Morallehren sind uns allen wohlbekannt[493]. Sie leiten im Grunde immer dazu an, genau das zu tun, was man meist nicht erstreben will: statt Hochmut Demut, statt Weisheit Torheit, statt Sieg Niederlage, satt sich zu erheben Erniedrigung. Der Geist soll sich zurücknehmen, sei es in seinem Streben, seinen Ansprüchen und Machtbegehren. Dem, was die Morallehren fordern soll sich der Geist gegen seinen Willen unterordnen. Dies steht aber der Lehre vom Willen zur Macht Zarathustras entgegen, denn der Geist soll seine Kraft gegen sich richten und seinen Stolz praktisch zerstören. Das Christentum glaubte mit diesen Forderungen das Übel mit der Wurzel ausreißen zu können. Der Geist stagniert, sobald er sich Gottes Geboten unterwirft und seine Selbstinitiative des Wollens untergräbt. Will man sich nur von „Eicheln und Gras der Erkenntniss nähren und um der Wahrheit willen an der Seele Hunger leiden?"[494], fragt Zarathustra. Von einfachen Wahrheiten, die aus der Tradition und Geschichte stammen, sich zu „nähren", bedeutet seine „Seele" verkümmern zu lassen. Der Geist in der Ka-

---

[490] Ebd.

[491] Vgl. Pieper, Annemarie: „Ein Seil geknüpft zwischen Thier und Übermensch." S 112.

[492] Nietzsche, Friedrich W.: Also sprach Zarathustra. S. 29.

[493] Beispiel dafür sind: "Hochmut kommt vor dem Fall". "Die armen im Geist sind der Wahrheit näher als die Gelehrten". "Zuviel Erfolg verdirbt den Charakter". "Wer andern eine Grube gräbt, fällt selbst hinein".

[494] Nietzsche, Friedrich W.: Also sprach Zarathustra. S. 29.

melstufe übt die Haltung des Gehorchens, das sich Unterwerfen, die Selbstkasteiung als das „Schwerste" ein. Das Schwerste ist es, weil der Geist seinen Antrieb zur Veränderung permanent unterdrücken und sich vor einer fremden Autorität selbst erniedrigen muss.

Auf der Kamelstufe, ließe sich mit Zarathustra sagen, bemisst sich die Stärke des Geistes daran, wie viel er zu ertragen, zu erleiden in der Lage ist. Der Stärkegrad seiner Stärke wird durch das Maß seiner Leidensfähigkeit bestimmt.

Je mehr einer seinen Willen einzuschränken vermag, um einem fremden Willen Herrschaftsbefugnis einzuräumen, desto mehr Kraft besitzt er, denn nicht der fremde Wille hat ihn überwältigt, sondern der eigene Wille ist es ja, der sich kampflos unterwirft und dazu all seine Kraft benötigt, um sich selbst niederzuhalten und im Kampf mit sich selbst seine ihn von ihm selbst zugefügte Niederlage zu erleiden.[495] Nach diesen Ausführungen zum Geist als Kamel, spricht Zarathustra von der Verwandlung zum Löwen. „Freiheit will er sich erbeuten und Herr sein in seiner eignen Wüste."[496] Die Wüste ist der Entfaltungsraum für den Geist, in dem er als Kamel schwer beladen die Normen und Werte handelnd befolgen und die Wüste damit fruchtbar machen soll. Der Geist durchdringt reflexiv seine Kamelhaltung und durchschaut diese in Gestalt der Heteronomie. Er kündigt die Gefolgschaft der übernommenen Normen von fremden Autoritäten auf und in diesem Moment beginnt die Verwandlung zum Löwen. In dem, was der Geist will, will er sich nicht bestimmen lassen, sondern selbst bestimmen. Hiermit wird aber schon eine Praktik beschrieben, die erst im nächsten Kapitel voll zum Tragen kommt.

4.3. Techniken des Überwindens und Entwickelns

Bevor sich der Betrachtung von *Also sprach Zarathustra* gewidmet werden soll, steht zunächst die Stelle im Focus, die als erste den Gedanken des Übermenschen aufgreift: „Wir können nur etwas uns ganz Verwandtes lieben: wir lieben am besten ein erdachtes Wesen. Gegen ein Werk und ein Kind braucht die Liebe nicht befohlen zu werden. Vortheil des Übermenschen."[497] Nach dieser Notiz soll es möglich sein, den Übermenschen mehr als alles andere zu lieben, weil die

---

[495] Pieper, Annemarie: „Ein Seil geknüpft zwischen Thier und Übermensch." S 11

[496] Nietzsche, Friedrich W.: Also sprach Zarathustra. S. 30.

[497] Nietzsche, Friedrich W.: Nachgelassene Fragmente November 1882-Februar 1883. 4[80]. S. 137.

Menschen am besten ein ideales Wesen lieben können. „Daß der Übermensch wirklich geliebt werden kann, liegt nicht nur an der vorbildlichen Idealität dieser Liebe wirklich würdigen Gestalt. Lieben und Schaffen fallen hier zusammen. Daß es für die Schaffenden natürlich ist, den Übermenschen zu lieben, liegt auch an ihrem besonderen Verhältnis zu ihm. Er ist mit ihnen eng verwandt – wie ein Kind oder ein Werk.“[498]

Von Beginn an begleitet Nietzsches Überlegungen zum Übermenschen die aufgeworfene Aporetik, die die unerträgliche Unvollkommenheit des Menschen herausstellt. Diese Aporetik wird folgendermaßen ausgedrückt: „,Was man lieben muß, warum muß man das immer zugleich auch hassen? Ist nicht Liebe die größte aller Qualen?' Deshalb muß der Mensch überwunden werden.“[499] Der einzige Ausweg aus diesem Dilemma scheint also die Überwindung des Menschen zu sein.[500] Zarathustra kehrt dreißigjährig zu den Menschen zurück und er hat das Potenzial für eine Mission: „Siehe! Ich bin meiner Weisheit überdrüssig, wie die Biene, die des Honigs zu viel gesammelt hat, ich bedarf der Hände, die sich ausstrecken. Ich möchte verschenken und austheilen, bis die Weisen unter den Menschen wieder einmal ihrer Thorheit und die Armen einmal ihres Reichthums froh geworden sind.“[501]

Darüber hinaus hat Zarathustra neue geistige Kraft getankt, nachdem er sich ausgebrannt zurückgezogen hatte. In der zweiten Vorrede wird er gefragt, warum er sein neues Leben nicht genießt und die „Schlafenden“[502] stören will um ihnen seine Botschaft näher zu bringen. Schlafende meiden jede Störung, was so viel

---

[498] Brusotti, Marco: Die Leidenschaft der Erkenntnis. S. 532.

[499] Nietzsche, Friedrich W.: Nachgelassene Fragmente Sommer-Herbst 1882. 1[245]. S. 82.

[500] Die Einverleibung der Wahrheit scheint nicht mehr auszureichen, denn Nietzsche vertritt anders als in der Fröhlichen Wissenschaft die Auffassung, dass wir nur Irrtümer einverleibt haben: „Wahn und Fehlgriff“ von Geist und Tugend sind in uns „Leib und Wille“ geworden. „[...] ein Versuch war der Mensch. Ach, viel Unwissen und Irrthum ist an uns Leib geworden!“ (Also sprach Zarathustra. S. 100). Nietzsche hält nicht mehr am regulativen Ideal einer vollkommenen Einverleibung der Wahrheit fest. Einverleibung des Wissens hat nur die Aufgabe die Triebe zu sublimieren und den Leib zu ‚reinigen‘: „Wissend Wissend reinigt sich der Leib; mit Wissen versuchend erhöht er sich; dem Erkennenden heiligen sich alle Triebe; dem Erhöhten wird die Seele fröhlich“ (ebd.).Auf diesem Weg soll der Übermensch entstehen und die tödliche Gefahr durch die Einverleibung der Wahrheit wird abgelöst vom Willen zum Untergang „desjenigen, der durch Einverleibung des Wissens aus seiner Tugend ein Hang und sein Verlangen macht“ (Brusotti, Marco: Die Leidenschaft der Erkenntnis. S. 532.).

[501] Nietzsche, Friedrich W.: Also sprach Zarathustra Vorrede 1. S. 11.

[502] Ebd. Vorrede 2. S. 30.

bedeutet, dass diese Menschen in ihren Meinung und Vorurteilen festhängen und verkündet man ihnen eine andere Wahrheit als die, die sie gewohnt sind, so kann dies gefährlich werden.[503] Dies ergab sich bereits aus der Einverleibung, die im vorherigen Kapitel dargelegt worden war. Das Evangelium, das Nietzsche über seinen Zarathustra verkünden lässt, bietet die Möglichkeit, sich einer bewussten Selbstgestaltung zuzuwenden. Erste Werkzeuge werden dazu auch gleich genannt: Weisheit und der Lehrgehalt, der diese Veränderung bewirken soll.

Im letzten Kapitel deutete sich bereits an, was die Verwandlung des Geists zum Löwen in der Rede „Von den drei Verwandlungen" im Zarathustra bewirken will: er strebt zur Freiheit von den überkommenen, alten Normensystemen mit ihren heteronomen Prinzipien, in denen sich keine Freiheit erwirken lässt. Der Geist als Löwe will Herr im eigenen Revier sein; das alte Normensystem ist in seiner Gültigkeit zu negieren, worin Freiheit nicht schon verwirklich ist, weil das Individuum heteronom bestimmt wird. Die Freiheit bestimmt sich hier negativ, denn sie bedeutet zunächst, sich unabhängig zu machen und sich vom seit jeher Geltenden zu lösen. Diese Selbstbefreiung ist die Freiheit, die der Löwe zu erbeuten trachtet. Das alte Prinzip jedoch, dem der Geist bisher gehorcht hat, gilt es zu destruieren. Damit ließe sich die „Wüste" fruchtbar machen. Dieses Ringen des Geistes mit sich selbst schildert Zarathustra als Kampf mit einem Drachen:

> „Welches ist der grosse Drache, den der Geist nicht mehr Herr und Gott heissen mag?
> „Du-sollst" heisst der grosse Drache. Aber der Geist des Löwen sagt „Ich will".
> „Du-sollst" liegt ihm am Wege, goldfunkelnd, ein Schuppenthier, und auf jeder Schuppe glänzt golden „Du-sollst!"
> Tausendjährige Werthe glänzen an diesen Schuppen, und also spricht der mächtigste aller Drachen „aller Werth der Dinge – der glänzt an mir."
> „Aller Werth ward schon geschaffen, und aller geschaffene Werth – das bin ich. Wahrlich, es soll kein „Ich will" mehr geben!" Also spricht der Drache."[504]

Der Drache entspricht dem alten Normen- und Wertesystem, das kostbar wie Gold, Dauerhaftigkeit, Gediegenheit und Ehrwürdigkeit ausstrahlt. Jede einzelne Schuppe des Drachens gebietet die Macht des Willens in einem ‚Du sollst', welches jeden anderen Willen bestreitet, ein Überhaupt-nicht-Wollen ist dabei das Optimum. Das ‚Ich will' soll es somit nicht mehr geben. Die von Gott gestifteten Werte, die er in seinem allmächtigen Willen zur Geltung gebracht hat, sind

---

[503] Vgl. Pieper, Annemarie: „Ein Seil geknüpft zwischen Thier und Übermensch." S. 38.
[504] Nietzsche, Friedrich W.: Also sprach Zarathustra. S. 30.

das Höchstmaß einer Werthaftigkeit überhaupt. Die Crux dabei ist, dass es außer dem von Gott gegebenen Moralkodex nichts gibt, was den gleichen Wert im Sinne einer normativen Gültigkeit hätte. Es kann also keinen Eigenwillen mehr geben, der etwas Wertvolles hervorbringen kann, was dem göttlichen Willen ebenbürtig wäre. All dies wird aber bereits von einem anderen Urheber beansprucht, wodurch dem Eigenwillen nichts weiter übrig bleibt, als diesem gebieterischen „Du sollst" zu gehorchen, was allerdings den Verzicht auf eigenes Werte-schaffen-Wollen fordert. Das „Schaffen sieht Nietzsche nicht erst als Wertansetzen an, „sondern schon jede Erkenntnis als solche – die wissenschaftliche Erkenntnis sowie im Grunde die Wahrnehmung."[505]

Letztlich führt die Ohnmacht zur Kapitulation des Geistes, das übermächtige ‚Du sollst' verlangt letztlich, dass man keinen eigenen Willen haben darf, sondern die Demutshaltung des Kamels einnehmen muss, womit man all das Kostbare erreichen kann, was man allerdings nicht durch eigene Kraft erschaffen konnte. Hier ist es an der Zeit, dass der Geist als Löwe sein ‚Ich will' dem ‚Du sollst' entgegensetzt, denn der gebietende Drachen ist ein aufgeblähtes Fabelwesen und damit eine Fiktion, etwas Erdichtetes, was mit seiner Forderung ‚Du sollst' ins Leere greift. Dieses Gaukelspiel gilt es zu durchschauen. Der Drache mit seinen glänzend goldenen Schuppen ist ein unbewegliches, unlebendiges am Wegrand liegendes Monstrum, das vortäuscht, alles Wertvolle auf sich versammelt zu haben. Dazu fällt es ihm leicht, die diesseitige Welt als Einöde zu deklarieren, nachdem er sie all ihrer Werte beraubt hat.

Der Geist in der Gestalt des Löwen wagt dennoch ‚Ich will' zu sagen, zu bestimmen, was für ihn das Wertvolle und Gültige sein soll. Er schafft zu nächst *tabula rasa* dadurch, dass er alles was bisher einen Anspruch auf Gültigkeit hat, radikal negiert.[506] „Neue Werthe schaffen – das vermag auch der Löwe noch nicht: aber Freiheit sich schaffen zu neuem Schaffen – das vermag die Macht des Löwen. Freiheit sich schaffen und ein heiliges Nein auch vor der Pflicht: dazu, meine Brüder bedarf es des Löwen."[507]

Um Raum für das ‚Ich will' zu schaffen, muss der Geist als Löwe zuerst nein sagen, ein sozusagen heiliges Nein. Dem ‚Du sollst' muss ein ‚Ich will n*icht*' entgegen gesetzt werden. Die Anerkennung des alten Moralkodexes wird damit

---

[505] Brusotti, Marco: Die Leidenschaft der Erkenntnis. S. 532.

[506] Vgl. Pieper, Annemarie: „Ein Seil geknüpft zwischen Thier und Übermensch." S. 119 ff.

[507] Nietzsche, Friedrich W.: Also sprach Zarathustra. S. 30.

verweigert. Der Löwe verhält sich also in Richtung Vergangenheit destruktiv und in die Zukunft konstruktiv. Er ermöglicht durch Verneinung der Heteronomie, die durch das alte Moralsystem bestimmend gegeben war, Autonomie ohne sie allerdings schon verwirklichen zu können. Der Boden für die Freiheit wird hier allererst bereitet. Das Gebiet, was der Drache (in Form des alten christlichen Moralkodexes) besetzt hält, gilt es ihm zu entreißen, denn der Geist ist auf ein neues Gebiet für seine Entfaltung angewiesen. Die Grenzen dessen, was zu Begehren gilt, ist durch den alten Moralkodes fixiert worden.

> „Recht sich nehmen zu neuen Werthen – das ist das furchtbarste Nehmen für einen tragsamen und ehrfürchtigen Geist. Wahrlich, ein Rauben ist es ihm und eines raubenden Thieres Sache.
>
> Als sein Heiligstes liebte er einst das ‚Du-sollst': nun muss er Wahn und Willkür auch noch im Heiligsten finden, dass er sich Freiheit raube von seiner Liebe: des Löwen bedarf es zu diesem Raube."[508]

Der Löwe muss das Kamel fressen, denn es dient ja letztlich nur dem Drachen als „tragsames" Kamel, was willig beladen ist und den Befehlen „ehrfürchtig" Folge leistet. Wird das Kamel eliminiert, so bricht für den Drachen ein ausführendes Organ weg, dies bedeutet gleichsam seine Niederlage, denn er ist hilflos ohne einen gehorchenden Geist. Der Löwe gehorcht nicht, denn vielmehr setzt er jetzt sein „Ich will" gegen das „Du sollst" des geschwächten Drachens. Der Löwe hat damit den Weg zur dritten Verwandlung bereitet: den zum Kind. Darüber wird im nächsten Kapitel noch zu reden sein.

Wie ein Kommentar lässt sich dazu die Rede „Vom Wege des Schaffenden" lesen. Die Frage der „Vereinsamung" wird aufgeworfen: „‚Wer sucht, der geht auch leicht selber verloren. Alle Vereinsamung ist Schuld': also spricht die Heerde. Und du gehörtest lange zur Heerde."[509] Der Weg in die Vereinsamung, die Autonomie und selbst gestaltete Individualität ist kein leichter, denn zunächst bedeutet es, sich von der Gemeinschaft und ihren im Gemeinwohl fixierten Werturteilen zu lösen, die bis jetzt selbstverständlich geltende Gewohnheit war. Aus der Sicht der Herdenmoral kann es gar keinen Eigenwillen und keine nicht verallgemeinerbare Geltungsansprüche geben. Weicht jemand vom Allgemeinwillen ab und möchte Regeln für sein Handeln suchen, so kann mit ihm etwas nicht stimmen. Er wird schuldig, weil bereits ein allgemeiner Konsens dar-

---

[508] Ebd. 30 f.

[509] Nietzsche, Friedrich W.: Also sprach Zarathustra. S. 80.

über besteht, dass es überhaupt nichts mehr zu suchen gibt. Es gibt damit eine gültige Lösung und der Selbstsucher geht in die Irre, er verliert die Orientierung, er weiß nicht mehr, was er tut. Sucht er aber, weil ihm das, was die Herde will nicht mehr befriedigt, so isoliert er sich und dies wird ihm als Schuld ausgelegt. Wer sich vom wesentlich und willentlich vom für wertvoll Erachteten entfernt, drückt eine Missachtung über das generell für gut und böse Gehaltene aus. Es verbietet sich dann selbstverständlich auch, nach eigenem Maßstab für das Gute und Böse zu suchen.[510] Zarathustra fordert aber noch mehr: „Bist du eine neue Kraft und ein neues Recht? Eine erste Bewegung? Ein aus sich rollendes Rad? Kannst du auch Sterne zwingen, daß sie um dich sich drehen?"[511] Das ist gewaltig, denn das Individuum hat gerade den schmerzlichen Weg der Ablösung beschritten, der es von der Wir-Bestimmung zur Ich-Bestimmung geleitet hat. Plötzlich sieht es sich mit Ansprüchen konfrontiert, die sich für es – wenn überhaupt – erst erfüllen, wenn sich ihm neue, greifbare Möglichkeiten zeigen und sich ein seinem Sinnverlangen entsprechendes Ichbewusstsein ausbildet. Es *wird* dadurch eine "neue Kraft und neues Recht", da es aus der selbstsicheren Macht seines eigenen Wollens autonom festlegt, was für es gelten soll. Diese Selbstsetzung des Ichs ist das „aussichrollende Rad" ein selbstursprünglicher Akt, erste Bewegung, aus der das Individuum allererst entsteht und es verdankt sein ganzes Sein ausschließlich aus sich selbst. Der Übermensch sieht sich als Mittelpunkt auch für die Sterne, die ohne ein sie steuerndes Ichzentrums jener Kraft gehorchen, die in ihm durchsichtig als Wille zur Macht wirkt. Der Geist als Löwe in „Von den drei Verwandlungen" rang um Freiheit, als er sein Nein zur Moral brüllte.[512] Die Freiheit ist aber zu differenzieren, was Zarathustra schließlich auch tut: „Frei nennst du dich? Deinen herrschenden Gedanken will ich hören und nicht, daß du einem Joche entronnen bist."[513] Eine ‚Freiheit von' ist immer nur negativ im Sinne eines Nicht-determiniert-sein durch andere(s). Die Befreiung von äußeren Fesseln und inneren Zwängen ist eine zerstörerische Tat, die die positive Freiheit ermöglicht ohne sie aber schon hervorbringen zu können. Der „herrschende Gedanke" wird erst diesen Akt vollziehen, indem er einen Maßstab setzt, der der Freiheit Inhalt und ein Ziel verleiht.

---

[510] Vgl. Pieper, Annemarie: „Ein Seil geknüpft zwischen Thier und Übermensch." S. 287 ff.

[511] Nietzsche, Friedrich W.: Also sprach Zarathustra. S. 81.

[512] Vgl. Pieper, Annemarie: „Ein Seil geknüpft zwischen Thier und Übermensch." S. 290 f.

[513] Ebd. S. 81.

„Es giebt Manchen, der seinen letzten Werth wegwarf, als er seine Dienstbarkeit wegwarf."[514] Damit wird ausgedrückt, dass nicht jeder Mensch zur Autonomie fähig ist. Wer alten Normen nicht mehr gehorcht und verpasst, an ihre Stelle einen neuen, eigenen Wertmaßstab zu setzen, hat nichts mehr, woran er sich halten kann. In diesem Fall ist es besser, der Mensch hält sich weiter an die negative Freiheit und bleibt innerhalb der Herdenmoral und damit auch im Rahmen der Heteronomie. Auch zu diesem Entschluss benötigt er immer noch ein gewisses Maß an Selbstüberwindung, was insofern einen Wert bildet, denn die überkommenen Wertvorstellungen werden zumindest negiert ohne aber eigene neue aufstellen zu können. Diese Art der Selbstüberwindung bleibt jedoch unproduktiv, denn sie bleibt ohne erfüllenden Sinn und schlägt damit leer in sich zurück, ihre Von-sich-selbst-Gelöstheit offenbarend.

Hat jemand den Weg zu sich endlich gefunden, auf den er sich mit aller Kraft und Konzentration begeben hatte, so wird er nur kurz in den Genuss seines Glückes kommen, denn mit der Zeit wird er ermüden und es quält ihn, wenn er die Probleme bemerkt, die sich letztlich nur aus seiner Intention einen Willen zur Macht und eine Distanz zur Gesellschaft zu entwickeln, ergeben. Die Abwechslung und Ablenkung, die er im Mitsein mit dem anderen erfahren durfte, verschwindet und er muss sich ganz allein ertragen lernen. Er zwingt sich zum Stolz und schreit verzweifelt in der Einsamkeit:

> „Heute noch leidest du an den Vielen, du Einer: heute noch hast du deinen Muth ganz und deine Hoffnungen.
> Aber einst wird dich die Einsamkeit müde machen, einst wird dein Stolz sich krümmen und dein Muth knirschen. Schreien wirst du einst „ich bin allein!"'"[515]

Zarathustra verschönt nicht – ganz im Gegenteil – er zeigt dezidiert die Bandbreite der Qualen und Enttäuschungen auf, die das Ich durchleiden kann, nachdem es alle Brücken hinter sich gekappt hat und eine neue Ausrichtung bzw. Orientierung noch nicht gefunden hat. „Einst wirst du dein Hohes nicht mehr sehn und dein Niedriges allzunahe; dein Erhabnes selbst wird dich fürchten machen wie ein Gespenst. Schreien wirst du einst: ‚Alles ist falsch!'"[516] Der Vergleichsmaßstab des Ich gegenüber anderen geht verloren, weil es einsam ist. „Nur am Abstand zur Menge kann es seine Höhe ermessen; aber nachdem es

---

[514] Nietzsche, Friedrich W.: Also sprach Zarathustra. S. 80.

[515] Nietzsche, Friedrich W.: Also sprach Zarathustra. S. 81.

[516] Ebd.

aufgehört hat, sich um die Menge und deren gemeinsame Wertvorstellung zu kümmern, fehlt ihm der Bezugspunkt, im Hinblick auf den es die Höherrangigkeit seines selbst gesetzten Wertmaßstabs beurteilen könnte."[517] Vergleicht es sich hingegen mit seinem eigenen Wertmaßstab, so sieht es seine Unzulänglichkeiten, diesem hohen Anspruch gerecht zu werden. Das, was es sehr hoch einschätzte und als etwas Erhabenes ansah und das es anzustreben galt, der Entwurf, etwas über sich hinaus zu schaffen, erscheint gespensterhaft, wovor sich das Ich fürchtet, denn es begreift, dass es dem eigenen Anspruch nicht gerecht werden kann. Es ist ihm somit nicht gelungen, der Idee des Übermenschen Gestalt zu verleihen. Aus dem Erkennen dieses Versagens resultiert letztlich auch die Furcht, in Zukunft ebenfalls zu versagen, weil das Ziel so hoch steht, dass es sein Können übersteigt. Aus dieser Verzweiflung entspringt denn auch der Ausruf: „Alles ist falsch"[518]. Alle Anstrengungen und hohen Erwartung wären dahin, würde der Weg zum Übermenschen derart scheitern. In summa ist es damit mit seinen hohen Erwartungen radikal in Frage gestellt.

Wer es jedoch geschafft hat, sich von der Heteronomie und von der Gemeinschaft mit den anderen zu lösen, muss Verachtung und subjektiv empfundene Ungerechtigkeiten ertragen, denn objektiv gesehen, handelt die Menge durchaus folgerichtig und angemessen, denn warum soll sie jemanden tolerieren oder schätzen, der ihre Lebensform lange als die seine ansah und sie plötzlich ohne Kompromissbereitschaft ablehnt. „Du zwingst Viele, über dich umzulernen; das rechnen sie dir hart an. Du kamst ihnen nahe und giengst doch vorüber: das verzeihen sie dir niemals."[519] Hiermit beschreibt Zarathustra die Entstehung des Ressentiments: „Wenn einer die Gemeinschaft verläßt, aus alten und bewährten Bindung ‚aussteigt‘, um für sich allein eine alternative Lebensform zu finden, wird dieser Bruch wie eine verschmähte Liebe als eine Art Verrat aufgefaßt. Man legt dem Aussteiger die Überwindung des Wir-Maßstabs als Verächtlichungmachung des von allen als schätzenswert Anerkannten aus und zahlt es ihm mit Verachtung zurück."[520]

Der größte Feind auf dem Weg zum Übermenschen ist nicht die Repräsentanz der Moral, des Rechts oder der Kirche, nein es ist der einzelne selbst, der im Zeichen der Schwäche sich selbst in den Rücken fällt und dem neuen Ich Vor-

---

[517] Pieper, Annemarie: „Ein Seil geknüpft zwischen Thier und Übermensch." S. 294.

[518] Nietzsche, Friedrich W.: Also sprach Zarathustra. S. 81.

[519] Ebd.

[520] Pieper, Annemarie: „Ein Seil geknüpft zwischen Thier und Übermensch." S. 294

haltungen in Form der Regeln der alten Moral über sein ungebührliches Handeln machen. Die Wegbereitung hin zum Übermenschen ist eine schwere Aufgabe, dies zeigte sich in diesem Kapitel sehr deutlich und Zarathustra macht sich auch die Mühe es eindeutig herauszustellen, wenden wir uns nun demjenigen zu, der es geschafft hat, sich zu überwinden und dem Übermenschen nahe zu kommen.

4.4. Neuorientierung mit Entwicklung zum Übermenschen

Der geschaffene Freiraum, den der Geist in der Stufe des Löwen bereitete, wird nun zum Gebiet der Verwandlung zum Kind: „Unschuld ist das Kind und Vergessen, ein Neubeginnen, ein Spiel, ein aus sich rollendes Rad, eine erste Bewegung, ein heiliges Ja-sagen."[521] Die Verwandlung zum Löwen brachte Revolte und Verweigerung gegen die alte Moralforderung des „Du sollst". Der Geist ist jetzt frei für sein Wollen und die Erschaffung neuer Werte. Die Kind-Stufe stellt in diesen Überlegungen etwas völlig Neues dar, was erst nach Durchlaufen der Kamel- u. Löwenstufe ermöglicht werden kann. Der Geist gebiert sich erneut, nachdem er als Kamel unterging und als Löwe auf dem Beutezug nach Freiheit geendet hatte. Der Geist erzeugt sich selber neu, nachdem er eine Totgeburt als Kamel gewesen war. Er war nicht er selbst, sondern gehorchte dem Drachenmonstrum in Form des alten Moralsystems. Das Kind ist Unschuld, weil es neu geboren ist und so wird auch der Geist unschuldig an dem, was er als Kamel ertrug: Die Heteronomie und damit die Unfreiheit. Allerdings setzt der Geist als Kind einen Neuanfang, was mit dem Vergessen beginnt; der Geist als Kind verliert die Schuld, dass er durch den Zustand des Kamels und der damit verbundenen Selbstaufgabe des Willens auf sich genommen hatte. Der Geist wird mit der Kind-Stufe eigentlich erst zu dem was er sein wollte: ein Anfang, dem keine Fremdbestimmung mehr zugrunde liegt, seine autonome Stellung bekräftigend, endlich in die Lage versetzt selbst Urheber von Werten zu werden. Das Kind kann so bedingungs- und voraussetzungslos beginnen, weil sich in der Kindmetaphorik das „Spiel des Schaffens", die „Unschuld" und das „Vergessen" in der Tendenz zum Spielerisch-Zweckfreien treffen, womit das Kind zur Gestalt des Übermenschen wird und so die Selbstbestimmung das Regiment übernehmen kann.[522] Damit kulminiert das „Kind" in einem Akte der Befreiung. Der Geist lässt damit phönixgleich die Asche (Vergangenheit) zurück, aus der er auferstanden ist. Dies wurde durch den Löwen mit seinem „Ich will nicht" vorbereitet,

---

[521] Nietzsche, Friedrich W.: Z., I., Von den drei Verwandlungen. S. 31.

[522] Vgl. Niemeyer, Christian: Nietzsche verstehen. S. 173f.

der damit auch zum Dreh- und Angelpunkt in den ‚drei Verwandlungen' wird. Der Geist, der vor der Kindstufe unselbständiges Gespenst seiner selbst, durch die Erstarrung in Zwängen gewesen war, hat jetzt alle Möglichkeit lebendig, spielerisch, kreativ zu werden – „ein aus sich rollendes Rad". Im „heiligen Ja-sagen" bestätigt sich der Geist als autonom und schöpferisch, der nicht mehr wie der Löwe, die Freiheit auf einem Raubzug erbeuten muss, womit sie nicht das ist, was er von sich aus schaffen konnte, sondern diejenige Freiheit, die er müh-sam dem Drachen abtrotzte.[523] „Ja, zum Spiele des Schaffens, meine Brüder, be-darf es eines heiligen Ja-sagens: seinen Willen will nun der Geist, seine Welt gewinnt sich der Weltverlorene."[524] Die Praktik des Ja-Sagens ist ein fast schon religiöser Akt mit dem Unterschied, dass das Heil des neu geborenen Geistes sein eigenes Schaffen ist. Die Tat, das Spiel und Wollen sind Manifestationen „der ursprünglichen Selbstbejahung des Geistes, durch die er sich nicht nur als Geist, sondern zugleich auch Welt hervorbringt."[525] Aus der Wüste ist nun die die Welt geworden, nachdem der Geist seine Selbstwerdung vollzogen hat.

> „Ja, dies Ich und des Ich's Widerspruch und Wirrsal redet noch am redlichsten von sei-nem Sein, dieses schaffende, wollende, werthende Ich, welches das Mass und der Werth der Dinge ist.
> Und dies redlichste Sein, das Ich – das redet vom Leibe, und es will noch den Leib, selbst wenn es dichtet und schwärmt und mit zerbrochnen Flügeln flattert.
> Immer redlicher lernt es reden, das Ich: und je mehr es lernt, um so mehr findet es Wor-te und Ehren für Leib und Erde.
> Einen neuen Stolz lehrte mich mein Ich, den lehre ich die Menschen: – nicht mehr den Kopf in den Sand der himmlischen Dinge zu stecken, sondern frei ihn zu tragen, einen Erden-Kopf, der der Erde Sinn schafft!"[526]

Zu solch einer Rede ist – so Zarathustra – allein das Ich berechtigt. Diese Be-rechtigung ergibt aus der Redlichkeit des Ichs. Diese Redlichkeit ist wörtlich zu nehmen als Haltung des Wahr-redens, sie drückt sich jedoch nicht unbedingt im Sprechen oder Sagen aus, sondern meint darüber hinaus ein Tun in Form der Tä-tigkeit des Schaffens, Wollens und Wertens. Das Ich redet nicht von einem Sinn, sondern bringt ihn erst hervor[527]. Für Zarathustra ist das "redliche Ich" etwas

---

[523] Vgl. Pieper, Annemarie: „Ein Seil geknüpft zwischen Thier und Übermensch." S. 124 f.

[524] Nietzsche, Friedrich W.: Also sprach Zarathustra, I., Von den drei Verwandlungen. S. 31.

[525] Pieper, Annemarie: „Ein Seil geknüpft zwischen Thier und Übermensch." S. 125.

[526] Nietzsche, Friedrich W.: Also sprach Zarathustra, I., Von den Hinterweltlern. S. 36 f.

[527] Bei diesem Denken des Ichs könnte man leicht an Descartes „cogitio, ergo sum" erinnern werden. Während jedoch Descartes res cogitans und res extensa trennt, ist für Nietzsche

vitales, eine kreative Produktivität, in welcher Geist und Leib eng miteinander kooperieren, auch wenn sich das Ich über den Gegensatz von Geist und Leib in sich überwinden muss. Zur Redlichkeit des Ichs gehört, dass es in allem, was es tut, vom Leib spricht, selbst wenn es dies in einer Widerrede, einem Widerspruch tut. Geist und Leib müssen sich in einem unermüdlichen Sich-Schaffen und –Umschaffen aneinander abarbeiten, woraus dann das Ich hervorgeht als der Sinn der Erde. Dieser entsteht durch das ständige Umschaffen als solches. Schaffen, Wollen und Werten haben ihren Bezugspunkt immer im Leib, obwohl sich das Ich scheinbar von der Wirklichkeit entfernt, wenn es „dichtet und schwärmt und mit zerbrochnen Flügeln flattert", es reibt sich dann immer noch am Leiblich-Materiellen ohne es verächtlich abzutun. Seine Redlichkeit zeigt sich gerade daran, dass es stetig mehr „Worte und Ehren für Leib und Erde" findet. Ehrt und achtet das Ich den Leib, schafft es den Sinn der Erde, der gleichzeitig der Sinn des Ich ist.[528] Die Krankheit bzw. das Leiden des Leib-Seele-Dualismus gilt es Zarathustras Lehre gemäß zu überwinden. Sie resultiert aus jedem einzelnen und aus diesem selbst muss auch die Heilung kommen. Das Streben darf nicht himmelwärts gerichtet sein, auf irgendwelche idealen Normen, sondern das Ich muss in seinem Hinausstreben über sich selbst, sein Streben auf seinen Ursprung zurückbeziehen. Der leiblich-materielle Ausgangspunkt wird dadurch erheblich aufgewertet, dass Ziel und Ende des Weges, welches den Sinn in sich begreift, mehr an Bedeutung gewinnt.[529] Der Unterschied zu beispielsweise Platons Seele, die in einem „Fahrzeug" (Körper) eingekapselt ist und der nach dem Tode eine Befreiung aus diesem „Gefängnis" widerfährt, ist offensichtlich.[530]

Zarathustra lehrt „die Menschen: – nicht mehr den Kopf in den Sand der himmlischen Dinge zu stecken, sondern frei ihn zu tragen, einen Erden-Kopf, der der Erde Sinn schafft!" Hat derjenige, der den Dualismus überwindet seinen unbedingten Sinnanspruch, nicht mehr ins ferne Jenseits verlegt, sondern an sich selbst gerichtet und in Korrelation mit seinem Ausgangspunkt gesetzt, so erblickt er darin das Tätigkeitsfeld für seinen Geist. Der Leib ist grundsätzlich genauso wenig mit Sinn erfüllt wie der absolute Geist. Für Zarathustra entsteht da-

---

Geist und Leib untrennbar verbunden und muss einheitlich gedacht werden. Vgl. zu diesem Kontext: Pieper, Annemarie: „Ein Seil geknüpft zwischen Thier und Übermensch." S. 128 f.

[528] Vgl. Pieper, Annemarie: „Ein Seil geknüpft zwischen Thier und Übermensch." S. 138 ff.

[529] Vgl. ebd. S. 141 f.

[530] Vgl. zu diesem Kontext exemplarisch: Platon: Timaios 42a ff.; Phaidon 67 d-e.

her Sinn nur durch eine schöpferische Tätigkeit, ein „Schaffen", in dem das Empirisch-Materielle überwunden und zu einem höheren Leib sublimiert wird, „dessen Sinn in seiner Vitalität, in seiner Gesundheit hervortritt – Bilder für die Dynamik des sich wechselweise befruchtenden Spannungsverhältnisses zwischen Materie und Geist, die gemeinsam diesen höheren Leib als gegenstrebige Einheit und lebendiges Ganzes hervorbringen."[531] Man sieht ohne Zweifel die Bezüge zu antiken Philosophie und ihren Praktiken, die, wie bereits ausführlich dargestellt, den Leib betrafen aber auch den Geist hinsichtlich der Vernunft. Den Begriff „schaffen" versteht Zarathustra mehr als ein „Erschaffen", in dem es darauf ankommt, sich selbst als eine Art Kunstwerk hervorzubringen, wie der Künstler sich einem speziellen Material annimmt und es sukzessive gestaltet, ist letztlich der Übermensch konzipiert, ein ganzheitliches, ein nichtdualistisches Selbstverhältnis des Leibes und was mithilfe des Leibes materialisiert wird. Allerdings gibt es einen bedeutenden Unterschied, denn das Kunstwerk Mensch ist nie fertig: Eine immerwährender Um- und Neuschaffungsprozess kennzeichnet es, da es nur im Schaffen lebendig bleibt, und es darf auf keinen Fall hinter seine Selbst-Kreationen zurückfallen.[532] Die Genesung vom Leib-Seele-Dualismus vollzieht sich nicht schlagartig, sondern erst allmählich. Es gibt immer wieder Zeiten des Rückfalls, in denen sich der Genesende „zärtlich nach seinem Wahne blickt und Mitternachts um das Grab seines Gottes schleicht"[533]. Die jenseitige Welt, die als Erfüllung seines Strebens nach einem soliden Sein stets präsent gewesen war, hat er zwar bereits als Fiktion durchschaut, aber manchmal trauert er doch noch der alten Vorstellung eines ewigen Sinns, der dauerhaftes Glück versprach, immer noch nach. Schon in Platons *Phaidon* ist die um Gräber schleichende Seele ein Thema, allerdings als Bild in gegensätzlicher Konstellation: Das Sterben lernen ist dabei das zentrale Anliegen des Sokrates, was bereits im irdischen Leben eine Ablösung der Seele von den leiblichen Bedürfnissen bedeutet. Sie kann dann rein und unbefleckt „zu dem ihr Ähnlichen, dem Unsichtbaren, zu dem Göttlichen, Unsterblichen, Vernünftigen"[534], und damit zur Glückseligkeit gelangen. Hat die Seele sich während des Lebens zu stark mit dem Leib eingelassen, so ist sie „durchzogen von dem Körperlichen" und selbst „schwerfällig, irdisch und sichtbar" und schleicht „an den Denkmälern und Grä-

---

[531] Pieper, Annemarie: „Ein Seil geknüpft zwischen Thier und Übermensch." S. 141 f.

[532] Vgl. Pieper, Annemarie: „Ein Seil geknüpft zwischen Thier und Übermensch." S. 143.

[533] Nietzsche, Friedrich W.: Also sprach Zarathustra, I., Von den Hinterweltlern. S. 37.

[534] Platon: Phaidon 81 a.

bern"[535] umher. Die Seele liebt in diesem Fall zu sehr das „Sichtbare" sprich das Materielle, welches sie wiederbeleben möchte. Der Leib ist das Grab der Seele, wie sich auch in Platons Höhlengleichnis zeigt, dort entrinnt die Seele diesem Gefängnis einzig durch das Streben zur Sonne und damit zu den Ideen, die außerhalb der Höhle liegen und ihr Sinnverlangen erfüllen können.[536] Zarathustra dagegen hält diese dualistische Ansichtsweise des Menschen für eine Perversion des Menschlichen schlechthin.

Nicht den Leib und damit verbunden den Wunsch nach materieller Erfüllung gilt es zu begraben, sondern genau umgekehrt die falsche Vorstellung einer transzendenten Ideenwelt, die den Menschen auf einen Irrweg geführt hat. Zwar benutzen beide – Sokrates ebenso wie Zarathustra – das Bild des an den Gräbern Umherschleichens der Seele in kritischer Absicht: „Was da begraben liegt, ist tot, und es ist gut, daß es tot ist; man soll es nicht wiedererwecken. Jedoch sind sie verschiedener Ansicht darüber, was für tot zu erklären ist und damit als Sinnziel ausscheidet."[537]

Sokrates spricht dem Stofflichen allen Wert ab, während Zarathustra Gott für tot hält. Geht jemand heimlich ans Grab seines Gottes, so ist das bereits ein Anzeichen für die Genesung. Dafür ist die Tugend der Redlichkeit wichtig, die der am Leib-Seele-Dualismus Erkrankte auch ablehnt. Er muss den Leib mit dem redenden Ich ehren lernen, dann wird er wieder gesund. Dichter und religiös Gläubige hassen das redliche Ich, da es den unsterblichen Leib preist und somit denen widerspricht, die durch ihr Dichten und Glauben Unsterbliches zu schaffen vorgaben, das aber jetzt als Hinterwelt und als aussichtslose Fiktion enttarnt wird und dieser Fiktion wird vom wahr-redenden Ich die gesamte Wahrheit abgesprochen. Mit „Dichtern" sind hier weniger Poeten als vor allem Philosophen gemeint, die eine sogenannte wahre Welt erdichtet und damit erfunden haben. Der Irrtum dieser "Dichter" und auch Anhängern des Christentums besteht darin, dass sie einen übergeordneten Sinn über die hiesige Welt des Werdens projizieren. „Rückwärts blicken sie immer nach dunklen Zeiten: da freilich war Wahn und Glaube ein ander Ding; Raserei der Vernunft war Gottähnlichkeit, und Zweifel Sünde.

---

[535] Ebd. 81 c-d.

[536] Vgl. Platon: Poleteia 514 a – 517 a.

[537] Pieper, Annemarie: „Ein Seil geknüpft zwischen Thier und Übermensch." S. 144.

Allzugut kenne ich diese Gottähnlichen: sie wollen, dass an sie geglaubt werde, und Zweifel Sünde sei.“[538] Der Zweifel muss Sünde sein, wenn es noch mindestens eine Zweiheit gibt. Im höheren Wahnsinn, der in archaischen und mythischen Zeiten propagiert wurde, gab es aber eine Ekstase, in der der Mensch aus sich und den Gegensätzen seines Seins herausging und einen Zustand der ungeteilten Ganzheit, der dem Sein der Götter glich, erreichte. Darin war jeder Zweifel obsolet geworden, weil sich Denken, Fühlen und Wollen zu einer nicht zu unterscheidenden Einheit verbinden. Der Zweifel würde zur Sünde werden, weil Gott, dem sich der Entrückte annähert, in Frage gestellt würde.

Daher spricht Zarathustra von der Tugend der Redlichkeit wie folgt: „Redlicher redet und reiner der gesunde Leib, der vollkommne und rechtwinklige: und er redet vom Sinn der Erde.“[539] Wer aus gesundem Leib heraus spricht, ist der Redliche, der sich ohne Verstellung wahr mitteilt, er offenbart sich damit als der, der er ist. Diesen Redner bezeichnet Zarathustra als vollkommen und rechtwinklig, was bedeutet, dass er zu einer Norm seiner selbst wird. Er wird seinem eigenen Anspruch gerecht und dies ist seine „Redlichkeit“, in der sich – so sagt es Zarathustra – der Sinn der Erde ausdrückt, was dem Übermenschen genau entspricht.

Der rechtwinklige Leib ist letztlich die Norm für Gesundheit, das polare Gleichgewicht der geistigen und materiellen Kräfte im Menschen, der den Leib-Seele-Dualismus in sich überwunden hat. Beide Linien (Geist und Materie), die aufeinander zulaufen, bilden den rechten Winkel. Genau in dem Schnittpunkt wo sie sich treffen, entsteht etwas Neues, Harmonisches, Schönes, Maß und Norm der Einheit des Geistes und der Materie.[540]

> „Einsamer, du gehst den Weg zu dir selber! Und an dir selber führt dein Weg vorbei“[541] Sicherlich mutet diese Wegbeschreibung paradox an, aber man muss drei Ich - Begriffe dabei unterscheiden: 1. das Ich, zu dem der Weg in die Einsamkeit, also zum Übermensch führen soll; 2. das Ich, welches den Weg am Übermenschen vorbei nimmt und somit an die alte Herdenmoral gekettet bleibt; 3. das Ich des sich selbst Überwindens, das mit jedem Schritt vorwärts vom alten Ich zum neuen schreitet. Aus dieser Konstruktion erhellt, dass das Ich nie Übermensch *sein*, sondern immer nur Übermensch *werden* kann, und dass es nie aufhört, Mensch zu bleiben, denn das Ich ist sozusagen immer nur

---

[538] Nietzsche, Friedrich W.: Also sprach Zarathustra, I., Von den Hinterweltlern. S. 37.

[539] Ebd. S. 38.

[540] Vgl. Pieper, Annemarie: „Ein Seil geknüpft zwischen Thier und Übermensch.“ S. 147 f.

[541] Nietzsche, Friedrich W.: Also sprach Zarathustra, I., Vom Wege des Schaffenden. S. 81.

auf dem Sprung zu sich selbst. Ist es bei sich selbst angekommen, so wird dies eben geschaffene Selbst wieder zur Ausgangslage für eine erneute Selbstüberwindung. Die Antithetik von Mensch und Übermensch treibt das schaffende, dynamische Ich kreisförmig herum und damit kontinuierlich zur Selbsterneuerung an. Gelingt es ihm, die Hindernisse, die in Kapitel 4. 3. beschrieben wurden zu überwinden, so ist dieser Weg frei und kann beschritten werden. Die Tendenz zum Übermensch, die immer zugleich Weg und Ziel ist, gilt, so sagt es Zarathustra auch als „Weg des Liebenden: dich selbst liebst du und deshalb verachtest du dich, wie nur Liebende verachten. Schaffen will der Liebende, weil er verachtet!"[542] Die Selbstliebe ist dafür verantwortlich, dass sich das Ich in ein geliebtes und ein verachtetes Ich spaltet, deren spannungsgeladenes und konfliktträchtiges Verhältnis als Substrat dient, aus dem sich die das schaffende Ich speist. Die Liebe kulminiert im übermenschlichen Ich, das als Ideal einer dynamischen, sich potenzierenden und für alles Neue gerüstete und aufgeschlossene Lebensform in die Zukunft gerichtet ist. Das zunächst ebenfalls geliebte Herden-Ich erntet jetzt nur noch Verachtung, weil es in Konventionen und Traditionen erstarrt ist und es sich damit der Vergangenheit zuwendet, die der Inbegriff des seit jeher und für immer Geltenden verkörpert. Das lebendige Ich sieht sich mit diesen divergierenden Vorstellungen seiner selbst konfrontiert und kann seinen Selbstwiderspruch nur ertragen, wenn der Mensch ein Schaffender ist und bleibt. Das Selbst ist als schaffendes auch immer geschaffenes und zu schaffendes gleichzeitig. „Daher ist das Schaffen kein Erschaffen, sondern ein ständiges Um- und Bessergestalten von etwas, das bereits vorhanden ist, doch so, wie es ist, den Anforderungen des Ideals nicht genügt. Dieses Ungenügen daran, daß das geschaffene Ich stets eine fertige, in sich abgeschlossene, buchstäblich abgelebte Welt ist, bewirkt jene Verachtung, die das Selbst für alles Unlebendige, an ein Ende Gekommenes empfindet, und die Verachtung wiederum initiiert das erneute Schaffen."[543]

Hochachtung und Verachtung wechseln in der Selbstliebe des Ichs einander ab, wodurch das Schaffen in Gang gehalten wird.

In Form eines Imperativs führt Zarathustra zunächst eine wichtige Bestimmung für den Willen zur Wahrheit ein:

> „Aber dies bedeute euch Wille zur Wahrheit, dass Alles verwandelt werde in Menschen-Denkbares, Menschen-Sichtbares, Menschen-Fühlbares! Eure eignen Sinne sollt ihr zu Ende denken!
> Und was ihr Welt nanntet, das soll erst von euch geschaffen werden: eure Vernunft, euer Bild, euer Wille, eure Liebe soll es selber werden! Und wahrlich, zu eurer Seligkeit, ihr Erkennenden!"[544]

---

[542] Ebd. S. 82.

[543] Pieper, Annemarie: „Ein Seil geknüpft zwischen Thier und Übermensch." S. 302.

[544] Nietzsche, Friedrich W.: Also sprach Zarathustra, I., Auf den glückseligen Inseln. S. 109 f.

Es gilt, das Seiende denkbar zu machen und dies ist die Vorbereitung auf das letzte Ziel: die Schöpfung des Übermenschen. Die schöpferische Tätigkeit macht die Welt erst „denkbar". Dazu gehört auch die schöpferische Natur der Erkenntnis.[545] Das folgende Bild soll diesen Herstellungsprozess verdeutlichen:

> „Aber zum Menschen treibt er mich stets von Neuem, mein inbrünstiger Schaffens-Wille; so treibt's den Hammer hin zum Steine.
>
> Ach, ihr Menschen, im Steine schläft mir ein Bild, das Bild meiner Bilder! Ach, dass es im härtesten, hässlichsten Steine schlafen muss!
>
> Nun wüthet mein Hammer grausam gegen sein Gefängniss. Vom Steine stäuben Stücke: was schiert mich das?"[546]

Das Sich-selbst-Meißeln, das Heraushämmern des Übermenschen aus dem Stein Mensch ist ein Bild, das in guter Tradition steht und sich beispielsweise bei Plotin findet.[547] War im Vorhergehenden die Rede vom Untergang, so bedeutet dies, in ein Höheres überzugehen. Zarathustra fordert das Ich dazu auf, sich unbeirrt durch das Unverständnis und die Ungerechtigkeit, die die Menge ihm entgegenbringt, ganz auf das eigene Handeln konzentriert zu bleiben und die Selbstüberwindung weiter voran zu treiben: „und erst spät wird die Gerechtigkeit dir nachhinken."[548] Die Anerkennung seiner Leistung (Tendenz zum Übermenschen), die seine Zeitgenossen ihm versagt haben, erfolgt erst durch andere Generationen, die mit größerer Distanz seine hervorragende Leistung gerecht einzuschätzen wissen. Dennoch kann sich aus dem Projekt des ‚selber meißeln' ein Konflikt ergeben. Befreiung ist zwar ein leitender Akt, aber von was wird denn wirklich befreit? Die von außen kommende Fremdherrschaft zu besiegen war das Eine, jetzt gilt es aber auch den Ballast des Inneren los zu werden, das also, was gemeinhin als Sozialisation begriffen wird. Gefühls- und Entscheidungsroutinen

---

[545] „Seht, welche Fülle ist um uns! Und aus dem Überflusse heraus ist es schön hinaus zu blicken auf ferne Meere.

Einst sagte man Gott, wenn man auf ferne Meere blickte; nun aber lehrte ich euch sagen: Übermensch. Gott ist eine Muthmassung; aber ich will, dass euer Muthmassen nicht weiter reiche, als euer schaffender Wille.

Könntet ihr einen Gott schaffen? - So schweigt mir doch von allen Göttern! Wohl aber könntet ihr den Übermenschen schaffen.

Nicht ihr vielleicht selber, meine Brüder! Aber zu Vätern und Vorfahren könntet ihr euch umschaffen des Übermenschen: und Dies sei euer bestes Schaffen!–" (Nietzsche, Friedrich W.: Z., I., Auf den glückseligen Inseln. S. 109)

[546] Ebd. S. 110.

[547] Vgl. Plotin: Enneaden I, 6, 9, 7.

[548] Nietzsche, Friedrich W.: Also sprach Zarathustra, I., Vom Wege des Schaffenden. S. 82.

haben im inneren Selbst ihren Platz okkupiert. Daher gilt es sich auch daraus zu befreien, erst dann kann ein selbstbestimmtes Leben einsetzen. Problematisch wird hier die Perspektive, die wir dabei einnehmen können. Liegt sie außerhalb von uns, so wäre dies ein Schaffen unserer selbst aus dem Nichts. Gerade diese Pradoxie wird von den Nachfolgern von Nietzsches Überlegungen in der Moderne verfolgt: in einem Überschwang einer Freiheit und Autonomie, die das Individuum gar nicht erreichen kann.[549] Nietzsche gibt sich aber weitaus realistischer: „Seinem Charakter "Stil geben" – eine große und seltene Kunst! Sie übt Der, welcher Alles übersieht, was seine Natur an Kräften und Schwächen bietet, und es dann einem künstlerischen Plane einfügt, bis ein jedes als Kunst und Vernunft erscheint und auch die Schwäche noch das Auge entzückt. Hier ist eine grosse Masse zweiter Natur hinzugetragen worden, dort ein Stück erster Natur abgetragen: - beidemal mit langer Übung und täglicher Arbeit daran. Hier ist das Hässliche, welches sich nicht abtragen liess, versteckt, dort ist es in's Erhabene umgedeutet. Vieles Vage, der Formung Widerstrebende ist für Fernsichten aufgespart und ausgenutzt worden: – es soll in das Weite und Unermessliche hinaus winken. Zuletzt, wenn das Werk vollendet ist, offenbart sich, wie es der Zwang des selben Geschmacks war, der im Grossen und Kleinen herrschte und bildete: ob der Geschmack ein guter oder ein schlechter war, bedeutet weniger, als man denkt, – genug, dass es Ein Geschmack ist! – Es werden die starken, herrschsüchtigen Naturen sein, welche in einem solchen Zwange, in einer solchen Gebundenheit und Vollendung unter dem eigenen Gesetz ihre feinste Freude geniessen; die Leidenschaft ihres gewaltigen Wollens erleichtert sich beim Anblick aller stilisirten Natur, aller besiegten und dienenden Natur; auch wenn sie Paläste zu bauen und Gärten anzulegen haben, widerstrebt es ihnen, die Natur frei zu geben."[550] Derjenige Mensch, der seinem eigenen Charakter Stil verleiht und seine Leidenschaften gelten lässt, ist auch stark genug um sie zu beherrschen. Einverleibte Irrtümer und Lügen sind nicht so einfach zu eliminieren, dies sollte mit Überlegungen zur Lebenskunst immer einhergehen.

Nachdem die Grundlage für die Selbstgestaltung gelegt ist, indem über die Frage wer es ist, der sich die Selbstgestaltung zuschreibt bzw. derjenige, der sein Leben bewusst führen will, soll jetzt die ethische Dimension ausgeleuchtet werden, die dem selbstgestalteten Leben erst seine endgültige Qualität verleiht. Ein Individuum, was sich der Selbstgestaltung hingibt, muss sich seines Gut-sein-

---

[549] Vgl. Kersting, Wolfgang; Langbehn, Claus (Hg.): Kritik der Lebenskunst. S. 19 ff.
[550] Nietzsche, Friedrich W.: Die fröhliche Wissenschaft 290. S. 530.

Wollens bewusst sein. Um den individuellsten Kern dieser Selbstgestaltung zu treffen, wird sich eine Ethik, die im Sinne einer individuellen Moral darstellt zu bevorzugen sein. Allein an der Forderung des moralischen Handelns erkennt man erst die Tragweite der Selbstgestaltung, die sich keinesfalls nur daraus ergeben kann, sein Leben in einer egoistischen Vorteilsnahme zu leben und keine Rücksicht auf das Mitsein mit dem anderen zuzulassen.

5. Versuch einer Individualethik

Im vorherigen Kapitel hatte sich bereits die Kritik an der „vorherigen", d. h. der taditionellen Moral insbesondere durch Nietzsche herauskristallisiert. Die Moral des Sollens und der Allgemeinverbindlichkeit war das Ziel dieser Form der Ethik. Es gilt jetzt weiter nach dieser Kritik zu forschen aber vielmehr auch, wie sie sich als vom einzelnen Menschen ausgehend entfalten kann. Die Zeit der Renaissance bis in das 18. Jahrhundert hinein hat einige solcher Vorschläge unterbreitet, die im Folgenden integrativ für eine Individualethik Verwendung finden sollen. Ich werde mich dazu besonders an den französischen Moralisten und hier besonders an François La Rochefoucaulds *Maximen und Reflexionen* orientieren. Was die französische Moralistik betrifft, werde ich auf die psychologischen Analysen eingehen, die La Rochefoucauld subtil herausarbeitete. Die Handlungsregeln, die die Moralisten gaben, werden nur peripher gestreift werden können und in erster Linie allgemein besprochen. Ich gebe damit einen Überblick der Themen, die La Rochefoucauld beschäftigt haben und die er entsprechend reflektiert hat.

Um diesen Ansatz einer individuellen Moralphilosophie verständlich machen zu können, wird es wichtig sein, auf Kants Trennung von Ethik und Lebenskunst einzugehen.

Danach folgen Moralkonzepte von Friedrich Nietzsche und Georg Simmel, die für eine Individualethik stehen könnten, dies wird entsprechend zu explizieren sein.

5.1. Französische Moralisten

Die französische Moralistik[551] des siebzehnten und achtzehnten Jahrhundert soll in diesem Abschnitt auf ihre Tauglichkeit zur Selbstgestaltung, aber auch in Hinsicht einer individuellen Ethik untersucht werden. Diese Denktradition setzt im Grunde schon mit Michel de Montaigne ein, der jedoch an dieser Stelle weniger zu Diskussion steht.

---

[551] Jürgen von Stackelberg hat explizit darauf hingewiesen, dass im Französischen ein Moralist kein „Moralphilosoph" oder „Sittenlehrer" ist, sondern mit dem gewohnheitsmäßigen Verhalten der Menschen zu tun hat. Zur Wegbereitung der Moralistik aus der Renaissace heraus siehe: Stackelberg, Jürgen von: Französische Moralistik im europäischen Kontext. Darmstadt 1982. S. 4 f.

Moralistik versteht sich immer als funktionalistische Auffassung von Moral, womit sie der antiken *Phronesis* (was u. a. auch Klugheit bedeutet, worauf später noch intensiver eingegangen wird) nahesteht, jedoch mit dem Unterschied dass sie das Wissen um die Güter und den Übeln nicht wie Aristoteles an einem vorgegebenen Telos misst, sondern systemimmanent bestimmt.[552] Dies kommt der hellenistischen Lebenskunst sehr nah, die mit ihren Regeln ein einigermaßen gutes Leben für den Menschen in einer feindlichen Umgebung beabsichtigt. Die Klugheitsmoralmoral der Moralisten „ist pragmatisch auf den Preis gerichtet, den der Mensch für ein gutes Leben zu entrichten hat. Die Frage der Moral lautet demnach nicht primär ‚Was soll ich tun?‘, sondern ‚Wie ist die Welt beschaffen?‘, um danach das Verhalten auszurichten."[553] Als Bindeglied dazu dient auch die Tugendkritik von La Rochefoucauld, worauf im Folgenden dezidiert eingegangen werden muss. In seinen *Maximen und Reflexionen* schreibt er in aphoristischer Form, die oftmals wenige Zeilen besitzt, Feststellungen über die Natur des Menschen und keine Handlungsanweisungen.

Vorab noch eine Begriffsbestimmung: Ein Moralist untersucht und schildert menschliches Verhalten, gleichgültig ob es moralisch ist oder nicht, was natürlich nicht heißt, dass sie sich nicht für Moral interessierten. Schaut man in die *Maximen und Reflexionen* von La Rochefoucauld, so lässt sich erkennen, dass er durchaus moralische Begriffe verwendet, allerdings werden sie nicht ungefragt übernommen, sondern konträr auf ihre Stichhaltigkeit hin überprüft. Ohne die Begriffe Tugend (*vertu*) und Laster (*vice*) kommt der Moralist auch nicht aus. Es sind aber meistens nur vorläufige Begriffe, mit denen er solange arbeitet, bis er sie gleich einer Leiter, auf der er hochgestiegen, hinter sich wegwirft, wenn er wahre Motive menschlichen Handelns erkannt hat.

La Rochefoucauld bemerkte wie auch andere französische Moralisten bereits im Verlauf des Niedergangs des französischen Feudaladels, dass die Zuverlässigkeit und Stichhaltigkeit von menschlichen Tugenden zweifelhaft geworden waren. Wie viel Ehrgeiz kann hinter scheinbarer Treue stecken? Wie viel Gefallsucht kann sich hinter scheinbarer Höflichkeit verbergen? All diese Fragen berührten die Moralisten. La Rochefoucauld führt Scheintugenden nicht auf Laster zurück, sondern oftmals einfache Handlungen auf komplexe Motive. Durch diese entlarvende Psychologie kommt er zu dem Schluss, dass selbst die Vernunft den Men-

---

[552] Vgl. Fellmann, Ferdinand: Philosophie der Lebenskunst. Hamburg 2009. S. 75.
[553] Ebd.

schen nicht vor Selbstbetrug schützen kann („Wir sind so gewohnt uns vor anderen zu verstellen, daß wir uns am Ende vor uns selbst verstellen"[554]). Dahinter verberge sich Eigeninteresse und Eigenliebe (*l'amour propre*), eine Einsicht, die die Möglichkeit personaler Tugendhaftigkeit grundsätzlich infrage stellt. Es besteht für jeden die Unsicherheit, dass seine Bescheidenheit, Aufrichtigkeit, Milde und Güte nur Maskierungen der Eigenliebe sind. Diese Eigenliebe hat praktisch eine doppelte Funktion: der "wahre Antrieb von Scheintugenden" sind gleichzeitig ein "Blendinstrument der Seele", wozu auch „eine innere Disposition dafür sorgt, dass die Entlarvung nicht gelingt"[555]. Antrieb und Tarnkappe zugleich zu sein, macht *l'armour-propre* als Phänomen so faszinierend. Man glaubt ihr auf die Schliche gekommen zu sein und schon entwischt sie dem Scharfblick des Moralpsychologen gleich wie Proteus, um sich dem Zugriff zu entziehen.

L'armour propre ist nicht mit unserem Begriff Egoismus zu übersetzen, da man darunter in der Regel eine bewusste Einstellung versteht. Handelt jemand egoistisch, so merkt man dies meist leicht, selbst wenn es dem Betreffenden nicht ganz klar sein sollte. Gepaart mit Klugheit, stellt der Egoismus die doppelte Funktion dar, die La Rochefoucaulds Eigenliebe besitzt. Er kann somit in unangenehmer Weise "Selbstversorgung" sein, andererseits aber auch darauf achten, im Blick der anderen nicht so zu erscheinen. Egoismus schließt auch immer Eitelkeit mit ein, die aber auch zur Rücksichtnahme führen kann und in diesem Fall eine soziale Tugend darstellt. *Armour propre* kann demnach Selbstsucht wie auch Selbstbezogenheit im weitesten Sinne bedeuten, La Rochefoucauld benutzt als den Begriff auch für „Interesse" wie etwa: „Was die Menschen Freundschaft genannt haben, ist nur eine Verabredung zur gegenseitigen Schonung der Interessen und zum Austausch guter Dienste; es ist schließlich nur ein Handel bei dem die Eigenliebe stets ihren Gewinn bedacht hat."[556]

Außerdem kann vor allem auch Selbstwertgefühl und Selbstwerterleben gemeint sein: „Die Erziehung, die man gewöhnlich jungen Leuten gibt, ist eine zweite Eigenliebe, die man ihnen einflößt."[557] Und schließlich ist auch dies *armour-*

---

[554] La Rochefoucauld, François: Maximen und Reflexionen. Übertr. u. Nachw. v. Konrad Nußbächer. Stuttgart 2009. 119. S. 19.

[555] Zitiert in: Stackelberg, Jürgen von: Französische Moralistik im europäischen Kontext. S. 131.

[556] Ebd. 83. S. 14. Vgl. dazu auch die Maximen 228, 236, 262, 339.

[557] Ebd. 261. S. 39.

propre: wenn ein Überlegenheitsbedürfnis empfunden wird, aber auch Ressentiments und manifestiert sie sich als Selbsterhaltungs- oder Geltungstrieb, so ist sie in ihrer „reflexiven Wirkung" keinesfalls blind[558]: „Ein Beweis, daß die Menschen ihre Fehler besser kennen, als man glaubt ist dies: daß sie niemals unrecht haben, wenn man sie von sich sprechen hört. Ebendie Eigenliebe, die sie verblendet, öffnet ihnen hier die Augen und gibt ihnen einen so richtigen Blick, daß sie die geringsten Umstände, die verurteilt werden können, unterdrücken oder verhüllen."[559]

Sicherlich hat La Rochefoucauld mit dem Einblick in psychologische Abläufe etwas von der Funktion des Unterbewussten geahnt, denn *l'armour-propre* ist meist ein Trieb. Er hat das Spiel der gegensätzlichen Kräfte im Menschen auch grundsätzlich so gesehen wie gegenwärtige Tiefenpsychologen, allerdings wollte er nicht seelische Krankheiten heilen, sondern vielmehr menschliche Verhaltensweisen im gesellschaftlichen bzw. geselligen Verkehr beobachten.

Im Mittelalter und darauf folgend galt eine theologisch begründete Vorstellung von dem, was Liebe ist, die Anteil an einer Verweltlichung der Gottesliebe hat. Diese Auffassung zog sich durch die Renaissance und Barock. Geliebt wurde das Wahre und Gute, wodurch die Liebe moralisch gerechtfertigt und dem Gebot höfischer Vollkommenheit gemäß wurde. Später änderte sich dies grundlegend, die Liebe galt nun als eine Leidenschaft, die den Menschen überfällt und beherrscht. Auch La Rochefoucauld sieht dies so, denn er bezweifelt den Zusammenhang zwischen Liebe und Wertschätzung. „Es gibt wenig Menschen, die sich nicht schämten, einander geliebt zu haben, wenn sie sich nicht mehr lieben."[560] Für ihn liegt der Ursprung der Liebe im Dunkeln, der Grund für ihr Bestehen ist völlig unklar. Eine Definition ist schwierig, weil sie sich für Seele, Geist und Körper in so unterschiedlicher Weise zeigt: „Es ist schwer, die Liebe zu definieren. Nur so viel läßt sich sagen: in der Seele ist sie Leidenschaft zu herrschen, in Geist Sympathie, im Körper ein verborgener, feiner Drang, nach all den Heimlichkeiten zu besitzen, was man liebt."[561]

Hier beschreibt La Rochefoucauld die verschlungenen Umwege, die die körperliche Liebe beschreitet, um zu ihrem Ziel zu gelangen. Vielleicht wäre es gut,

---

[558] Vgl. Stackelberg, Jürgen von: Französische Moralistik im europäischen Kontext. S. 132.

[559] La Rochefoucauld, François: Maximen und Reflexionen. 494. S. 69.

[560] Ebd. 71. S. 13.

[561] Ebd. 68. S. 12.

wenn der Körper die Heimlichkeiten (mystéres) selbst verlangen würde. Derjenige, der liebt, möchte die, die er liebt beherrschen und ihre Gefühle bestimmen. Er will aber er kann nicht, da er es selbst nicht vermag, vielmehr kann die Geliebte ja selbst nicht über ihre Gefühle vollständig bestimmen. La Rochefoucauld beschreibt also nicht mehr die Liebe im Verständnis des Mittelalters in theoretischem Kontext, sondern zeigt, wie sie erlitten wird. Der Liebende hat keine Freiheit, denn sein Wille hat keinerlei Einfluss auf die Liebe; sie erweist sich als eine Form von zwischenmenschlicher Dependenz. Die Skepsis in Sachen Autonomie des Menschen zeigt sich nirgends deutlicher als hier. „Wenn es eine reine Liebe, frei von jeder Beimischung anderer Leidenschaften gibt, so ist sie verborgen im Grund unseres Herzen, und wir selbst kennen sie nicht."[562] Hier zeigt sich das Bewusstsein, nach einer Klarheit zu streben, die doch unerreichbar ist. Treten „andere Leidenschaften" auf, so muss auf die Existenz von Liebe geschlossen werden: „Wenn man über die Liebe nach der Mehrzahl ihrer Wirkungen urteilt, so gleicht sie mehr dem Haß als der Freundschaft."[563] „Die Eifersucht wird uns mehr verhaßt durch die kleinste Treulosigkeit gegen uns als durch die größte gegen andere."[564] Somit erschließt sich die Liebe aus Hass, Hoffnung, Eifersucht und auch Angst. Die Liebe ist ein Versteckspiel: „Es gibt keine Verstellung, die lange hindurch Liebe verbergen könnte, wo sie ist, oder vortäuschen, wo sie nicht ist."[565] Tritt sie auf, so ist der Wille machtlos, aber die Liebe ist auch leichtgläubig: „In der Liebe geht der Betrug fast immer über das Mißtrauen hinaus."[566] Der Liebende lässt sich lieber täuschen als enttäuschen: „Man ist zuweilen weniger unglücklich darüber, von der Geliebten getäuscht, als von ihr enttäuscht zu werden."[567] Daraus ergibt sich aber auch: „Fast immer ist es der Fehler des Liebenden, daß er nicht merkt, wenn man ihn nicht mehr liebt."[568] La Rochefoucauld interessiert sich vielmehr um das Ende der Liebe als deren Beginn, der vom Zufall abhängt, wenn keine Verführung, also Betrug, im Spiel ist. Ist dem Liebenden die Bindung überdrüssig, so erscheint ihm die Untreue der geliebten als gute Gelegenheit, sich von ihr zu trennen.[569] Beständige

---

[562] Ebd. 69. S. 12.

[563] Ebd. 72. S. 13.

[564] Ebd. 361. S. 52. Vgl. dazu auch Maxime 111 u. 28. S. 18 u. 7.

[565] Ebd. 70. S. 12.

[566] La Rochefoucauld, François: Maximen und Reflexionen. 335. S. 48.

[567] Ebd. 395. S. 56.

[568] Ebd. 371. S. 53.

[569] Vgl. Stackelberg, Jürgen von: Französische Moralistik im europäischen Kontext. S. 136.

Liebe ist, wie das auch bei anderen Gefühlen ist, eine Illusion: „Beständigkeit in der Liebe ist eine ewige Unbeständigkeit, vermöge deren unser Herz nach und nach an allen Eigenschaften der geliebten Person hängt und bald dieser, bald jener den Vorzug gibt. So ist diese Beständigkeit nichts als Unbeständigkeit, gehalten und gebunden an demselben Gegenstand."[570] Damit gelangt man zum Ende des Desillusionierungsprozesses, auf dem die Maximen basieren. Nirgends herrscht die Eigenliebe so unbeschränkt wie in der Liebe: „Bei keiner Leidenschaft herrscht die Selbstliebe so gewaltig wie bei der Liebe, und man ist stets mehr geneigt, die Ruhe der geliebten Person aufzuopfern, als die eigenen zu verlieren."[571] Diese Maxime gehört zu den wenigen, die einen zynischen Unterton besitzen. Entscheidender Punkt für eine mögliche Ethik, die aus La Rochefoucaulds Analyse der Leidenschaft der Liebe resultieren könnte, ist die Freiheit des Willens, die jedoch durch die Manifestation dieser Passion außer Kraft gesetzt ist. La Rochefoucauld – daran sei nochmals erinnert – möchte keine Handlungsgrundsätze im Sinne einer Normativität geben, sondern das gesellschaftliche Leben betrachten und verstehen.

Ein weiteres Gebiet, welches La Rochefoucauld mit seinen Maximen beleuchtet, ist das der Tapferkeit: „Ruhmsucht, die Furcht vor Schande, das Verlangen, sein Glück zu machen, Verlangen, und die Sucht andere zu erniedrigen, das sind oft die Quellen der unter den Menschen so gerühmten Tapferkeit."[572] Die Tapferkeit wird somit zweifelhaft, besonders, wenn man die berühmteste Maxime des Buches dazu nimmt: „Die Heuchelei ist eine Huldigung des Lasters an die Tugend."[573] Eine Tapferkeit, die im positiven Sinn dagegen steht, findet sich in einer weiteren Maxime, die wie eine gemeißelte Sentenz daher kommt: „Die wahre Tapferkeit besteht darin, daß man ohne Zeugen tut, was man vor aller Welt zu tun fähig wäre."[574] Tut man etwas Gutes, so kann man es auch ohne Anerkennung von außen und ohne Kenntnis der Öffentlichkeit, es ist damit eine ehrliche Haltung, die fast nach Kants Forderung klingt, eine Handlung nicht an Neigungen auszurichten, sondern sie aus einer Pflicht heraus zu tun. Allerdings nimmt La Rochefoucauld dann wieder eine skeptische Haltung an: Um ihre Ehre zu

---

[570] La Rochefoucauld, François: Maximen und Reflexionen. 335. S. 48.

[571] Ebd. 262. S. 39.

[572] Schalk, Fritz (Hg. u. Übers.): Französische Moralisten. La Rochefoucauld – Vauvenargues – Montesquieu -Chamfort. Zürich 1995. S. 86.

[573] La Rochefoucauld, François: Maximen und Reflexionen. 218. S. 33.

[574] Ebd. 216. S. 32.

retten, setzen sich mehr Menschen der Gefahr aus als um der eigentlich gesetzten Ziele willen.[575] Die Furcht vor dem Tode bringt mehr Verstand und Geschick zustande als der Trieb seine Besitztümer stetig zu vermehren.

„Die Mäßigung glücklicher Menschen entspringt dem ruhigen Temperament, das ihnen ein günstiges Geschick geschenkt hat."[576] Das Maßhalten fällt leicht, weil der Mensch ein in sich ruhender Kern ist. Er kann sich ganz auf seine Geschicklichkeit konzentrieren und so verwandelt sich das Maßhalten in einen Vorteil z. B. im Umgang mit anderen Menschen. Zum Schluss dieses Kapitels möchte ich noch kurz auf die Moralistik im Allgemeinen eingehen. Das Menschenbild der Moralisten wurde oft als pessimistisch eingeschätzt, aber wie sich gezeigt hat, muss dies – hier im Falle von La Rochefoucauld – nicht durchgehend zutreffen, denn es geht ihnen nicht um Gut oder Böse, auch nicht um Schein und Sein, sondern um eine Beschreibung des Menschseins, das nicht um die traditionellen Dichotomien der Tugendethik kreist. Die Leittugenden sind demnach weder Klugheit noch Weisheit, sondern Verdienst und Ehre, Werte des sozialen Kontexts, die natürlich auch vom Gebrauch abhängen, den der Mensch aus seinen natürlichen Gegebenheiten macht. Lebenskunst bzw. Selbstgestaltung beruht auf einer Weltklugheit und auf der Bereitschaft, lebensnahe Situationen realistisch zu beurteilen. Dabei kommt es weniger auf Absichten, denn auf die Wirkungen der Handlungen an.

Ob der Mensch einen inneren moralischen Kern besitzt, ist den Moralisten gleichgültig, denn sie geben bestenfalls Handlungsregeln, die nicht an einer unmittelbaren Verbindung mit dem Inneren des Menschen teilhaben. Entscheidend ist der Verhaltenscode, der den Anschluss des einzelnen an die bestehende Gesellschaft ermöglicht, wobei zu bemerken ist, dass die Moralisten nicht am gesellschaftlichen System einer Hierarchie rütteln, sondern es anerkennen. Dennoch ist der Moralist nicht "gleichgeschaltet", seine moralischen Intentionen verstehen sich nicht als Anpassung an das bestehende Gesellschaftsmodell. Ganz im Gegenteil dient es zur Stabilisierung des Individuums mit seinen schwankenden und selbstzerstörerischen Tendenzen, Individuum und Gesellschaft korrigieren sich vielmehr wechselseitig, wodurch das gelingende Leben zum Maßstab für die Funktionalität des Systems wird. Die gesellschaftliche Stellung des Einzelnen motiviert ihn, sich zu sozialverträglichem Handeln zu entscheiden.

---

[575] Vgl. Ebd. 219. S. 33.

[576] Ebd. 17. S. 5.

An der moralpsychologischen Einsicht der Moralisten liegt es, dass sie im Menschen keinen Beweis für die Reinheit der Gesinnung finden können, was für die moralische Praxis bedeutet: „Der Mensch muss andern und vor allem sich selbst gegenüber in der moralischen Bewertung seiner Handlungen und Einstellungen auf der Hut sein."[577] Das schließt die Kontrolle der Leidenschaften ein, was die Urteilskraft neben der Vernunft leisten muss. Der Mensch irrt bezüglich der Beurteilung von Handlungen und dies führt zu der pessimistischen Haltung der Moralisten. Für Kant war dies der Auslöser, die Moralität von allen empirischen Regungen abzutrennen und sie als Aufgabe der Vernunft anzusehen. Niemand kann sich der Reinheit seiner Motive sicher sein, dies haben die Moralisten mit Kant gemeinsam, denn er meint, es sei unredlich, „sich selbst blauen Dunst vorzumachen, welche die Gründung echter moralischer Gesinnung in uns abhält"[578], da sind Unvermögen, Temperament, Erziehung usw., die dafür verantwortlich sein können und nicht unbedingt böse Handlungsabsichten. Damit zeigt er sich skeptisch hinsichtlich der moralischen Selbsteinschätzung der Menschen.

5.2. Trennung von Ethik und Lebenskunst in der Moralphilosophie Kants

Für Immanuel Kant sind das Verhalten und die Handlungen des Menschen besonders bedeutsam. Er spricht im Kontext seiner Ethik vom Primat der praktischen Vernunft vor der theoretischen. Wissen ist nur dann wertvoll, wenn es dem Menschen dazu verhilft, menschlicher zu werden, sichere moralische Festigung zu erreichen und die Idee des Guten umzusetzen. Allein diesen Wert erkennt Kant auch für den Glauben an. Der Glaube an Gott ist gleichzeitig moralische Überzeugung, was die Fähigkeit einschließt immer und überall seine Pflicht erfüllen zu können und Philosophie ist auch nur dann sinnvoll, wenn sie zur Erziehung des Menschen taugt. Trifft der Mensch im Leben eine wichtige Entscheidung, so soll er sich nicht von einer äußeren Ordnung (Karriere, Eigennutz usw.) leiten lassen, sondern nur von der Pflicht.

Kant hebt die Ethik aus allem Empirischen und dem Naturalismus heraus und lässt somit das Ideale hervorleuchten. Das „Gegebene" liefert nicht mehr die Faktizität der Erfahrung, sondern das Sollen der sittlichen Vernunft; entscheidend ist nicht mehr das Empirische, sondern „das einzige Faktum der reinen Vernunft sei, die sich dadurch als ursprünglich gesetzgebend (sic volo, sic iubeo)

---

[577] Fellmann, Ferdinand: Philosophie der Lebenskunst. Hamburg 2009. S.80.

[578] Kant, Immanuel: Religion innerhalb der Grenzen der bloßen Vernunft. B 38. S. 687.

ankündigt."[579] Grundlegend dabei sind die Freiheit und das Sollen. Kant vollzieht in seiner Kritik der praktischen Vernunft einen Paradigmenwechsel in der Moralphilosophie, der das moralische Empfinden selbst verändert hat. Die subjektiven Handlungsgrundsätze werden durch ein allgemeingültiges Sittengesetz ersetzt, dem sich niemand entziehen kann. Die reine praktische Vernunft kann das höchste Gut erzeugen und müsste daraufhin auch den Willen bestimmen können, wenn sie von den dazu nötigen physischen Fähigkeiten geführt werden würde, die Sinnenwelt nach ihrer Form zu gestalten „als einem Ganzen vernünftiger Wesen"[580]. Kant sieht das zu erreichende Glück nicht mehr als höchstes Ziel der Moral an, welches sich durch unterschiedliche Formen der Moralisierung erreichen lässt, wodurch die philosophische Lebenskunst aus dem Bereich der Philosophie heraus fällt. Dieser Tatbestand ist aber all dem Rigorismus zum Trotz bei Kant nicht endgültig, da der kategorische Imperativ den Antrieb zur sittlichen Handlung nicht erklären kann. In seiner rein formal-logischen Begründung fehlt die emotionale Dimension, die Neigungen und auch die persönlichen Interessen, die Imperative für den Menschen zu "lebendigen Optionen" machen: „[N]ichts von der Neigung des Menschen, sondern alles von der Obergewalt des Gesetzes und der schuldigen Achtung für dasselbe zu erwarten"[581] ist die Aufgabe der Moralphilosophie. Was getan wird, geschieht aus Pflicht, sie „ist die Notwendigkeit einer Handlung aus Achtung fürs Gesetz."[582] Kant hat dieses Defizit jedoch bemerkt und sich mit diesem Terminus der Achtung vor dem Gesetz als ein „intellektuelles Gefühl" zu retten versucht. Dadurch kommt die Lebenskunst letztlich doch wieder quasi durch die Hintertür zurück, ja vielmehr kann man sagen, sie wurde wohl nie wirklich verdrängt. Die Entwicklung vor Kant wurde bereits exemplarisch an den französischen Moralisten dargestellt, sodass sich die im Folgenden vorzustellenden Defizite der kantischen Vernunftethik auch auf die Zeit nach Kant auswirkten, was sich in den nach folgenden Kapitel zeigt.[583]

Der Formalismus der praktischen Vernunft wurde schon immer als lebensfremd wahrgenommen, wobei zweifelhaft ist, ob die bloße Form der Gesetzlichkeit den Menschen zu moralischem Handeln motiviert, denn es sind primär die Inhalte,

---

[579] Kant, Immanuel: Kritik der praktischen Vernunft. A 57. S. 142.

[580] Ebd. A 75-76. S. 157.

[581] Kant, Immanuel: Grundlegung zur Metaphysik der Sitten. BA 67. S. 61.

[582] Ebd. BA 14. S.26.

[583] Vgl. Fellmann, Ferdinand: Philosophie der Lebenskunst. Hamburg 2009. S. 88.

die der Mensch realisieren möchte. Kant versteht moralisches Handeln nicht als konkrete Tätigkeit an, sondern als Überprüfung von Maximen, als subjektive Grundsätze des Handelns. Sicherlich kann man für sich die Regel aufstellen, seinen Maximen Folge zu leisten, aber die Erfahrung zeigt, dass dies nicht funktioniert und logisch in einen infiniten Regress führt (Jede befolgte Maxime fordert eine weitere usw.), wodurch der rationale Ansatz an seine Grenze stößt. Eine Handlungsnorm wird erst dann erfüllt, wenn sie das Wollen und Fühlen des Menschen berührt, was seinen Bedürfnissen und Wünschen zu entsprechen vermag. Abstrakte Regeln für jeweilige Einzelhandlungen motivieren den Menschen demnach nicht, sondern in erster Linie Lebensbilder, von denen sich der Mensch in seinem Tun anleiten lässt. Die Bilder sind äußerst resistent gegenüber Veränderungen und die Ethik verlangt nach einer Hermeneutik, um an unbewusste Tiefenstrukturen der Motivation zu gelangen. Probleme entstehen aber auch mit der Ableitung konkreter Pflichten aus dem kategorischen Imperativ. Seine unterschiedlichen Formeln in der *Grundlegung zur Metaphysik der Sitten* verfügen über empirische Elemente, die Kant jedoch aus seiner formalen Begründung des Sollens eigentlich heraushalten will. Dies betrifft besonders die Mensch-Zweck-Formel des kategorischen Imperativs: „Handle so, daß du die Menschheit, sowohl in deiner Person, als in der Person eines jeden andern, jederzeit zugleich als Zweck, niemals bloß als Mittel brauchest."[584] Diese dritte Form des kategorischen Imperativs kann als eine Transformation des stoischen Imperativs „Lebe naturgemäß" gelesen werden, der für die moderne Philosophie der Lebenskunst bestimmend geworden ist. Daher „überrascht es nicht, dass in der Formulierung inhaltlich bestimmter Pflichten die Tugendlehre in Form der sogenannten ‚Tugendpflichten' in das System der kantischen Ethik wieder einzieht"[585]

Mit dem Ausschluss der Eudämonismus ist die Lebenskunst aus der Ethik verbannt: „Denn wo das sittliche Gesetz spricht, da gibt es, *objektiv,* weiter keine freie Wahl in Ansehung dessen, was zu tun ist"[586] Die Ethik Kants bedarf keiner Umsetzung ihrer Gebote und keiner Kunst der Anwendung, weil die Gebote Gesetzescharakter besitzen und somit für sich selbst praktisch sein sollen. Kant war sich dieser Konsequenz aber durchaus bewusst, denn er unterscheidet drei Grundformen der Praxis wie: Geschicklichkeit, Klugheit und Weisheit. Ge-

---

[584] Kant, Immanuel: Grundlegung zur Metaphysik der Sitten. BA 67. S. 61.

[585] Fellmann, Ferdinand: Philosophie der Lebenskunst. Hamburg 2009. S. 89.

[586] Kant, Immanuel: Kritik der Urteilskraft § 5. B 16. S. 123.

schicklichkeit erfordert technische Regeln, während Klugheit pragmatische Ratschläge und Weisheit moralische Gebote. In eudämonistischen Ethiken bilden diese drei Bereiche eine Einheit, Kant trennt jedoch die Weisheit als eine empirische Form der Vernünftigkeit von der Praxis ab. Dies zeigt sich darin, dass er „Weltklugheit", die der Aufklärungsphilosoph Christian Thomasius noch als Synonym für politische Klugheit verwendet, auf eine „Privatklugheit" herunter bricht und deren populäre Darstellung als „ekelhaften Mischmasch von zusammengestoppelten Beobachtungen und halbvernünftelnden Prinzipien" [587] zurückweist. Er setzt dem seine Vernunftethik als reine „praktische Weltweisheit" oder als „Metaphysik der Sitten" mit absolut verpflichtenden Prinzipien.

Durch die Dichotomie der Moralphilosophie in einen empirischen (Sinnlichkeit) und einen apriorischen (Vernunft) Teil hat Kant sich selbst des Blickwinkels beraubt, dass das unvermeidliche Streben nach Glück durchaus moralische Qualitäten in sich birgt. Menschliches Wollen ist stets von einem Geltungsanspruch begleitet, der sich im Selbstwertgefühl des Menschen zeigt. Das Glück erschöpft sich natürlich nicht in unqualifizierter Wunscherfüllung, sondern der Wille, der ja bekanntlich des Menschen Himmelsreich ist, setzt voraus, dass hinter dem Wollen eine Überzeugung steht, wie es in der Welt zugehen sollte.[588] Diese oftmals stillschweigende Überzeugung hat nur dann eine Dignität, wenn sie von anderen geteilt werden kann. Die Zustimmung der Anderen darf nicht erzwungen sein oder aus egoistischen Motiven erfolgen. Zum menschlichen Glücksstreben gehört denn auch die Rücksichtnahme auf die freie Entscheidung des anderen, was aber nicht im Rahmen des Altruismus gesehen werden darf, sondern aus dem Bedürfnis nach Anerkennung der Person und ihres Weltbildes. Jeder Mensch möchte in einer Welt leben, in der er mit seinen Einschätzungen nicht allein ist. Dieser komplexe und durchaus täuschbare psychische Mechanismus erschließt ein weites Feld von moralischen Wertungen. Sie machen allerdings eine Ethik im Rahmen der Lebenskunstphilosophie nötig, die über die rationale Normenbegründung weit hinausgeht. Etwas davon zeigte sich ja auch schon im Kapitel über die französische Moralistik.

---

[587] Kant, Immanuel: Grundlegung zur Metaphysik der Sitten. BA 31. S. 37.
[588] Fellmann, Ferdinand: Philosophie der Lebenskunst. Hamburg 2009. S. 90.

5.3. Nietzsches Überlegungen zur Ethik

In zwei Abschnitten wird der Versuch unternommen, Nietzsches Ethik zu explizieren und für eine Philosophie der Selbstgestaltung fruchtbar zu machen. Da sie sich um den einzelnen Menschen bewegt, scheint sie durchaus eine Art von Individualethik zu verkörpern. Nietzsche geht weit zurück in der Entstehungsgeschichte der sich selbst bestimmenden Individualität mit dem Ergebnis des noch nicht vorhandenen Imperativs ‚Erkenne dich selbst'. Die erste Phase (weitgehend prähistorische) bezeichnet er als „v o r m o r a l i s c h e Periode der Menschheit", die die längste Zeit der menschlichen Geschichte hindurch andauerte. Darin, so lautet seine These, „wurde der Werth oder der Unwerth einer Handlung aus ihren Folgen abgeleitet: die Handlung an sich kam dabei ebensowenig als ihre Herkunft in Betracht."[589] Die vormoralische Kultur presst den Menschen im Bann von „Erfolg" und Misserfolg" der Handlungen in ein streng fixiertes Ritual. Diese vormoralische Zeit ist durch fehlende individuelle Selbsterkenntnis gekennzeichnet, weil der Mensch sich selbst noch nicht zum Problem geworden ist. In der nächsten, der zweiten Phase, die Nietzsche als die moralische ansieht, kommt es erst dazu: „In den letzten zehn Jahrtausenden ist man hingegen auf einigen großen Flächen der Erde Schritt für Schritt so weit gekommen, nicht mehr die Folgen, sondern die Herkunft der Handlung über ihren Werth entscheiden zu lassen: ein großes Ereignis als Ganzes, eine erhebliche Verfeinerung des Blicks und Maßstabs, die unbewusste Nachwirkung von der Herrschaft aristokratischer Werthe und des Glaubens an "Herkunft""[590] Der Clou liegt dabei in der Beziehung zwischen *Handlungsbewertung* und reflexiver Einstellung des Menschen zu sich selbst. Selbsterkenntnis gipfelt in einer Umkehr von den Folgen zur Herkunft. In der Tat eine bedeutende Umwertung. Der Anfang einer Handlung rückt in den Focus, statt das Ende, wobei sich der Handelnde selbst erblickt und sich dabei zum Problem wird. Durch diese Umkehr bekommt die Individualität stärker zum Tragen, denn durch die Umpolung des Ablaufs und dem Ursprung in der Handlungsfolge tritt sie prägnanter hervor.[591] Zunächst wird die Kritik Nietzsches an der bestehenden Moral, die sich durch alle seine Schriften zieht, nachzuzeichnen sein, um danach den Problemkreis des „Willens zur Macht" näher zu untersuchen. Sicherlich ein schwieriges Unterfan-

---

[589] Nietzsche, Friedrich W.: Jenseits von Gut und Böse. 32, S. 50.

[590] Ebd.

[591] Vgl. Gerhardt, Volker: Selbstbegründung. Nietzsches Moral der Individualiät. In: Nietzsche-Studien 21 1992. S. 31.

gen, wenn man an diese nietzscheanische Formulierung denkt. Nietzsches Ziel – dies kann bereits vorweg genommen werden – ist eine Moral jenseits aller Sollensnormen. Die Leistung Nietzsches besteht darin, „die Ideale, die Werte, das Sollen des Lebens aus dem Leben selbst zu entwickeln."[592]

5.3.1. Kritik moralischer Werte

Nietzsche formuliert bezüglich des bisherigen Moralverständnisses eine „n e u e F o r d e r u n g: wir haben eine K r i t i k der moralischen Werte nötig."[593] Dieses Programm wird aber nicht allein in dieser späten Schrift zusammenfassend behandelt, sondern zieht sich durch sein ganzes Denken. Wie und warum jedoch kritisiert man *die* Moral, nicht irgendeine Moral, sondern die Moral an sich? Das Erste wäre einfach aber auch borniert, denn dass die Lebensformen anderer nicht selbstverständlich sind, in ihren Fixierungen willkürlich erscheinen und manchmal auch auf Selbsttäuschung zurückgeführt werden können, lässt sich in der Regel leicht feststellen, nicht so klar ist dabei aber, von welchen Voraussetzungen aus man die Kritik äußert. „Es mag deshalb einleuchtend sein, wenn man, im Sinne einer Verflüssigung der Gegensätze, die scheinbar uneigennützigen Handlungen dem Egoismus annähert, in der betonten Aufrichtigkeit die Täuschung am Werk sieht oder in anderer Hinsicht die Schattierungen und Zwischentöne des Verhaltens und seiner Motive hervorhebt; aber das bleibt naiv, wenn nicht die Frage nach der Moral des Kritikers gestellt wird: nur so kann die Kritik glaubwürdig sein – dagegen gesichert, daß sie nicht bloß Vorurteile bestätigen, Dogmen ausleben will."[594]

Seriös verstandene Moralkritik ist immer auch Selbstkritik, das Bemühen um Selbsterkenntnis und eine Sache des „intellectualen Gewissens": „die Allermeisten finden es nicht verächtlich, dies oder jenes zu glauben und darnach zu leben, ohne sich vorher der letzten und sichersten Gründe für und wider bewusst geworden zu sein und ohne sich auch nur die Mühe um solche Gründe hinterdrein zu geben."[595] Gehört das „intellectuale Gewissen" zur Moral desjenigen, der die Kritik übt, so erweist sich die Moral als die substanzielle Bedingung ihrer eigenen Kritik. Dies ist das Ziel von Nietzsches Anliegen, welches die moralischen Werte kritisiert, denn die Rede vom „intellectualen Gewissen" zeigt dezidiert an,

---

[592] Simmel, Georg: Nietzsches Moral. S. 170.

[593] Nietzsche, Friedrich W.: Zur Genealogie der Moral. Vorrede 6. S. 253.

[594] Figal, Günter: Nietzsche. Eine philosophische Einführung. Stuttgart 1999. S. 159.

[595] Nietzsche, Friedrich W.: Die fröhliche Wissenschaft 2. S. 373.

dass die Frage nach den Überzeugungen im Kontext der „Sorge um sich" stattfindet und somit der Moral wenigstens ähnelt, denn es geht um die an Werten orientierte Führung des Lebens. Im „intellectualen Gewissen" spricht gleichsam eine innere, zur Aufrichtigkeit mahnende Stimme, hier regt sich jener Antrieb im Leben, den Nietzsche ‚Wille zur Wahrheit' nennt."[596]

Die Möglichkeit der Kritik ist also in der Moral angelegt und geht es dabei um die Moral im Ganzen, so kann sie nur als Rückblick formuliert sein, wie die Betrachtung früheren Lebens aus dem Abstand des Alters in Verbindung mit dem Gefühl, sich aus den Befangenheiten des früheren Lebens befreit zu haben.[597]

In der Moral wirkt der Wille zur Wahrheit wodurch die Moral letztlich „zu Grunde" geht, denn das sei „jenes große Schauspiel in hundert Akten, das den nächsten zwei Jahrhunderten Europas aufgespart bleibt, das furchtbarste, fragwürdigste und vielleicht auch hoffnungsreichste aller Schauspiele..."[598]. Das, was man unter Moral verstand, ist ins Zeitalter der Erosion gekommen und dies zu beschreiben und seine Folgen zu bedenken, hat Nietzsche als eine wichtigste zeitdiagnostische Aufgabe angesehen.

Bei aller Kritik an der Moral stellt sich natürlich die Frage nach dem Moralverständnis von Nietzsche. Einen guten Anhaltspunkt dafür bietet das folgende Zitat, das Entscheidendes zum Thema sagt, wobei man merkt, dass es mit vielen Dingen zusammenhängt, die bereits erläutert wurden: „M o r a l   a l s   S e l b s t z e r t h e i l u n g   d e s   M e n s c h e n. – Ein guter Autor, der wirklich das Herz für seine Sache hat, wünscht, dass jemand komme und ihn selber dadurch vernichte, dass er dieselbe Sache deutlicher darstelle und die in ihr enthaltenen Fragen ohne Rest beantworte. Das liebende Mädchen wünscht, daß sie die hingebende Treue ihrer Liebe an der Untreue des Geliebten bewähren könne. Der Soldat wünscht, dass er für sein siegreiches Vaterland auf dem Schlachtfeld falle.- denn in dem Siege seines Vaterlandes siegt sein höchstes Wünschen mit. Die Mutter giebt dem Kinde, was sie sich selber entzieht, Schlaf, die beste Speise, unter Umständen ihre Gesundheit, ihr Vermögen."[599]

In diesen Beispielen scheinen „unegoistische Zustände" möglich zu sein, Wünsche, in denen es nicht um einen selbst geht, sondern um etwas Übergeordnetes,

---

[596] Figal, Günter: Nietzsche. S. 160.

[597] Vgl. Figal, Günter: Nietzsche. S. 161.

[598] Nietzsche, Friedrich W.: Zur Genealogie der Moral III, 27. S. 410.

[599] Nietzsche, Friedrich W.: Menschliches, Allzumenschliches I, 57. S. 76.

das wichtiger als man selbst ist. Bereits Kant hatte ja das Handeln so bestimmt, dass die „Neigung" kein Handlungsmotiv ist, denn nur dann hat der Handlungsvorsatz, die Maxime, „einen moralischen Gehalt"[600].

Die scharfe Trennung von Eigeninteresse und Moralität wird von Nietzsche – im Sinne seiner Relativierung der Gegensätze – angezweifelt, sodass er fragt: „Ist es nicht deutlich, dass in all diesen Fällen der Mensch E t w a s v o n s i c h, einen Gedanken, ein Verlangen, ein Erzeugnis mehr liebt, als e t w a s A n d e r e s von sich, dass er also sein Wesen z e r t h e i l t und dem einen Theil den anderen zum Opfer bringt?" Kurz darauf bringt er eine Zusammenfassung und formuliert die These: „In der Moral behandelt sich der Mensch nicht als individuum, sondern als dividuum."[601] Diese Spaltung dient dazu, ein Verhältnis zu sich selbst zu entfalten und sich selbst bestimmen zu können. „Ist es nicht deutlich, daß in all diesen Fällen der Mensch E t w a s v o n s i c h, einen Gedanken, ein Verlangen, ein Erzeugnis mehr liebt, als e t w a s A n d e r e s v o n s i c h?"[602] Mit den „Fällen" sind hier die Taten der Moralität gemeint. Nietzsche sieht ein, dass es offenbar und unvermeitlich so ist, denn in seinen Moralentwürfen setzt er auf diese Trennung im Innern des Individuums. Selbstdisziplin und den Zwang leugnet er nirgends und weiß, diese Aufspaltung ist unumgänglich.[603] Bedeutsam für das nietzscheanische Moralverständnis ist die Entscheidung gegen „Etwas von sich" als „unegoistisch" zu verstehen und das Bevorzugte dem entsprechend nicht mehr als Teil seiner selbst anzusehen; es kann somit das „Gute" sein an dem man sich zu orientieren hat, denn Moral ist Orientierung am Guten. Jedoch ist, was als Orientierungspunkt dient, variabel: Es geht um die zu klärende „Sache", für das Mädchen um „die Liebe", für den Soldaten um das „Vaterland" und für die Mutter um ihr Kind. Damit zeigt sich die Moral als eine besondere Ausprägung der „Dividualität", d. h. in ihr wird eigenes Leben an etwas gemessen, welches, um als Maßstab zu dienen, vom eigenen Leben unterschieden, nach außen verlagert worden ist. Die Moral ist eine Deutung der metaphysischen "Scheidung der Welt". Es geht darum, eigenes Leben von etwas her zu unterscheiden, um es überhaupt führen zu können.[604] Es ist in der Moral mit besonderen Schwierigkeiten verbunden, sich

---

[600] Kant, Immanuel: Grundlegung zur Metaphysik der Sitten. BA 10. S. 23.

[601] Beide Zitate: Nietzsche, Friedrich W.: Menschliches, Allzumenschliches I, 57. S. 76.

[602] Ebd.

[603] Vgl. Gerhardt, Volker: Selbstbegründung. S. 43.

[604] Vgl. Figal, Günter: Nietzsche. S. 164.

dogmatisch vom Anderen abzutrennen, der den Sinn des eigenen Lebens vorgibt, denn allzu offensichtlich gehört ja „die Sache", um die der Autor bedacht ist (das Vaterland dem Soldaten, das Kind für die Mutter) zum je eigenen Leben dazu; man lebt nicht als eingekapselte Einheit und muss sich daher auf die Welt wie auf etwas Fremdes beziehen, sondern man lebt sein In-der-Welt-sein, im Kontext von Sachbezug, anderen Menschen und Institutionen. Dies bedeutet, dass man sich in ihr als „dividuum" *behandelt* – man ist es also nicht einfach so. Dies ist aber nur möglich, wenn „die moralische „Selbstzertheilung" oder Selbstunterscheidung in der Struktur des Lebens angelegt ist."[605] Man zieht den Riss zwischen „Etwas von sich" und „etwas was Anderem von sich" selbst durch das Leben und weiß, dass es mehr oder minder so ist. Wie könnte man sich sonst überhaupt an etwas orientieren und warum, wenn es nicht zum eigenen Leben gehören würde, ginge es einem als Orientierungspunkt etwas an? Die „Dividualität" des Lebens lässt geradezu die Individualität durchscheinen. Dadurch gibt es für Nietzsche auch die Möglichkeit eines anderen moralischen Selbstverständnisses, dergestalt man sein Leben „individuell" führt und sich aneignet, was unter dem Blickpunkt der „Dividualität" abgespalten wird. Wer dies kann, handelt „s e i n e m Maasstab über die Dinge und Menschen, er selber bestimmt für sich und Andere, was ehrenvoll, was nützlich ist; er ist zum Gesetzgeber der Meinungen geworden, gemäss dem immer höher entwickelten Begriff des Nützlichen und Ehrenhaften."[606] Was nützlich ist, wird nicht mehr vom Anderen und/oder der Gemeinschaft als etwas, was man zu tun hat, vorgegeben, sondern man bestimmt es selbst auf Grund einer moralisch wirksamen „plastischen Kraft".[607]

Dennoch ist ein Leben, das in dieser Weise geführt wird, kein willkürliches und egoistisches.[608] Der verantwortungsbewusste Bürger ist durch die Erkenntnis befähigt „das Nützlichste, das heißt den allgemeinen dauernden Nutzen dem persönlichen, die ehrende Anerkennung von allgemeiner dauernder Geltung der momentanen voranzustellen; er lebt und handelt als Collectiv-Individuum"[609]. Dies ist wahre Individualität und Unzerteiltheit des Lebens, die sich im Leben verwirklicht.

---

[605] Ebd.

[606] Nietzsche, Friedrich W.: Menschliches, Allzumenschliches I, 94. S. 91.

[607] Vgl. Figal, Günter: Nietzsche. S. 165.

[608] Durch Nietzsches spätere Ausführungen wurde dies eher verdunkelt als erhellt, denn die Schlagwörter „Herren-Moral", die der Sklavenmoral der Unzufriedenen, ihr Leben Zerteilenden konträr ist. Nietzsche, Friedrich W.: Jenseits von Gut und Böse 260[1]. S. 208.

[609] Nietzsche, Friedrich W.: Menschliches, Allzumenschliches I, 94. S. 91.

Eine Entsprechung mit der platonischen Auffassung findet sich in der *Politeia*, jedoch ist dort die „Dividualität" nicht als Phänomen der Moral, sondern vielmehr als ein Mangel behandelt: ein Ungerechter lebt mit sich selbst in Zwietracht und ist sich selbst Feind, während der Gerechte mit sich in Übereinstimmung ist.[610] Die Gerechtigkeit steht für die Individualität, also die Unzerteiltheit des Lebens. Dies wird nicht aus der Orientierung an einem abstrakt Allgemeinen gewonnen, sondern kommt durch einzelne Bürger als „Collectiv-Individuen" in das Gemeinwesen hinein.[611] Dieses platonische Gerechtigkeitsverständnis steht Pate für das, was Nietzsche die Moral eines reifen Individuums nennt, und als solche die höchste „Stufe der b i s h e r i g e n Moralität".[612]

Die Formulierung „bisherigen" zeigt, dass Nietzsche darüber hinaus denkt, denn Nietzsche hält es für möglich, dass „die Menschheit aus einer m o r a l i - s c h e n sich in eine w e i s e M e n s c h h e i t u m w a n d e l n k ö n n e."[613] Man hätte dann ein Verständnis dafür, dass das Gegensätzliche zusammengehört: dass „Lust, Egoismus, Eitelkeit nothwendig zur Erzeugung der moralischen Phänomene und ihrer höchsten Blüthe" sind und man würde deshalb auch nicht „geringschätzen". Statt einer anderes ausschließenden Moral mit ihren Festlegungen, gäbe es „eine neue Gewohnheit", ein neues Ethos „des Begreifens, Nicht-Liebens, Nicht-Hassens, Ueberschauens".[614] Das Leben stünde in einem wahren Zusammenhang, weil das Verständnis greifen würde, dass zu der eigenen Orientierung auch das gehört, was ihr widerspricht. Dies führt natürlich über jede Moral, auch die der Individualität, hinaus, in der das Gegensätzliche und Widersprechende nicht konstitutiv ist: was sich dem allgemeinen Leben eines „Collectiv-Individuums" nicht fügt, lässt es auf sich beruhen, obwohl solch eine Gleichgültigkeit immer unsicher ist, denn schließlich ist man nicht von Natur aus allgemein, sondern eignet sich das Allgemeine in einer Weise an, die nie mit dem Individuellen zu einer unterschiedslosen Einheit verschmilzt. Findet sich im eigenen Leben etwas die Allgemeinheit störendes, wie z. B. „Lust, Egoismus, Eitelkeit", so schlägt die individuelle Moral nicht selten in Selbstzerteilung um. Bleibt dieser Vorgang unbegreiflich, so bliebe auch die Moral der Individualität naiv, und zwar auch in ihrer höchsten Ausprägung, der platonischen

---

[610] Vgl. Platon: Poleteia 352a.

[611] Vgl. ebd. 435e.

[612] Nietzsche, Friedrich W.: Menschliches, Allzumenschliches I, 94. S. 91.

[613] Ebd. I, 107. S. 105.

[614] Ebd.

Gerechtigkeitsmoral, in der noch nicht einmal gesehen wird, dass die „Dividualität eine moralische Manifestation darstellt und nicht bloß das Gegenteil der
Moral. Gegen die Gefahr der Selbstzerteilung gibt es also nur ein Mittel: ihre
Möglichkeit muss philosophisch durchdrungen werden, was einem Schritt über
die Moral gleichbedeutend mit der Tendenz hin zur „Weisheit"[615] ist. Selbstverständlich lösen sich mit dieser die eigenen, zunächst moralischen Orientierungen
nicht einfach auf – sonst gäbe es ja auch nichts dem Eigenen Widersprechendes
mehr, welches man derart begreifen könnte. Und daher kann es auch gar nicht
darum gehen, „Lust, Egoismus, Eitelkeit" u. a. was der eigenen Lebensorientie-
rung widersprechen sollte, zum Maßstab des eigenen Lebens zu machen – das
würde die Lage nicht grundsätzlich verändern, sondern nur eine andere Ausprägung des moralischen Selbstverständnisses sein. Viel entscheidender sind moralische Unterscheidungen als solche zu durchschauen und sich nicht mehr naiv
aus ihnen heraus zu verstehen, denn man soll sein Leben nicht in einer Selbstverständlichkeit des Ausschließens führen, da dies schon der erste Schritt zur
Selbstzerteilung ist. Umgekehrt wird in der Moral der „Dividualität" deutlich,
was auch in der Moral der Individualität passiert, nämlich ein Unterscheiden und
Ausschließen womit sich eine bestimmte Lebensform herausbildet; „Moral ist
immer die Verneinung von Lebensaspekten um des Lebens willen."[616] Radikali-
siert wird dies, wo um des eigenen Lebens willen zu diesem Leben (der Dividualität) im Ganzen Nein gesagt wird.

5.3.2. Problemkreis „Wille zur Macht"

Zwischen 1885-1889 wird Nietzsches Einsamkeit größer, aber sein Schreiben
intensiver und uferloser, es gleicht dem Wälzen von Steinen, das ‚gierige Sehn-
sucht' nach Erkenntnis und einer ‚rein irdischen' Vision des kontinuierlichen
Werdens der Beschäftigung eines modernen Sisyphos zu gleichen scheint. Der
Wille zur Macht, der in dieser Zeit besonders entwickelt wird, ist kein metaphy-
sisches Prinzip wie etwa der Wille zum Dasein, sondern ist lediglich ein anderer
Begriff für das Leben selbst und eine Art das Leben zu definieren. „In den Ent-
würfen zu einer *neuen* Auslegung allen Geschehens ist der Wille zur Macht
Prinzip der Interpretation, d. h. er ist der unsichtbare große Hermeneut in allen
Akten menschlicher Selbst- und Weltauslegung unter den Perspektiven von

---

[615] Vgl. Figal, Günter: Nietzsche. S. 167 f.
[616] Ebd. S. 168.

Macht und *Lust.*"[617] Dabei wird der Mensch zum Träger des Willens zur Macht als Partizipation eines Universums, in dem dieser Wille absolut herrscht. Der Machtbegriff verliert dadurch die hermeneutische Präzision hinsichtlich der menschlichen Ebene, um der ihm vorschwebenden Umwertung aller Werte, also einer neuen Normativität als Losung dienlich zu sein.[618] Dadurch verschwimmt die Rede vom Willen zur Macht im späten Werk Nietzsches, dennoch soll der Versuch unternommen werden, diese Gedanken für eine bewusste Selbstgestaltung des Lebens zu nutzen. Die Komplexität und Widersprüchlichkeit kann wie folgt verstanden werden: „Nichts wäre verfehlter, der Interpretation Nietzsches unangemessener, als zuletzt doch noch *den* Willen zur Macht, einem deus ex machina gleich, wenn schon nicht als das eine metaphysische Subjekt, so doch als das eine Grundgeschehnis hervortreten zu lassen. Es gibt für Nietzsche zwar Geschehniszusammenhänge, aber es gibt nicht *das* Grundgeschehnis. Es gibt nicht das Eine, es gibt immer nur Vielheiten, sich zusammenfügend, auseinandertretend. Nietzsches Philosophieren schließt die Frage nach dem Grund des Seienden im Sinne überlieferter Metaphysik als eine für das wirkliche Geschehen relevante Frage aus."[619]

Da es nicht *die* Wahrheit, sondern nur Wahrheiten gibt, ist dies nur konsequent, denn auch das Eine im Sinne eines Monotheismus fällt in diesem Fall weg.

In *Jenseits von Gut und Böse* gibt Nietzsche den Anspruch, den er in *Die fröhliche Wissenschaft* erfüllt sehen wollte, auf. Was *Die fröhliche Wissenschaft* geleistet hatte, scheint demnach nicht mehr möglich. Die verschiedenen Lebensformen, die Nietzsche durchdacht hat, und die aufeinander folgten, und auch die „Freigeisterei" finden im Konzept des Übermenschen ihren vorläufigen Abschluss, der schließlich jedoch auch preisgegeben werden muss. Der Philosoph versteht die Selbstgestaltung indes nur noch als ein Mittel, um den zukünftigen Übermenschen zu schaffen, was *de facto* zu einer Aufgabe des Übermenschen führt. Er ist nicht mehr der einzige Weg, dem Dasein einen Sinn abzuringen. *Jenseits von Gut und Böse* kündigt – als „Vorspiel einer Philosophie der Zu-

---

[617] Ries, Wiebrecht: Nietzsches Werke. Die großen Werke im Überblick. Darmstadt 2008. S. 105.

[618] Vgl. Kondylis, Panajotis (Hg.): Der Philosoph und die Macht. Eine Anthologie. Hamburg 1992. S. 26.

[619] Müller-Lauter, Wolfgang: Nietzsches Lehre vom Willen zur Macht. In: Salaquarda, Jörg (Hg.): Nietzsche. 2. Aufl. Darmstadt 1996. S. 234-288. S. 282.

kunft"[620] – denn auch nicht den Übermenschen, sondern neue Philosophen an. Die Einsicht in die moralische Natur der Erkenntnis bildet dabei einen entscheidenden Wendepunkt. Diese Einsicht wird zu einem Ausgangspunkt und damit zur eigentlichen Voraussetzung seiner neuen Philosophie. „Wenn der Asket des Geistes verstanden hat, wie sehr die Moral ihn noch bestimmt, beginnt seine neue, nach- und außermoralische Phase. Er überwindet seinen ‚Asketismus‘, indem er zum Schaffenden und "Wertsetzenden" wird. Er will so den Standpunkt jenseits von Gut und Böse endlich einnehmen, den er in *Menschliches, Allzumenschliches* verfehlt zu haben meint."[621] Gleichzeitig gilt es den „Asketismus des Geistes" zu überwinden, denn die Wahrheit im Sinne jener „berühmten[n] Wahrhaftigkeit, von der alle Philosophen bisher mit Ehrerbietung geredet haben", birgt Schwierigkeiten in sich, wie bereits der erste Aphorismus in *Jenseits von Gut und Böse* das „Problem vom Werthe der Wahrheit" darlegt. Er stellt dazu eine Reihe von Fragen, u. a. wie „W a s in uns will eigentlich ‚zur Wahrheit‘? Grundsätzlicher aber die Frage „nach dem Werthe dieses Willens". Außerdem: „Gesetzt, wir wollen Wahrheit: warum nicht lieber Unwahrheit?"[622] Welche Ursache und welcher Wert kommen der Frage nach dem Willen zur Wahrheit zu? Beide zielen auf die moralische Natur der Wahrhaftigkeit. Gerät das Denken nicht in Gefahr, wenn die Pflicht zur Wahrheit zweifelhaft wird? Diese Angst zeigt sich nicht im Aphorismus, aber die Rolle des Willens zur Wahrheit bleibt offen, sie ist wohl nicht genauer bestimmbar. Der Philosoph hört aber deshalb nicht auf zu denken, wenn er den Willen zur Wahrheit in Frage stellt, denn er darf Werte setzen, wenn der Willen zur Wahrheit an Bedeutung verloren hat. Die Antwort auf diese Frage kann nur eine Wertschätzung[623] sein, was in *Jenseits von Gut und Böse* als eine neue Freiheit des Geistes aufgestellt wird.

Die „Philosophen der Zukunft" nennt Nietzsche „*Versucher*" und „dieser Name selbst ist zuletzt nur ein Versuch, und, wenn man will, eine Versuchung"[624]. Doch Nietzsches Bestimmung des Philosophen geht noch weiter: „Durch den Namen, auf welchen ich sie zu taufen wagte, habe ich das Versuchen und die

---

[620] Nietzsche, Friedrich W.: Menschliches, Allzumenschliches. Vorrede 1. S. 13.

[621] Brusotti, Marco: Die Leidenschaft der Erkenntnis. S. 669 f.

[622] Nietzsche, Friedrich W.: Jenseits von Gut und Böse 1. S. 15.

[623] „[A]ber keine moralische, denn es kommt nicht primär auf den zuletzt nicht zu begründenden Anspruch des Willens zur Wahrheit auf allgemeine Verbindlichkeit an." Brusotti, Marco: Die Leidenschaft der Erkenntnis. S. 671.

[624] Nietzsche, Friedrich W.: Jenseits von Gut und Böse 42. S. 59.

Lust am Versuchen schon ausdrücklich unterstrichen: geschah dies deshalb, weil sie, als Kritiker an Leib und Seele, sich des Experiments in einem neuen, vielleicht weiteren, vielleicht gefährlicheren Sinne zu bedienen lieben? Müssen sie, in ihrer Leidenschaft der Erkenntniss, mit verwegenen und schmerzhaften Versuchen weiter gehn, als es der weichmüthige und verzärtelte Geschmack eines demokratischen Jahrhunderts gut heissen kann?[625]

Die Leidenschaft der Erkenntnis treibt die Versucher zu extremen Versuchen und ist das Merkmal der neuen Philosophen, sie sind jedoch nur Versucher, sofern sie „Kritiker und Skeptiker und Dogmatiker und Historiker und überdies Dichter und Sammler und Reisender und Räthselrather und Moralist und Seher und "freier Geist" und beinahe Alles gewesen"[626] sind. Die Leidenschaft der Erkenntnis ist eine Funktion des eigentlichen Philosophen und seiner Aufgabe untergeordnet: „diese Aufgabe selbst will etwas Anderes, – sie verlangt, dass er W e r t h e   s c h a f f e."[627] Auch werden die zukünftigen Philosophen „freie, s e h r   freie Geister" sein – „so gewiss sie auch nicht bloß freie Geister sein werden, sondern etwas Mehreres, Höheres, Grösseres und Gründlich-Anderes, das nicht verkannt und verwechselt werden will", sie unterscheiden sich damit von den „,Freidenkern' und wie alle diese braven Fürsprecher der ‚modernen Ideen' sich zu benennen lieben."[628] Mit diesen Eigenschaften unterscheiden sie sich von den gegenwärtigen, vermeintlich freien Geistern, wie sie auch in *Menschliches, Allzumenschliches* beschrieben werden.[629] Alles das, was in diesem Werk die Freiheit des Geistes ausmacht, ist für Nietzsches neue Philosophen bestenfalls eine Vorbereitung. Doch solche Vorbedingungen gibt es viele und mannigfaltige, so dass *der* Philosoph kaum mehr möglich zu sein scheint. Der eigentliche Philosoph muss das gewesen sein, wo „die wissenschaftlichen Arbei-

---

[625] Ebd. 210. S. 142.

[626] Ebd. 211. S. 144.

[627] Ebd.

[628] Ebd. 44. S. 60 u. 62.

[629] Der Freigeist als philosophische Gestalt tritt in dieser Zeit als Repräsentant der Aufklärung in Nietzsches spezifischem Sinne auf. Zu seinen Eigenschaften gehört die fortschreitende Loslösung und Entfremdung von den Fesseln der Tradition, wozu auch die Macht des Staates gehört. Diese Haltung bekräftigt Aphorismus 211 (S. 469) aus dem Zweiten Teil von *Menschliches, Allzumenschliches* als ein „Zug zur Freiheit ... im Gegensatz zu den gebundenen und festgewurzelten Intellecten ... " eines „geistigen Nomadentum[s]". Der Freigesist vermehrt seine Erfahrungen durch reisen ohne festes Ziel, voll Unsicherheit und Bedenken, denn er hasst „alle Gewöhnungen und Regeln, alles Dauernde und Definitive" (Menschliches, Allzumenschliches I. 427. S. 280).

ter der Philosophie, stehen bleiben, - stehen bleiben m ü s s e n."[630] Allerdings muss er schnell darüber hinweggehen. „Der Umfang und der Thurmbau der Wissenschaften ist in's Ungeheure gewachsen, und damit auch die Wahrscheinlichkeit, dass der Philosoph schon als Lernender müde wird oder sich irgendwo festhalten und ‚spezialisiren' lässt: so dass er gar nicht mehr auf seine Höhe, nämlich zum Überblick, Umblick, N i e d e r b l i c k kommt. ... Gerade die Feinheit seines intellektuellen Gewissens lässt ihn vielleicht unterwegs zögern und sich verzögern."[631] Er kann somit seine eigentliche Aufgabe nur zu spät oder gar nicht erfüllen. Damit zeichnet sich ein grundsätzlicher Konflikt ab. „Das befehlerische Etwas", welches Nietzsche unter dem ‚Grundwillen des Geistes' subsumiert, „will in sich und um sich herum Herr sein und sich als Herr fühlen: es hat den Willen aus der Vielheit zur Einfachheit, einen zusammenschnürenden, bändigenden, herrschsüchtigen und wirklich herrschaftlichen Willen."[632] Der Grundwillen, der aus Vielem ein Einfaches machen kann, ist gleichzeitig ein Wille zum Schein; „schon in jedem Erkennen-Wollen ist ein Tropfen Grausamkeit."[633] Der Grundwille des Geistes und verinnerlichte Grausamkeit und Wille zum Schaffen und intellektuellen Gewissen stehen sich gegenüber, und dies als zwei Gestaltungen von Willen zur Macht, als zwei Eigenschaften des freien Geistes.[634]

Der Wille zur Wahrheit ist der Gesetzgeber, der gleichzeitig Wille zum Schaffen wie auch Wille zur Macht ist und er entspricht jenem herrschaftlichen Grundwillen „aus Vielheit zur Einfachheit". Dieser Grundwille beschäftigt nicht erst die eigentlichen Philosophen, sondern es gehört zur Aufgabe der „philosophischen Arbeiter ... irgend einen grossen Thatbestand von Werthschätzungen ... festzustellen und in Formeln zu drängen, alles lange ... abzukürzen und die ganze Vergangenheit zu ü b e r w ä l t i g e n."[635] Die Überwältigung der Vergangenheit ist nur eine „Vorarbeit", damit andere dann „mit schöpferischer Hand nach der Zukunft" zu greifen imstande sind, denn die „e i g e n t l i c h e n P h i l o - s o p h e n ... sind „B e f e h l e n d e und G e s e t z g e b e r" und damit Erfinder von neuen Wertschätzungen. „Ihr ‚Erkennen' ist S c h a f f e n, ihr

---

[630] Nietzsche, Friedrich W.: Jenseits von Gut und Böse 211. S. 144.

[631] Ebd. 205. S. 132.

[632] Ebd. 230. S. 167.

[633] Ebd. 229. S. 167.

[634] Vgl. Brusotti, Marco: Die Leidenschaft der Erkenntnis. S. 672.

[635] Nietzsche, Friedrich W.: Jenseits von Gut und Böse 211. S. 144 f.

Schaffen ist eine Gesetzgebung, ihr Wille zur Wahrheit ist – W i l l e z u r
M a c h t.“[636] Die Utopie des „neuen Philosophen" schließt seinen Standpunkt
jenseits der moralischen Sollensnormen ein. Nietzsche sucht somit eine Möglichkeit „dem Leben selbst sein Sollen, sein Ideal abzugewinnen, ohne es doch
mit dessen einfach gegebener Tatsächlichkeit zusammenfallen zu lassen. Er
stellt eine neue Tafel über das Leben – eine Tafel aber, deren Inhalt das Leben
selbst ist.“[637] Die Gesetzgebung ist dabei die wichtige synthetische Tätigkeit mit
dem Kontext einer Schöpfung neuer Werte. Jedoch läuft der Philosoph aufgrund
seines feinen intellektuellen Gewissens Gefahr, in einem Spezialgebiet festzusit-
zen und zu einem Überblick von oben, d. h. zu einem Gesamturteil gar nicht
mehr zu kommen und damit keine schöpferische Synthese leisten zu können.

Wille, genauso wie Bewusstsein, Geist, Seele und alle ihrer Vermögen sind keine für sich stehenden Entitäten und dennoch spielen sie im Leben des Menschen
eine reelle Rolle. Die moralische Selbstauslegung wird solange bestehen wie der
Mensch sich als individuelles Wesen begreift und überzeugt ist, dass es in bestimmten Fragen auf ihn als individuelles Selbst ankommt. Es gibt somit keine
für sich bestehenden moralischen Phänomene, aber es gibt eine moralische Interpretation von "Phänomenen"[638].

Die Redlichkeit der Tugend ist diejenige von der die neu zu verstehenden freien
Geister womöglich nicht „loskönnen", die einzige die ihnen übrig blieb und in
der sie sich ‚vollkommnen‘ wollen. Nietzsche relativiert beide denkbaren moralischen Konnotationen von Redlichkeit: Moralische Tugend oder gar „Teufelei,
und gar nichts mehr!“ [639] Mit dem Begriff „Redlichkeit" wird also keine einfache Einheit bezeichnet, sondern er steht für ein indefinites Mannigfaltiges und
letztlich für etwas, was unbenennbar ist. Diese „Sache der Namen" ist jedoch
keine Nebensache; die „freien s e h r freien Geister" sollen das, was sie auszeichnet besser als Grausamkeit denn als „ausschweifende Redlichkeit“[640] benennen. Es kommt auf ihr Selbstverständnis an und wie sie sich selbst kennzeichnen. Sie haben durch ihre Redlichkeit zu vermeiden, dass sie „zu Heiligen

---

[636] Ebd. S. 145.

[637] Simmel, Georg: Nietzsches Moral. S. 171.

[638] Vgl. Gerhardt, Volker: Selbstbegründung. S. 35. Gerhardt zeigt an dieser Stelle auch die
Beispiele von Nietzsche auch auf, was den Rahmen dieser Arbeit jedoch sprengen würde.

[639] Vgl. Nietzsche, Friedrich W.: Jenseits von Gut und Böse 227. S. 162.

[640] Vgl. ebd. 230. S. 169.

und Langweilern"[641] werden. „Ihre Eitelkeit darf sie nicht dazu verleiten, sich als moralische, hypermoralische Gestalten zu stilisieren."[642]

Die Redlichkeit in *Jenseits von Gut und Böse* ist überaus streng ausgelegt und immoralistisch relativiert. Dies birgt die Gefahr, dass der Erkennende in die Moral zurückfällt und seine Freiheit verliert, dennoch „bleiben wir h a r t, wir letzten Stoiker! und schicken wir ihr zu Hülfe, was wir nur an Teufelei in uns haben - unsern Ekel am Plumpen und Ungefähren, unser ‚nitimur in vetitum', unsern Abenteuerer-Muth, unsre gewitzte und verwöhnte Neugierde, unsern feinsten verkapptesten geistigsten Willen zur Macht und Welt-Überwindung, der begehrlich um alle Reiche der Zukunft schweift und schwärmt, - kommen wir unserm "Gotte" mit allen unsern "Teufeln" zu Hülfe!"[643]

Natürlich birgt jede Tugend eine Neigung zur „Dummheit" in sich, aber derjenige, der streng genug gegen sich ist, kann verhindern, in die Moral zurückzufallen. Er muss dazu redlich in Hinsicht der Redlichkeit selbst sein und konsequent davon absehen, sie als eine moralische Tugend zu interpretieren. Die Redlichkeit lässt sich somit nicht von der Moral verführen. Dabei ist die Härte das Entscheidende und nicht die zwischenzeitliche Lockerung. Die Redlichkeit ist in der neuen Freiheit des Geistes ebenso enthalten und aufgehoben, wie die Leidenschaft der Erkenntnis. Genauso wie die Philosophen die Tatsachen der Welt selbst entdecken wollten, sind sie nur auf die Tatsachen ihrer Sprache gestoßen und so betreffen ihre *moralischen* Entdeckungen auch nichts in der Welt an sich, sondern nur sie selber. In dem, was als Beschreibung moralischer Tatsachen ausgegeben wird, liegt bloß der Ausdruck moralischer Einstellungen.[644] „Es giebt gar keine moralischen Phänomene, sondern nur eine moralische Ausdeutung von Phänomenen..."[645]

Dieser Hinweis deutet auf die fehlende *moralische* Ordnung in der Welt hin. In den Naturabläufen findet sich kein moralischer Zweck und diese Erkenntnis hat die Philosophen dazu bewogen, eine Zwei-Welten-Theorie[646] zu entwerfen, de-

---

[641] Ebd. 227. S. 163.

[642] Brusotti, Marco: Die Leidenschaft der Erkenntnis. S. 674.

[643] Nietzsche, Friedrich W.: Jenseits von Gut und Böse 227. S. 163.

[644] Vgl. Ries, Wiebrecht: Nietzsches Werke. Die großen Werke im Überblick. Darmstadt 2008. S. 107.

[645] Nietzsche, Friedrich W.: Jenseits von Gut und Böse. 108. S. 92.

[646] Zur Zwei-Welten Theorie hat sich Nietzsche in Zur Genealogie der Moral entsprechend geäußert: Er sieht den „asketischen Priester" als der fleischgewordne Wunsch nach einem

ren hierarchischer Struktur in einem höchsten Gut gründet. Gegen solch eine Theorie wendet sich Nietzsche in der ersten Vorrede: „Es hiess allerdings die Wahrheit auf den Kopf stellen und das P e r s p e k t i v i s c h e, die Grundbedingung alles Lebens, selber verleugnen, so vom Geiste und vom Guten zu reden, wie Plato gethan hat."[647] „Jenseits" ist daher auch nicht das Wort für den Höhepunkt einer logischen Hierarchie, sondern ein Gesichtspunkt unter anderen in einem Geflecht von Gesichtspunkten, worin das Hypothetische aller moralischen Urteile offenbar wird.

5.4. Sein versus Sollen – Allgemeingültigkeit contra Individuellem Leben

Georg Simmel willigt in die massive Kritik an Kants Moralphilosophie ein, erweitert sie aber auch um einige Punkte. Mit den bereits geschilderten Fakten wie Handlungen, die nur aus Pflicht und nicht aus Neigung geschehen dürfen (Trennung von Vernunft und Neigung), die Moral kann nicht aus außermoralischen Gegebenheiten abgeleitet werden, etwa aus der sinnlich-physiologischen Beschaffenheit des Menschen oder aus dem natürlichen Streben des Menschen nach Lust oder Glückseligkeit, womit die Trennung von Sein und Sollen vollzogen worden ist. Darüber hinaus kritisiert Simmel an Kant, dass dieser das individuelle Streben nach Glückseligkeit dem Moralprinzip unterordnet und den Menschen für fähig hält, nach Vorstellung der Gesetze zu handeln (kategorischer Imperativ). Nach Kants Moralphilosophie ist das Vernunftgesetz objektiv: Was „gut" ist, kann sich nicht nach den Neigungen eines Subjektes richten, sondern muss allgemeingültig sein. Maximen, die handlungsleitend sind, sollen anhand des kategorischen Imperativs geprüft werden. Der kategorische Imperativ ist ein formales Gesetz und kein Grundsatz mit materiellem Gehalt.

Anders-sein, Anderswo-sein, und zwar der höchste Grad dieses Wunsches, dessen eigentliche Inbrunst und Leidenschaft". Durch die „Macht seines Wünschens" bezaubere er die ganze Herde der Mißratnen, Verstimmten, Schlechtweggekommen, Verunglückten, An-sich-Leidenden" (GM III, 13. S. 366), indem er ihnen hinter ihrem Leben im Leben eröffne ein „Anders-sein", welches sich als *das* Sein offenbaren soll, und zwar von sich weg, über sich ins Jenseitige hinaus und darin auf eine verquere Weise bei sich. Man lernt nirgends besser die Kunst des Neinsagens zum Leben. Damit stellt die religiöse Moral die Welt im Ganzen unter das geschilderte Prinzip der „Selbstzertheilung des Menschen", indem sie eine Welt jenseits der Welt erfindet, um paradoxer Weise der diesseitigen einen Sinn zu geben. Nietzsche versteht dies als lebensverneinende Dichtung des Lebens, Vollendung der Moral, die es erst ermöglicht sich hinsichtlich der Welt im Ganzen moralisch zu verstehen.

[647] Nietzsche, Friedrich W.: Jenseits von Gut und Böse. S. 12.

Der Begriff des Gesetzes wird von Kant mit der Allgemeinheit gleichgesetzt, wodurch das Gesetz das Individuum bestimmt und ihm als das Allgemeine gegenüber tritt. Allerdings liegt ihm ein Individuum zugrunde, welches als „seelische Existenz" einmalig ist.

Simmel geht in seinem *Das individuelle Gesetz* von der Annahme aus, dass alles Wirkliche individuell ist, während das Nichtwirkliche, das Geforderte, Ideale nichts Individuelles sein kann und somit etwas Allgemeines ist.[648]

Die Bezugnahme seiner Ethik zur angestrebten Glückseligkeit eines jeden Menschen, meint Kant, sei töricht „denn man gebietet niemals jemandem das, was er schon unausbleiblich selbst will."[649] Dies bildet denn auch den Grundsatz zu Kants kategorischem Imperativ, denn die Wirklichkeit kann nicht zugleich das „Gesollte" sein. Der Mensch kann kein Sollen hervorbringen, obwohl er nach Kant ein Vernunftwesen ist; dies ginge nach Simmel nur aufgrund der Totalität unseres Wesens, welches der Sitz des Sollens ist. Wir leben auch gar nicht als „Vernunftwesen" an sich, sondern als einheitliche Totalität, die erst *nachträglich* durch wissenschaftliche, praktische, teleologische Bemühungen in Vernunft, Sinnlichkeit usw. aufgespalten wird. Das Sollensideal kann durchaus auch aus einem anderen Element unseres Wesens kommen, warum also die Begrenzung nur auf die Vernunft, fragt Simmel. Es könnte auch durch Sinnlichkeit (im Sinne eines immanenten Ideals) oder Fantasie erzeugt werden. Die Vernunft als überindividuelle Instanz in uns, wirkt zwar als seelische Energie, als Lebendiges dynamisch aus dem Lebenszentrum heraus, dennoch fließen keinerlei Normen aus ihr heraus, denn sie ist ein Teil der Gesamtheit, in der auch andere Regulative mit gleichem Recht aus ihrem eigenen Wesen Normen entwickeln könnten. Ein allgemein geltendes Gesetz kann ein Sollen nur einzelnen *Inhalten* des Lebens heraus entwickeln.[650] Die Inhalte sind durch logische aber nicht durch vitale Begriffe gekennzeichnet und an diesen überindividuellen Begriffen entzündet sich das Sollen, wodurch es in einer Ordnung steht, die der Wirklichkeit des Lebens wie auch dem Prinzip des Lebens gegenüber indifferent ist, denn es beurteilt und fordert die Handlung nicht. Der Begriff des individuellen Vollzuges wird vom Begriff der Handlung her bestimmt. Es gelingt dem allgemeinen Gesetz nicht, die Kategorie des Sollens über die Handlung als einen Ausdruck des Lebens

---

[648] Vgl. Simmel, Georg: Das individuelle Gesetz. Ein Versuch über das Prinzip der Ethik. Gesamtausgabe Bd. 12. S. 417.

[649] Kant, Immanuel: Kritik der praktischen Vernunft. A 65. S. 149.

[650] Vgl. Simmel, Georg: Das individuelle Gesetz. S. 435 ff.

auszudehnen oder beide in eine innerliche Verbindung zu bringen. „Und dazu sei als Letztes nur angedeutet (da es mehr eine psychologische Tatsache, als ein eigentliches Prinzip enthält): der Versuch, unsere sittlichen Handlungen aus ihrer Allgemeingültigkeit herzuleiten, ist schon darum bedenklich, weil gerade unsere *Sünden* viel mehr allgemeinen, typischen Charakter tragen, als unser Tiefstes und Bestes."[651] Letztlich bleibt die Ableitung des Sollens aus dem vorher genannten Kontext der Termini ein Mysterium, es lässt sich nicht exakt bestimmen. Die Gegenüberstellung bzw. Ungleichheit von Sein und Sollen kulminiert in dem Bewusstsein, dass es zwei Kategorien hat: „wir wissen uns, wie wir sind und wissen uns, wie wir sein sollen"[652] Dennoch stellt uns die zweite Kategorie ihre Inhalte in Form von Geboten gegenüber. Die Möglichkeit, sich selbst sich gegenüberzustellen, also sich selbst zum Objekt machen zu können, ist eine fundamentale Fähigkeit des Geistes. Der Mensch weiß durch den Akt des Selbstbewusstseins ein Sein, dessen Inhalt er selbst ist, sich gegenüber. Dies ist aber der Art nach nichts anderes als ein Gebotenes, dessen Inhalt er wiederum selbst ist und ihm gegenüber steht. Das Transzendieren des Geistes, welches ihn zum Ziel hat, kann auch immanente Transzendenz genannt werden; darin verwirklichen sich unterschiedliche Aktionen des Wissens, Fühlens und des Gebietens. Es ist nichts anderes als wie das Bewusstsein ein Subjekt als ein Objekt weiß, was ihm gegenüber steht, oder Wahrheitsgehalte vorstellt, die unabhängig von diesem Bewusstsein Gültigkeit haben. Sein und Sollen stehen unabhängig nebeneinander, wie auch die Unberührtheit der Gebote hinsichtlich ihr Verwirklichung oder Nichtverwirklichung, die mannigfaltige Nähe und Ferne zwischen ihnen wird je nach Fall unendlich sein. Sein bzw. Sollen enthält jeweils schon das ganze Leben. Die Trennung von Leben und Sollen als wesensfremd hält Simmel für fatal, denn es hatte zur Folge, dass Sollensforderungen an lebensferne Begriffe geheftet wurden. Diese allgemeinen Begriffe schließen jedoch nur bestimmte Aspekte ein, was die Entstehung des Sollens logisch nicht erklären kann. Das Sollen entspringt vielmehr einem metaphysischen Grundverhältnis, nicht nur nach Geboten, sondern es spricht formal aus, „daß das Individuum sich gegenüber dem schlechthin Allgemeinen überhaupt in der Lage des Sollens befindet."[653] Das Sollen findet sich im Reich der Ideen, bei Gott wie man auch sagen könnte. Das Begrifflich-allgemeine realisiert sich metaphysisch. Damit entsteht die Forde-

---

[651] Ebd.

[652] Ebd. S. 438.

[653] Ebd. S. 418.

rung, sein reales Leben an die allgemeine Idee in sich zum Ausdruck zu bringen. Bei Kant findet jedoch Individuelles in der ideellen Forderung keinen Platz, es gilt bei ihm nur die Form des allgemeinen Gesetzes. Durch diese Tatsache entsteht eine Diskrepanz zwischen realem und idealem Menschen, weil nur wenige Seiten dieses individuellen Lebens berührt werden. Das Gesetz, welches Kant postuliert gilt jedoch immer allgemein und unbedingt. Die Ableitung des Sollens ist konstruiert und so stehen sich Leben und Sollen als wesensfremde (gelegentlich aber inhaltlich übereinstimmende) Prinzipien gegenüber. Simmel möchte Wirklichkeit und Sollen beides auf der Basis des Lebens, in Form von Armen eines Flusses, Gestaltungsformen seiner Inhalte sollen sich realisieren. Dies ist ganz im Sinne des „Alles fließt" von Heraklit gedacht. So schreibt er: „Das Leben, als kosmische Tatsache, hat die Form eines absatzlosen Gleitens, es setzt sich von dem Zeugenden in den Erzeugten kontinuierlich fort."[654] Das Gesetz erwächst sozusagen im Menschen selbst, Leben und Kontinuität werden somit differenziert. Diese Differenz drückt sich folgendermaßen aus: „...jede besondere Existenz [drückt] das Ganze des Daseins in ihrer besonderen Sprache restlos [aus] .... [D]as Leben ist ein Strom, dessen Tropfen die Wesen sind, er geht nicht durch sie hindurch, sondern ihre Existenz *ist* ganz und gar nur sein Fließen.[655]

Der Mensch entwickelt sich zur Seele, worin die höchste Lebendigkeit kulminiert und in einer Abschnürung von der allgemeinen Lebensströmung in das Fürsichsein einmündet. Im Sinne eines praktischen Problems ergibt sich: „...wie sich die Selbständigkeit eines Individuums als eines Ganzen mit seiner Stellung als bloßen Gliedes in einem gesellschaftlichen Leben zusammenbringen lasse."[656] Die Ethik muss daher Vermittlungsleistung zwischen Individuum und Allgemeinheit erbringen. Ein Lösungsansatz dazu lautet: „daß *jedes* Lebendige das *ganze* Leben überhaupt in sich zur Verwirklichung, zur Darstellung brächte – natürlich nicht seiner Ausdehnung, sondern seiner Bedeutung, seinem inneren Wesen nach, und zwar auf eine *besondere, individuelle, unverwechselbare* Weise. Mag jeder Mensch seiner Natur und seinem Schicksal nach jedem andern unvergleichlich sein, so sind diese Verschiedenheiten doch nur die verschiedenen Tonarten, in denen sich die Natur, das Schicksal der gesamten Menschheit,

---

[654] Ebd. S. 446.
[655] Ebd.
[656] Ebd. S. 447.

und, weitergreifend, des gesamten Lebens gerade an diesem Punkte abspielen."[657]

Der ganze Mensch wird oft nur an einer einzelnen Handlung beurteilt; er ist z. B. geizig, weil er in dieser je einen Handlung entsprechend gehandelt hat, sonst aber durchaus großzügig ist. Jedes Sichverhalten ist aber in der Ganzheit des Lebens einer Seele zu beurteilen und das „einzelne" Tun steht dazu analog im Verhältnis. In einem gegebenen Augenblick kann eine nur einzelne sittlich geforderte Tat entstehen. Das Sollen wird auf das ganze individuelle Leben und nicht auf einzelne Handlungen gemünzt. Das Sollen impliziert dann, sich daran zu halten oder auch nicht. Fremde Pflichtsetzungen kommen aus Kirche, Gesellschaft, aus Familie und Beruf. Sie müssen aber vom Individuum als *eigene* Pflichten anerkannt und somit perspektivisch gewendet werden, was aber nur vom Individuum geleistet werden kann, indem es diese Pflichten als seine eigenen anerkennt. Dies kann aber nur aus dem Leben heraus geschehen und nicht aus souveräner Gesetzgebung. Das individuelle Sollen unterliegt hierbei der Kontingenz, dennoch entwickelt sich daraus ein ganz individuelles Sollen, das sich in den jeweiligen Augenblicken eigenartig artikuliert: „[D]enn alle sozialen und schicksalsmäßigen, alle vernunfthaften und religiösen, alle aus tausend Bedingungen der Umwelt stammenden Bindungen, Aufforderungen, Impulse wirken ja auf dies Leben selbst ein, gemäß der Füllung und Formung, die das Leben von ihnen erfährt, bestimmt sich jeweils seine Pflicht. Aber darum bleibt es *seine* Pflicht doch nur, insofern sie der aktuelle Moment der einheitlichen Totalität des so bestimmten ideellen Lebens ist."[658]

Das Gesetz bzw. das Sollen entwickelt sich demnach mit dem Leben und das Leben zeichnet die Individuen aus: Das Gesetz ist aus der Bindung der Allgemeinheit herausgelöst und wird damit zum individuellen Gesetz. Daneben gibt es auch das überindividuelle Leben, das allgemein gesetzgebend ist, aber das individuelle Leben ist jedoch ebenfalls gesetzgebend, als das, „[w]as von außen, von einem noch so idealen und wertvollen Außen, als Forderung an ihn herantritt, ... nur Material sein [kann], muß doch dieses erst als für diesen Menschen sittlich legitimiert werden."[659] Jeder hat ein individuelles Sollen, nach dem er leben soll, woraus sich eine verschärfte Verantwortung ergibt, denn es gilt in jedem Fall für seinen Handlungsträger und seinen Gesetzgeber und das ganze Da-

---

[657] Ebd. S. 448.

[658] Ebd. S. 456.

[659] Ebd. S. 458.

sein drängt auf einzelne Handlungen, in denen die ganze Person jeweils Ausdruck findet.[660] Daher „sind wir nicht nur dafür verantwortlich, daß wir einem bestehenden Gesetz gehorchen oder nicht, sondern schon dafür, daß dieses Gesetz für uns gilt; denn es gilt für uns nur, weil wir diese bestimmten sind, deren Sein sich durch jede geschehene Tat irgendwie modifiziert und damit das ihm stetig entfließende Sollensideal selbst in jedem Augenblick modifiziert."[661] Die Richtung des Sollens ist damit bestimmt, nämlich von Lebensprozess her und nicht vom Lebensinhalt. Alle Variationen, die in der Lebenskontinuität grenzenlos gleiten, die sich nicht in ein vorbestehendes Gesetz unterordnen lassen, findet jetzt ein Sollen über sich, da es selbst ein Leben ist und seine kontinuierliche Form wahrt. „Und eben darum, weil die Forderung nicht als ein starres Ein-für-Allemal dem Leben gegenübersteht, ist alles, was wir je taten und was wir je sollten, die Bedingung, unter der unser ethisch-ideales Leben sich zu der Wellenhöhe des jeweilig Gesollten hebt."[662]

Da das Gesetz aus individuellem Lebenskontinuum stammt, ausgehend vom eigenen Handeln, nicht von allgemeinen Begriffen, ist es nicht monolithisch, sondern verläuft analog zur Lebenswirklichkeit. Zum Ende des Versuchs über eine idividuelle Ethik, begeben wir uns zu Paul Ricœur und werden nochmals mit einer Morallehre konfrontiert, die sich um die konkrete Handlungssituation dreht.

5.5. Das Selbst und das Selbst des Anderen bei Paul Ricœur

In seinen gesammelten Abhandlungen mit dem Titel *Soi-même comme un autre* (*Das Selbst als ein Anderer*) beschäftigt Paul Ricœur sich mit der Frage der Selbstheit, aber wie der Titel auch verrät, mit dem Selbst, was im anderen ist, womit natürlich auch ethische Bereiche implizit betroffen sind, was Ricœur dazu bringt, die synonym verwendeten Begriffe Ethik und Moral dezidiert zu unterscheiden. Die Ethik richtet sich auf das gute, erfüllte Leben und die Moral gilt für die Erfüllung von Normen. Für die vorliegende Untersuchung ist der ricœursche Begriff der Ethik besonders interessant und man ist geneigt, sich im Folgenden wesentlich darauf zu konzentrieren. Dies jedoch kann nicht sein, denn die auf Normen gerichtete Moral kann keinesfalls vernachlässigt werden, da

---

[660] Ebd. S. 466.
[661] Vgl. ebd. S. 467.
[662] Ebd. S. 469.

Ethik und Moral in den Überlegungen Ricœurs letztlich doch korrelieren. Eins rechtfertigt das andere und darüber hinaus verdichtet sich Ricœurs Entwurf zu einer Sittenlehre individueller Prägung wie zu sehen sein wird.

In den folgenden Kapiteln wird es um die Ethik, spezieller um den Begriff *phronesis* gehen als auch um den Begriff der „praktischen Weisheit", die all unsere Handlungen begleiten soll.

5.5.1. Primat der Ethik

Ricœur gereift für sein Programm, einer auf ein gutes Leben gerichtete Ethik auf den aristotelischen Begriff der *phronesis* zurück: „Was ferner die Klugheit sei, können wir daraus lernen, dass wir zusehen, welche Menschen wir klug nennen. Ein kluger Mann scheint sich also darin zu zeigen, daß er wohl zu überlegen weiß, was ihm gut und nützlich ist, nicht in einer einzelnen Hinsicht, z. B. in bezug auf Gesundheit und Kraft, sondern in bezug auf das, was das menschliche Leben gut und glücklich macht. Ein Zeichen dessen ist, daß wir auch von solchen sprechen, die in einem Einzelnen klug sind, wofür sie nur im Hinblick auf einen guten Zweck und in Dingen, die unter keine Kunst fallen, wohl zu überlegen wissen. Demnach wird denn auch klug im allgemeinen sein, wer wohl und richtig überlegt. ... Die Klugheit aber hat es mit den irdischen und menschlichen Dingen zu tun, mit denen, die Gegenstand der Überlegung sind. Bezeichnen wir es doch als den Hauptvorzug eines klugen Mannes, daß er sich seine Sache gut zu überlegen weiß; ... der Mann der guten Überlegung schlechthin aber ist, wer durch Nachdenken das größte durch Handeln erreichbare menschliche gut zutreffen weiß."[663]

Aristoteles beschreibt das enge Verhältnis von *phronesis* und *phronimos*, welches nur Sinn hat, wenn der weise urteilende Mensch Regel und Einzelfall bestimmt, was nur dann stattfindet, wenn er die entsprechende Situation in ihrer ganzen Einzigartigkeit erkennt.

Ricœur verwendet den Begriff "Maßstäbe der Vortrefflichkeit" für seine Ethik, den er von MacIntyre übernommen hat. Diese Maßstäbe dienen dazu, einen Arzt, einen Maler, einen Architekten gut zu nennen. *„Es handelt sich hierbei um Regeln für den Vergleich verschiedener Ergebnisse – mit der Funktion von Perfektionsidealen, die einer bestimmten Gruppe von Ausübenden gemeinsam und*

---

[663] Aristoteles: Nikomachische Ethik. 1140a 24-32 u. 1141b 7-14.

von den Meistern und Virtuosen der fraglichen Praktik interiorisiert sind.[664] Diese Maßstäbe für Vortrefflichkeit beziehen sich auf das gute Leben, weil sie den Ausführenden einer Praktik schon, bevor er als gut qualifiziert wurde, der Idee der *immanenten Güter* der Praktik einen Sinn verleihen. Die immanenten Güter konstituieren die handlungsinterne Teleologie, die die Termini Interesse und Befriedigung bezeichnen und nicht mit dem Begriff der Lust verwechselt werden dürfen. Der Begriff des immanenten Gutes stützt das reflexive Moment der Selbstschätzung, d. h. wir schätzen uns in unserer Schätzung unserer Handlungen als deren Urheber.

Die Integration der Teilhandlungen fügt den Terminus der immanenten Güter der Praktik in eine umfassendere Einheit der *Lebensplanung* und gewährt so eine parallele Erweiterung. Die Einbindung von Handlungen in erweiterte Entwürfe, wie z. B. das Berufsleben, das Freizeit-, das Vereins-, sowie das politische Leben führen zu einer Berücksichtigung, die einen höheren Grad umfasst. Die Einordnung von Handlungen, die einen Lebensentwurf bilden, entspringen mitunter einem Hin und Her zwischen entfernten Idealen, die es jetzt zu präzisieren gilt, und natürlich der Abwägung von Vor- und Nachteilen bei der Wahl eines solchen Lebensentwurfes auf der Stufe der Praxis.

Dem Wort „Leben", das in „Lebens-Plan" steckt, schenkt Ricœur besondere Beachtung, denn es wird hier nicht im rein biologischen, sondern in einem ethisch-kulturellen Sinne verstanden. Bereits in der Antike wurden die Verdienste der jeweiligen *bioi* miteinander verglichen: lustorientiertes Leben, politisches Leben, kontemplatives Leben. Das Wort „Leben" bezeichnet im Gegensatz zu den Praktiken den ganzen Menschen. Ricœur greift auf das ergon-Argument des Aristoteles zurück; dieser fragt darin nach der spezifischen Aufgabe des Menschen, so wie ein Zimmermann und ein Schuster bestimmte Tätigkeiten ausführen, um ein Produkt herstellen zu können. Gibt es eine Tätigkeit, die für den Menschen als solchen gilt? Das Gute für den Menschen scheint gefunden, wenn angenommen wird, die Aufgabe des Menschen sei ein bestimmtes Leben, das Tätigsein und die Handlungen der Seele mit Vernunft umfasst. Wenn der gute Mensch dies jedoch auf gute und lobenswerte Weise tut, erst dann erweist sich das menschliche Gute als Tätigsein der Seele gemäß dem Gutsein.[665] Die das ganze Leben umfassende möglichst vernunftgemäße Betätigung der Seele kann

---

[664] Ricœur, Paul: Das Selbst als ein Anderer. S. 215.
[665] Vgl. Aristoteles: Nik. Ethik. Buch I., Kap. 6.

das Glück des Menschen zur Verwirklichung führen. „Dieses *ergon* steht im Gleichen Verhältnis zum als Gesamtheit verstandenen Leben, wie der Maßstab für Vortrefflichkeit zu einer partikularen Praktik."[666] Das *ergon* bezeichnet Ricœur als „Lebens-Plan". Es lässt sich an dieser Stelle nun fragen, ob Praxis ein „Ziel in sich hat" und jede Handlung sich auf ein „Endziel" richtet? Die Korrelation von Praktik und Lebensplan birgt eine Verschachtelung der Zwecke; Wird beispielsweise ein Beruf gewählt, so verleihen die Gesten, die ihn verwirklichen, den Charakter des „Ziel in sich selbst". Doch sind die ursprünglichen Entscheidungen nicht festgeschrieben, denn man kann sie über den Haufen werfen, wenn sich Konflikte auf der Ebene der Ausführung von jeweils gewählten Praktiken nach der Wahl der Praktik des Lebensideals ergeben. Auch wenn diese unbestimmt sind, kann es dazu führen, dass die Spielregeln eines Berufes, die zunächst für unveränderlich gehalten wurden, obsolet werden. In diesem Moment fordert die *phronesis* überaus komplexe Überlegungen, in die der *phronimos* nicht minder einbezogen ist.[667]

Der Begriff „Leben" meint natürlich auch die biologische Verankerung des Lebens und die Einheit des ganzen Menschen, sofern er einen bewertenden Blick auf sich selbst wirft. Der Terminus „Lebensplan" verweist auf ein Wollen und betont somit die voluntaristische Seite. Gleichzeitig hat es der Mensch aber auch mit Absichten, Ursachen und Zufällen zu tun und worin er von Beginn an als leidendes und handelndes Wesen auftritt.

Der Inhalt des „guten Lebens" ist für jeden ein nebulöses Gebilde von Idealen, Hoffnungen, Zielen und Träumen, die sich erfüllen sollten. Daran lässt sich messen, ob ein Leben als mehr oder minder erfüllt oder unerfüllt gelten kann. Dies findet auf der Ebene der verlorenen und wiedergewonnenen Zeit statt. Die Handlungen sind auf das „Woraufhin" ausgerichtet, sie haben – wie bereits gesagt wurde – ihr Ziel in sich selbst. „Diese Finalität innerhalb der Finalität ruiniert jedoch die Selbstgenügsamkeit der Praktik so lange nicht, wie deren Ziel bereits festgesetzt ist und bleibt."[668] Die Praktiken hält man für in sich geschlossen, jetzt ist aber für eine Öffnung der Praktiken plädiert worden, und tatsächlich gibt es eine versteckte Spannung zwischen Offenheit und Verschlossenheit in der komplexen Struktur der Praxis, und zwar genau dann, wenn Zweifel über die Orientierung des Lebens auftauchen.

---

[666] Ricœur, Paul: Das Selbst als ein Anderer. S. 217.

[667] Vgl. ebd.

[668] Vgl. ebd. S. 218.

Im Kontext der *phronesis* und des *phronimos* gilt für uns die Differenz zwischen dem, was das Beste für unser ganzes Leben sein kann, und denjenigen Vorzugsentscheidungen, die unsere Tätigkeiten beherrschen. Diese Differenz erfordert unsere Interpretationen bezüglich der Handlungen und des Selbst. Ob diese Auslegung für angemessen gelten kann, ist für den anderen bestenfalls plausibel, da sie auf unserem eigenen Urteilsvermögen basiert. Für den Handelnden selbst kann sich seine eigene Überzeugung jeder Art von Erfahrungsevidenz annähern, was zu einer neuen Form der *Bezeugung* führt, die in der Gewissheit auftritt, „Urheber seiner eigenen Rede und seiner eigenen Taten zu sein, zu der Überzeugung wird, in einer momentanen und provisorischen Annäherung an das gute Leben gut zu urteilen und gut zu handeln."[669]

Trotz des Primats der Ethik wird Ricœur die ethische Ausrichtung einer Prüfung durch die Norm unterziehen. Dabei zeigt er, dass sich die deontische Moral nicht durch Schwäche, sondern Größe auszeichnet. Der Wunsch gut zu leben, kennzeichnet sich geradezu durch die Norm aus und das Selbst auf der reflexiven Ebene beruft sich dabei auf die Universalität. Dies zeigt sich in der kantischen Eingangserklärung der *Grundlegung* sehr deutlich: „Es ist überall nichts in der Welt, ja überhaupt auch außer derselben zu denken möglich, was ohne Einschränkung für gut könnte gehalten werden, als allein ein *guter* Wille."[670] Zu diesem guten Willen kann man sich leiten lassen, vom Lauf der Dinge, wie auch durch Gründe, da sie diese oder jene Handlung bedingen. Dieses Vermögen ist ein Gegenstand der Selbstschätzung. Das teleologische Moment setzt dabei den Willen zu einem Verhältnis zum Gesetz. Hier deutet sich aber ein moralischer Zwang an, denn für solch einen Willen nimmt das Gute uneingeschränkt die Form der Pflicht an. Die Kritik nimmt dabei den Weg nach oben zur Selbstgesetzlichkeit, was Kant als *Autonomie* seiner so zu verstehenden praktischen Vernunft bezeichnet hat. Als gleichsam natürliches und vernünftiges Wesen hat sich der Mensch zu bestimmen, er wird autonom und braucht dazu auch keinen Gott. Dies kulminiert in Kants Formel vom Zweck an sich selbst; dem *Selbstzweck* der menschlichen Person.[671] „Handle so, daß du die Menschheit sowohl in deiner Person, als in der Person eines jeden anderen jederzeit zugleich als Zweck, nie-

---

[669] Vgl. ebd. S. 219.

[670] Kant, Immanuel: Die Grundlegung zur Metaphysik der Sitten. BA 1,2.

[671] Vgl. Gerhardt, Volker: Selbstbestimmung. Das Prinzip der Individualität. Stuttgart 1999. S. 136.

mals bloß als Mittel brauchst."[672] So lautet die wohl bekannteste Form des kategorischen Imperativs. Dieser Imperativ zeigt, dass es um das Individuum geht, welches sich, wenn es sich als vernünftig versteht, *selbst* zum Zweck setzt. Der Mensch muss sich als Selbstzweck und sich im Selbstverständnis als Mensch begreifen, damit die Allgemeinheit der Handlungsnorm überhaupt zustande kommen kann. Es gilt daher für jeden: die „Würde eines vernünftigen Wesens, das keinem Gesetze gehorcht als dem, das es zugleich selbst gibt."[673] Dazu muss der Imperativ die „subjektive" Maxime um wirksam zu sein, bestimmen. Die Selbstbestimmung erfolgt nach Kant allein durch den Zweck, den sich ein vernunftbegabtes Wesen selbst setzt. Tut der Mensch etwas aus eigenem Antrieb, so bestimmt er sich selbst.[674] Mit dem Begriff der Selbstbestimmung werden wir im nächsten Kapitel zur Selbstgesetzgebung gelangen. Ich möchte vorher zunächst noch dem Gedankengang Ricœurs weiter folgen.

Auf dem Wege der moralischen Reflexion kann der Titel des Guten durch geduldige Prüfung – und wie es ein endlicher Wille impliziert – auf das kategorisch Gebotene gerichtet werden. Die Distanz, die dadurch entsteht, wirkt wie eine Katharsis, die den uneingeschränkt guten Willen mit dem selbst gesetzgebenden Willen in Deckungsgleichheit bringen kann. Wichtig ist dabei, die Neigungen als Zeichen der Endlichkeit in Hinblick auf das Universalitätskriterium zu eliminieren.[675] Dabei sind diese Neigungen möglicherweise durch das Dafürsprechen einer Maxime zu prüfen. Letztlich müssen auch die Maximen mit der Praxis – den Begriffen der Praktiken und der Lebenspläne korrespondieren, was letztlich dazu führen soll, den Allgemeinheitscharakter der Maxime im Sinne einer Phänomenologie der Praxis wieder in das Vokabular zurück zu transformieren, also eine Universalisierungsprobe, die der Maxime ihre spezifische Bedeutung verleihen hilft.

Der kategorische Imperativ: „Handle nur nach derjenigen Maxime, durch die du zugleich wollen kannst, daß sie ein allgemeines Gesetz werde"[676] impliziert, dass einer befiehlt und ein anderer den Befehl (die Befolgung des Imperativs) erfüllen muss. Die Korrelation von Befehl und Gehorsam werden in ein und demselben Subjekt vollzogen, wobei die Neigung durch den Ungehorsam defi-

---

[672] Kant, Immanuel: Die Grundlegung zur Metaphysik der Sitten. BA 67.
[673] Ebd. BA 77.
[674] Vgl. Gerhardt, Volker: Selbstbestimmung. S. 137.
[675] Vgl. Ricœur, Paul: Das Selbst als ein Anderer. S. 250 ff.
[676] Kant, Immanuel: Die Grundlegung zur Metaphysik der Sitten. BA 52.

niert ist. Der wahre Gehorsam ist jedoch, wie gesagt werden kann, die Autonomie, wodurch der Charakter der Abhängigkeit und Unterwerfung des Gehorsams verloren geht.[677]

Natürlich impliziert diese Konstruktion geradezu die egologische These, dass nur das zugelassen wird, was *ich* will. Das problematische Moment dabei ist die „Selbstliebe", für die die Selbstschätzung eine reinigende Funktion gegen dieses Übel darstellt. „Und Achtung ist diejenige Selbstschätzung, die durch den Filter der universalen und zwingenden Norm hindurchgegangen ist, kurzum: Selbstschätzung unter der Herrschaft des Gesetzes."[678]

Dennoch kann die Ausrichtung auf das Gute durch das radikal Böse verdorben werden, dies steht bei dieser Konzeption völlig außer Frage. Das Böse birgt das Problem, die Ausübung der Freiheit zu beeinträchtigen, ja sie sogar in Verruf zu bringen. Letztlich ein unerforschliches Rätsel und Risiko. Man muss die Verpflichtung auf sich nehmen, einer Maxime zu folgen, die bewirkt, dass das *nicht* das *sei*, was *nicht sein soll* – das Böse. Insofern ergäbe sich für die Ethik eine Notwendigkeit, Formen einer Moral anzunehmen.

5.5.2. Situationsurteil und praktische Weisheit

Ricœur stößt auf seiner Suche nach adäquaten Begriffen, die die Ethik beflügeln können auf den Terminus *to phronein* (Besonnenheit bzw. Besonnensein), der aus Sophokles' Tragödie *Antigone* entliehen ist. Auch ‚rechtes Denken' und ‚gutes Abwägen' fallen unter die erweiterte Begrifflichkeit.[679] In Konflikten, die in einer bestimmten Situation auftreten, zeigt sich oft, dass den allgemeinen Regeln nicht Folge geleistet werden kann. Kant schloss jedoch jede Ausnahme von der Regel aus. Handeln aus Achtung vor dem Gesetz gilt also immer und in jeder Lebenslage. Hier muss nach Ricœur der Weg von der allgemeinen Regel zum *Situationsurteil* genommen werden, um handlungsfähig zu bleiben. In der Komplexität des Lebens bildet die Konfrontation mit den moralischen Prinzipien selbst eine Konfliktquelle. Genau deshalb muss auf den ethischen Grund rekurriert werden, der sich von der Moral abhebt und sich als Weisheit des Situationsurteils manifestiert. Das tragische phronein (in der griechischen Tragödie) wandelt sich zur praktischen phronèsis: „dies wäre die Maxime, die die morali-

---

[677] Vgl. Ricœur, Paul: Das Selbst als ein Anderer. S. 256.

[678] Ebd. S. 261.

[679] Vgl. ebd. S. 299.

sche Überzeugung der ruinösen Alternative zwischen Univozität und Willkür entwinden könnte."[680]

Diese Weisheit hat sich natürlich zu bewähren, was im Folgenden aufzuzeigen ist. Sie muss der Gerechtigkeit wie auch den institutionellen Vermittlungen standhalten. Dies kann die Debatte um die „gute Regierung" als wesentlicher Bestandteil der politischen Vermittlung unterstützen, indem wir in diesem ‚Klima' ein erfülltes – „gutes Leben" anstreben.[681] Damit ist der politische Hintergrund von großer Wichtigkeit, wenn es um die Lebensgestaltung des einzelnen Menschen geht.

Bevor ich auf die Selbstgesetzgebung eingehe, werde ich eine Explikation des Terminus Individualität geben müssen, der, wie diese Arbeit es gebietet, nur in nuce angeführt werden kann. Individualität zeigt sich nur im Allgemeinen, was das Einzelne abgrenzt. Es ist sozusagen ein Fall des Allgemeinen. Das Bewusstsein vertieft sich in die eigene Existenz.[682] Aus der interindividuellen Allgemeinheit (das Verbindende zwischen verschiedenen Personen) ergeben sich für den Handelnden erstrangige Probleme, wie die Bewältigung *seines* Problems, es ist somit *seine* Krise und aus dieser muss er herausfinden mit einer Antwort auf *seine* Frage. Die moralische Reflexion hat ihren Ausgangspunkt im Ich und führt auch zu ihm zurück. Das Ziel ist die Übereinstimmung mit sich selbst, welche sich in der Stimmigkeit einer gefundenen Lösung mit dem sonstigen Verhalten der Person ausdrückt. Die ausgeführte Handlung dieses bestimmten Menschen muss zu dem passen, was er auch sonst in einer vergleichbaren Situation tut. Der Handelnde muss sich in seinen eigenen Taten wiedererkennen können, was für ihn in der Überzeugung mündet, dass auch andere ihn darin wiedererkennen können (sofern sie ihn nicht mit einem anderen verwechseln). Diese Überzeugung hat ihren Ursprung in der *individuellen Allgemeinheit*: „Etwas mag noch so speziell sein – gilt allgemein für mich, ich habe darin etwas Typisches für mich, so daß ich eben darin auch von anderen als Typ oder Charakter erkannt werden kann."[683] Das Individuum ist dadurch in der Lage, bei der Beantwortung seiner moralischen Fragen eine Entscheidung, die es selbst bindet und die sie für *sein ganzes Dasein* sieht, so wird aus der *Regel*, die sich das selbstbestimmte Einzelne gibt, ein *Gesetz*. Die *Selbstbestimmung* wird in Form einer *Selbstgesetzge-*

---

[680] Ebd. S. 302.

[681] Vgl. ebd. S. 313.

[682] Vgl. dazu Kap. 1 u. 1.1. dieser Arbeit.

[683] Vgl. u. Zitat Gerhardt, Volker: Selbstbestimmung. S. 399 f.

bung praktiziert und dies in der *Perspektive des eigenen Lebens*. Eine ernsthafte Entscheidung für ein bestimmtes Verhalten, das gleichzeitig mit einer *Regel* verbunden ist, charakterisiert die Selbstgesetzgebung.[684] Diese Praktik verdeutliche ich, indem ich mich explizit auf eine Handlung festlege und mit ihr ausdrücke, als *wer* ich darin erkannt werden will, womit nicht nur für einen *Selbstbegriff*, sondern auch für eine *Lebensform* einzustehen ist. Ich signalisiere durch meine Praxis, nach welchen Vorstellungen ich leben will. Formal gesehen, habe ich darin *mein Gesetz*.[685] Unmittelbar an diese Bestimmung des eigenen Gesetzes schließt sich die Frage nach der Legitimation desselben an. Die autonome Person gibt sich selbst eine *Verfassung*; es ist eine *Gesetzgebung* über die ganze Körperschaft der Person, also eine selbst wieder *Verbindlichkeiten erzeugende Form*. Dadurch erhält der *Selbstbegriff der Person* ausdrücklich den Status einer *Norm*, die eine Geltung nur im Bereich des individuellen Wollens umfasst. *„Man gibt sich selbst ein Gesetz, das man als Person für verbindlich hält."*[686] Damit gibt man zu verstehen, mit was die eigene selbstbestimmte Entscheidung verknüpft ist. Die Bindung an das Gesetz ergibt sich aus dem Umstand, dass man es sich selbst gegeben hat, würde man das Gesetz verwerfen bzw. missachten, so widerspräche man sich selbst. Gegen den Selbstwiderspruch ist man jedoch sensibilisiert, weil der Begriff des Selbst bereits aus der Vernunft folgt, ja selbst die eigenen Identität käme in wanken, was sich zeigt, wenn wir lügen und dabei rot werden. Die Scham zeigt, wie tief der Identitätsanspruch in unserer leiblichen Verfassung verwurzelt ist, auch wenn Logik nötig ist, um ihn zu fixieren.

Das eigene Selbst erfährt eine enorme Bedeutung und bezieht sich auf sich selbst. Die Universalität der Regeln führt ebenfalls zum Konflikt, wenn die Idee der Menschheit im univoken Sinn nicht mehr tragfähig erscheint, besonders dann, wenn die Andersheit und/oder Pluralität der Person zum Tragen kommt. Dann spaltet sich die universale Regel in Achtung vor dem Gesetz und in die Achtung vor der Person. Praktische Weisheit kann an dieser Stelle dazu beitragen, der Achtung vor der Person den Vorzug zu geben; daraus ergibt sich im Namen der Fürsorge selbst eine Zuwendung, die Personen in ihrer unersetzlichen Singularität betrifft.[687]

---

[684] Vg. ebd. S. 406.

[685] Vgl. ebd. S. 408 f.

[686] Vgl. u.- Zitat ebd. S. 409 ff.

[687] Vgl. ebd. S. 318.

Bei all diesen Plädoyers für die praktische Weisheit, in eins darf sie jedoch keinesfalls einwilligen, die Ausnahme von der Regel zur Regel zu machen und gar gesetzgebend tätig zu werden, „in dem die Verantwortung für dramatische Entscheidungen durch ein Gesetz nicht erleichtert werden kann."[688] Ricœur gibt dazu auch einige Beispiele wie beispielsweise Mitleid, was man mit Menschen haben kann, die moralisch und psychisch zu schwach sind, um die Wahrheit zu ertragen. Die Wahrheit kann in Fällen von schweren Krankheiten, die zum Tode führen und wenig Überlebenschance bieten dosiert werden, also wenn eine klinische Wahrheit ein Todesurteil bedeuten würde. Eine besondere Ausnahme ergibt sich aus dem Fall der Notwehr, in der es erlaubt ist zu töten, wenn man selbst vom Tode bedroht wird oder man einem Dritten zur Abwehr des Todes zur Seite steht. Dadurch schränkt sich das Tötungsverbot auf den Bereich des Mordes und Todschlags ein. Der Imperativ „Du sollst nicht töten" fällt somit unter eine Regel, die durch eine Spezifikationsprämisse präzisiert worden ist.[689]

Ein Konfliktfall, der hier ein Beispiel geben kann, ist der Umgang mit menschlichen Embryonen mit der Frage: Darf überhaupt an überzähligen Ungeborenen manipuliert werden? Diese Frage kann nicht allein Kämpfern für das „Recht auf Leben" überlassen werden und so ein Monopol bilden, was ein allzeitiges Zögern bedingen würde. Genauso gut könnte es möglich sein, dass durch solche Eingriffe Menschenleben gerettet werden könnten. Die praktische Weisheit wirkt in einen Bereich, in dem die Achtung die Konfliktsituation auslöst und wo die Dichotomie von „Person" und „Ding" aufgehoben ist.

In den genannten Gewissenskonflikten ist es klug, sich zu vergewissern, ob die gegensätzlichen Positionen auf dem gleichen Prinzip der Achtung basieren und sich lediglich durch das Ausmaß des Anwendungsbereiches unterscheiden und dies besonders in der Grauzone zwischen Ding und vollentwickelter moralischer Person. Die Bestimmung eines Schwangerschaftsabschnittes, in dem Abtreibung kein Verbrechen darstellt, erfordert ein sehr weit entwickeltes moralisches Taktgefühl. Diese Problematik kann sich an Aristoteles' Forderung orientieren: „Deshalb ist die Tugend nach ihrer Substanz und ihrem Wesensbegriff Mitte; insofern sie aber das Beste ist und alles gut ausführt, ist sie Äußerstes und Ende."[690] Dies ist ratsam, denn diese aristotelische Mitte ist kein universelles Prinzip; sie ist aber auch kein fauler Kompromiss, da er in ein „Höchstes" mündet.

---

[688] Ebd. S. 326.

[689] Ebd. S. 337.

[690] Aristoteles: Nik. Ethik 1107a 10.

In diesem Sinne ist das Gebiet zwischen Erlaubtem und Verbotenem in Zonen auszuleuchten, die selbst „in der Mitte" liegen und sich allzu vertrauten Dichotomien widersetzen. Die möglicherweise Weise auftretende Willkür des moralischen Situationsurteils wird gemindert, wenn Entscheidungsträger in der Position des Gesetzgebers sind oder ein Rat von weisen Frauen und Männern eingeholt wird. Die Entscheidung besiegelnde Überzeugung wird dann im Sinne des Pluralitätscharakters der Debatte gefällt, woraus ersichtlich wird, dass der *phronimos* nicht zwingend ein einzelner Mensch sein muss.[691]

In der zwischenmenschlichen Sphäre traten neue Konfliktherde hervor, die sich aus der Spaltung zwischen der Achtung des Gesetzes und der Achtung der Person entwickelten. Die Vielfalt der Person hob sich deutlich vom vereinheitlichenden Begriff der Menschheit ab, worunter auch die genannten Gewissenskonflikte des „endenden" und des „werdenden Lebens" im Zeitalter der Technik tangiert wurden. Der Konflikt lässt sich aber auch noch weiter präzisieren: Das Prinzip der Achtung der Person als Vernunftwesen und der damit verbundene Universalitätsanspruch auf der einen, und die tastende Suche nach Lösungen, „wie sie die Behandlung solcher Wesen erfordern, die das explizite Kriterium der achtungsbegründenden Humanität nicht mehr oder noch nicht erfüllen."[692]

An dieser Stelle ist es angebracht, noch etwas zur Zurechenbarkeit (von Taten und Handlungen) zu bemerken und sie zu definieren: Nach all dem Gesagten, bleibt nur noch die Frage nach dem *Wem* der Zurechenbarkeit der Handlungen. Dazu gilt es zunächst eine Definition von Zurechenbarkeit zu geben: Die Unterscheidung von „subjektiven" und objektiven" Geboten impliziert ihre Funktion, die darin besteht, die Kategorien des Erlaubten/Unerlaubten und des Schuldigen/Nichtschuldigen auf einander abzustimmen. „*Zurechnen* würde dann nicht nur bedeuten, jemanden eine Handlung in Rechnung stellen, sondern auch *jemanden*, der für schuldig/nicht-schuldig gehalten werden kann, eine *Handlung*, insofern sie unter die Kategorie des Erlaubten/Unerlaubten fallen kann, zurechnen."[693] Hierbei ordnen sich Vorschriften zweiter Ordnung unter solche der ersten Ordnung. Die gegebene Definition unterscheidet somit zwei Arten von Vorschriften. Besonders populäre Definitionen der Zurechnung beziehen sich auf Lob und Tadel. Diese Ausdrücke kombinieren beide Ordnungen von Vorschriften erlaubt/unerlaubt bezüglich der Handlungen und schuldig/unschuldig den

---

[691] Vgl. Ricœur, Paul: Das Selbst als ein Anderer. S. 330 f.

[692] Ebd. S. 345.

[693] Ebd. S. 354 f.

Handelnden betreffend, miteinander. Damit wird die Zurechenbarkeit von der Beschuldigung abgesetzt. Gleichsam scheint es richtig, sie in umgekehrtem Bemühen auf Lob und Tadel zu beziehen. Der Begriff des Zurechenbaren fußt bei Ricœur allerdings auf der Ethik. Es erfolgt dadurch ein Rückverweis auf die Selbstschätzung, die durch die ganze Abfolge der Bestimmungen des Gerechten, des Guten, des Verpflichtenden und des moralischen Situationsurteil *vermittelt* ist.

Die Frage nach dem *Wem*, dem eine Handlung zuzurechnen ist, kann nun eine Antwort finden. Dem Selbst kann sie zugerechnet werden, und zwar dann, wenn es in der Lage ist, die gesamte Abfolge ethisch-moralischer Bestimmungen der ganzen Handlungen durchlaufen zu können und zum Schluss die Selbstschätzung zur Überzeugung wird. In der Überzeugung treffen sich die Vorschriften erster und zweiter Ordnung, genauer, die ethisch-moralischen Objektivitäten der Handlung und die Subjektivität des Handelnden, der von den Objektivitäten ausgehend und über sie zu sich selbst zurückfindet. „Um diesen Preis kann die Zurechnung als ethisch-moralischer Ausdruck der Zuschreibung einer Handlung an einen Handelnden gelten, ohne, daß die Beschuldigung für die kanonische Form der Zurechenbarkeit gehalten werden müßte. Es genügt, daß die Handlung und ihr Vollzieher zugleich der Gerichtsbarkeit von Lob und Tadel unterworfen scheinen. In der Selbstschätzung gewinnt freilich in gewisser Weise das Lob die Oberhand über den Tadel."[694]

Die Zurechenbarkeit, so kann buchhalterisch gesagt werden, ist ein "In-Rechnung-stellen", so wie der Eintrag in ein Rechnungsbuch, der dort registriert und archiviert wird. Diese Metapher bezeichnet demzufolge die Objektivierung im Sinne der Verantwortung für Folgen und Verschuldung wie sie bereits vorgetragen worden sind.

---

[694] Ebd. S. 355.

Schlussbetrachtung

Die Intuition die mit einer Philosophie der Lebenskunst verfolgt werden soll, geht der Annahme nach, dass das Grundanliegen einer solchen Philosophie in der Deutung des Menschen liegt und sich in seinem Leben und Handeln zu bewähren hat. Dazu braucht es aber mehr: eine bewusste Lebensführung, die auf philosophische Mittel zurückgreift, welche in dieser Untersuchung analysiert und methodisch herausgearbeitet wurde, kann zu einem gelingenden Lebens beitragen, stellt aber andererseits kein allgemeingültiges Rezept dar. Hier schließt sich natürlich eine brennende Frage, die sich aus dem Untersuchungsgang praktisch implizit ergibt und sie lautet: Bilden alle Kapitel dieser Arbeit mit allen angegebenen Haltungen bzw. Praktiken in summa das, was Lebensgestaltung ausmacht? Ist es ein definierter Raum, der eingrenzt, was lebenskünstlerisch überhaupt *geht*?

Diese wichtige Frage ist aber schlichtweg nicht zu beantworten, denn in welcher Lebenssituation welche Haltung anzunehmen ist oder welche Praktik angemessen, kann nicht im Voraus, noch am Ende deterministisch bestimmt werden. Für eine Orientierung im Leben und der Prämisse der Lebensführung im Kontext der Lebensbedingungen, die zu Beginn der Arbeit geschildert wurden, muss der Mensch nicht ohnmächtig sein Leben, seine Lebenszeit und die Umwelt nicht unkontrolliert auf sich einwirken lassen. Aus dem zunächst umgreifenden Begriff der Philosophie lässt sich das herauspräparieren, was den Weg des Lebens befruchtender, glücklicher und selbstbestimmt machen kann. Die Initiative muss allerdings vom betreffenden, einzelnen Menschen selbst kommen, denn was hier herausgearbeitet wurde, kann nur zur Hilfestellung dienen.

1. Bewusste Lebensgestaltung

Grundlage der Selbstgestaltung ist zunächst die Gewissheit seiner selbst, die aus dem descart'schen *Cogito* entwickelt wurde und zeigte, dass jeder zu einem Fundament seiner selber kommen kann. Letztlich ließ sich dabei nur herauspräparieren, dass derjenige, der denkt, *ist*, im Sinne einer Existenz, jedoch nicht *was* er ist. Dies braucht er auch nicht, denn sein Denken impliziert bereits das er denkt. Der Zweifel des eventuellen Nichtexistierens ist damit ausgeschlossen und genau dies will Descartes mit seiner Analyse zeigen. In dieser ‚entdeckten‘ Selbstgewissheit hat das ich einen sicheren Hafen von dem aus es der Welt stückchenweise begegnen kann.

Sicherlich schlägt Nietzsches Kritik an Descartes hart gegen die Selbstgewissheit, die durch Descartes' Denken gesichert schien. Die Kritik, die Nietzsche übt, ist zwar oft sprachphilosophischer Natur, erweitert aber dennoch Descartes' Auffassung durch die Ansicht, dass wir uns oft gar nicht selbstgewiss sein können, wir entgleiten uns sozusagen, haben uns nicht in jedem Augenblick. Nietzsche wirkte mit diesem Denken gegen einen Zerfall des Ich auf der einen und des Körpers auf der anderen Seiten. Ja, der Leib wird sogar zum Ausgangspunkt als deutlich fassbares Phänomen. Das erweitert sich damit enorm und Descartes' Philosophie wird um wichtige Elemente, die Nietzsche durchdacht hat ergänzt.

Das Subjekt als das zugrundeliegende, das sich reflektierend zu sich selbst verhält bildet ein weiteres Fundament für die Selbstgestaltung im Kontext einer philosophischen Theorie. Das Subjekt beginnt über sich nachzudenken und sein Wissen über sich selbst zu analysieren. In diesem Prozess gewinnt es zunehmend eine Vertrautheit mit sich selbst. Die ganze Entwicklung des philosophischen Denkens hin zu dem Konzept der Vertrautheit mit sich selbst, resultierte aus der Oikeiosis, der Vermittlung von Naturwesen und Vernunftwesen und ist somit ein Beitrag zur Grundlage der Selbstgestaltung. Ziel dabei ist die Selbstwahrnehmung, in der man sich seines Lebens inne, d. h. sich seines Seins gewahr wird, was dann in der Aneignung kulminieren sollte. In der Tradition der Oikeiosis steht die Selbsterhaltung, die das je eigene Leben zu schützen und zu verteidigen hat. Andererseits wurde aber auch angedeutet, wie zerbrechlich dieser Prozess sein kann.

Das Leben birgt einige Erschwernisse, die uns die vollständige Selbstmacht über uns praktisch unmöglich macht, denn es gibt nur Wege der Annäherung im Sinne eines Wissens von uns selbst. Dies geschieht in einem bewussten Leben, in dem wir uns in unseren Gedanken ausdeuten; diese Vorgänge sind jeweils ein Prozess, indem wir uns auch der Selbstgestaltung widmen.

Darüber kann der Mensch im Spiel seiner Gedanken über sich hinausverweisen (transzendieren), sich als jemand anderer denken, der er zwar nie sein kann, aber doch vorstellen kann. Nicht zuletzt resultiert daraus auch Erkenntnis von der Welt und anderen Subjekten darin, gleichzeitig findet eine Positionierung des Subjekts statt, einschließlich allem Wissens von sich, aber auch von Zweifel, die an es herangetragen werden. Durch diese Eigenschaften kann sich das Subjekt in seinem Denken zu einem Objekt machen, worüber es reflektieren kann. All dies bedeutet aber nicht, dass das Leben nicht widersprüchlich und ambivalent geführt werden muss. Die vollständige Durchdringung unserer selbst bleibt bestenfalls rudimentär.

Selbstgestaltung konstituiert sich auch aus Haltungen, die exemplarisch vorgestellt wurden. Gelassen an die Welt zu gehen oder sich ihr gegenüber entsprechend zu verhalten, fördert die Selbstgestaltung entscheidend, wenn auch antike Einflüsse hier hineinspielen, die den Begriff "Gelassenheit" so genau nicht treffen. Die Gelassenheit ist etwas, was den Menschen vom Ballast des Alltags befreien kann, wie dies die Mystiker im Mittelalter bereits erkannten. Meister Eckhart exemplifiziert die Gelassenheit in Korrelation im Streben nach dem Göttlichen, denn gerade darin erkennt er eine Blockade des Menschen in sich selbst. Greift diese Gelassenheit schon im Höchsten, was der Mensch zu erstreben vermag, so sicher erst recht im alltäglichen Leben, welches er zu führen hat. Der Nutzen der eckhart'schen Gelassenheit muss demnach nicht unbedingt im religiösen Kontext verhaftet bleiben. Einen weiteren Aspekt von Gelassenheit bringt Heidegger in die Diskussion ein. Gelassenheit als etwas, das Möglichkeiten entwickeln kann, sich Zurücknehmen und auch Seinlassen, wodurch sich gerade der Freiraum des Entwickelns ergibt. In Verbindung steht dies mit dem Warten und dem passenden Moment des aufmerksamen Wachens bis sich der richtige Zeitpunkt ergibt, indem der Mensch in die Welt eingreifen kann.

Die Besonnenheit korreliert mit dem Wissen, was allerdings kein Wissen des Wissens ist, sondern ein Wissen um das Gute. Gleichzeit heißt besonnen sein, sich im Griff zu haben und sich jederzeit kontrollieren zu können. Dennoch ist diese Kontrolle brüchig, denn innere Konflikte können sich bilden, weil es immer etwas in uns gibt, was sich dieser Kontrolle entzieht. Wichtig ist dann aber, dass sich die Besonnenheit ausbalanciert, d. h. die guten Teile die Oberhand gewinnen.

Die Sorge als philosophische Dimension zeigte sich als ein nicht einheitlich zu behandelndes Phänomen. In der Tradition zeigt sie sich als ein ‚sorgen für mich' und ein ‚sorgen für andere'. Erst im Denken von Heidegger tritt eine andere Sichtweise ein. Die Sorge ist darin ein Antrieb zum Handeln und damit auch zur Selbstgestaltung. Als ontologische Struktur wirkt sie völlig anders als das Cogito Descartes'. Das Dasein ist Existenz und so etwas wie die Substanz. Gleichzeitig eröffnet die Dimension der Sorge Möglichkeiten für das Seinkönnen. Bei Foucault wandelt sich die Sorge in eine Arbeit, die zu einer Art von Selbstkultur führen soll. Von sich selbst ausgehend, geht dieser Prozess weiter bis zu intersubjektiven Beziehungen. Die Selbstsorge transformiert sich zum Subjekt der Lebensführung. Bei der Analyse der antiken Lebenskunstphilosophien wird aber auch klar, dass diese nicht einfach eins zu eins in die Moderne übernommen werden können. Sollten sich antike Praktiken als fruchtbar für die Moderne erweisen, so sind sie den heutigen Erfordernissen anzupassen. Das „Regieren" anderer über uns muss dabei ein Ende finden und wir sollten uns ganz auf die Entwicklung unserer selbst konzentrieren. Die Untersuchung hat aber auch gezeigt, wie vielfältig die Sorgekonzepte in jeweiligen Epochen integriert und sich in den einzelnen Philosophien ausgefächert haben.

Aneignung im Sinne einer Auslegung seiner selbst war das nächste Thema, ein Selbstinterpretieren wie Habermas es versteht. Diese Methode bietet sich an, weil sich unser Inneres nicht direkt äußert, daher bedarf es einer Interpretation der je uns eigenen Vorgänge. Diese Innere gilt es nach außen hin verständlich zu machen, um das Fremdverständnis des Individuums zu erleichtern. Ein Schritt weiter ging Nehamas mit seiner Forderung man solle sich eine Werkinterpretation zu eigenmachen, da sich das eigene Leben ja auch nicht direkt äußert. Hier wirkt auch besonders der Aspekt des „was Interpretationen aus uns machen". Jede dieser Aneignungen bringt etwas Neues, ob gut oder schlecht bleibt dabei jedoch ein offener Prozess. Vielleicht bleibt es ein Feld von Experiment mit uns selber.

Die Biographien von Dewey, Wittgenstein und Foucault stehen im Grunde für sich und sollen hier nicht mehr weiter besprochen werden, bis auf die Thematik des Todes, die besonders letztgenannten Lebensläufe von Wittgenstein und Foucault innewohnt, soll hier noch kurze Bemerkungen erfahren. Die Vorbereitung des eigenen Todes als Erfüllung des Lebens könnte auch als Ausdruck der Willensfreiheit des einzelnen Menschen Respekt und Achtung finden, wenn nicht überkommene Ansichten und grundlose Ablehnung dem gegenüber stehen würden. Während wir unser Leben leben, müssen wir über unsere Lebensführung reflektieren, wir müssen sozusagen während der ‚Fahrt' Verbesserungen durchführen, ein der Kultur externer Standpunkt ist nicht vorhanden und so bleibt nur diese Möglichkeit offen. Ein Leben aus dem ‚Nichts erschaffen' ist nicht denkbar, immer muss es angeeignetes, sozusagen fundamentales Material unseres Lebens sein, was für neue Lebensführungsaspekte fruchtbar zu machen ist. Bei all diesen Prozessen bleibt es nicht aus, sich bestimmen zu lassen, denn daraus ergeben sich die Selbstbestimmung und die Eröffnung von Möglichkeiten, wobei es ein Faktum bleibt, dass wir in Fremdbestimmungskontexten verhaftet bleiben müssen, die aber dennoch bis zu einem bestimmten Grade überwindbar zu sein scheinen.

Es bedarf konstituierenden Praktiken, um die Lebensgestaltung überhaupt möglich zu machen. Dazu ist Sinnlichkeit gefordert, die ausführlich darzustellen war: Im Bereich des Redens war der wichtigste Punkt die wahre Rede – die Fähigkeit wahr zu und über sich zu sprechen. Das Telos der parrhesia war schließlich, eine Verhaltensänderung des Lernenden (im Sinne der Lebensgestaltung) herbeizuführen. In der Gegenwart wird dieser direkte Weg der Antike nicht mehr gegangen; indirekt ergeben sich aber auch durch moderne Medien Zugänge zu solchem Wahrsprechen. Dieses Wahrsprechen kann auch im Selbstgespräch das leitende Motiv sein. Diese Praktik zeigte sich gleichsam in einer Pluralität, die zunächst gar nicht zu vermuten war. Ermahnung, Lob und Kritik an sich selbst gerichtet, kann eine Lebensgestaltung nachhaltig beeinflussen, wäre da nicht die negative Konnotation des Selbstgesprächs in der Moderne. Vielleicht würde eine gegenwärtige Wiederbelebung dieser Praktik dazu anleiten, ein gutes Leben zu führen, natürlich ohne die Stigmatisierungen, die Menschen entgegenschlägt, die sich mit sich selbst im Disput befinden. Eine neue philosophische und gleichzeitig maieutische Funktion wäre es, sich dieser Praktik wieder zu erinnern.

Der Hörsinn scheint doch ganz und gar für die Selbstgestaltung gemacht zu sein, denn das Aufnehmen einer Lehre gelingt am besten durch zuhören, was in der Antike begann, kann sich heute noch bestätigen. Ein wichtiges Moment dazu liefert die Aufmerksamkeit und die Kunst des Zuhörens, was einem nicht immer leicht fällt. Um die Tugend in sich zu entfalten, dient ebenso das Zuhören, das die Worte der Wahrheit in uns hinein lässt. Die Grundlage für das Hören ist Schweigen, was auch gleichzeitig die Basis für das Reden bildet. Im Rahmen der Lebensgestaltung kann man sich dazu entscheiden, bewusst zu schweigen, was nicht nur für das Zuhören nützlich sein dürfte.

Die Praktiken Lesen und Schreiben sind für eine Lebensgestaltung aufgrund ihrer Subjektivierungsleistung von Bedeutung. Das beste Beispiel dafür bilden sicherlich die Aufzeichnungen des Marc Aurel, die er an sich selbst richtete. Insofern stellt das Schreiben (für sich selbst) eine Positionierung des Individuums dar, es steht sich in der Welt und auch anderen gegenüber, indem es das vertritt, was es in wahren Regeln vorfindet. Dies gleicht es mit sich immer wieder neu im Rahmen einer Gewissensprüfung ab, die im Idealfall in einen Habitus mündet. Diese Übungen sind natürlich so mühevoll wie ein Studium, bei dem eine Verinnerlichung des Gelesenen und Geschriebenen von statten gehen sollte.

Die Selbstgestaltung im Sinne Nietzsches förderte einige interessante Denkansätze zu Tage, was sich zunächst am Begriff der „Redlichkeit" zeigte. Diese muss die Herrschaft über andere Triebe erreichen, um sie moralisch kanalisieren zu können, gepaart mit der Gerechtigkeit führt dies zur Wahrhaftigkeit, die unbedingt anzustreben ist. Die Redlichkeit führt zur Unabhängigkeit des Menschen gegenüber anderer Menschen aber insbesondere auch von den Trieben, die ihn beherrscht haben. Nietzsche betrachtete seine Philosophie als eine experimentelle, Denken und Leben im Sinne des Versuchens, Wagens, Riskierens bis hin zu den Grenzen eines möglichen Absturzes, samt dem Hinnehmens des Wahren im Sinne eines Ertragens des Unwahren. Es gilt daher im Rahmen der Experimental-Philosophie die Irrtümer zu beseitigen. Der Mensch muss nur den Mut aufbringen sich aus diesem herauszuwinden. Es gilt sich im Grunde selbst zu durchschauen, hinsichtlich der eigenen Kleinheit aber auch in der Selbsterhöhung gegenüber der restlichen Natur. Eine Forderung dazu lautet, sich die Wahrheit einzuverleiben, so schwierig das auch sein mag. Diese einverleibte Wahrheit ist z. B. eine Moral, die den Menschen nicht unter vielen Prinzipien zu unterdrücken droht. Das Konzept des Übermenschen zeigt deutlich die Spannung des Menschen in sich selbst: etwas zu wagen zu einem Möglichen hin, anderseits das zu verlassen, was man gewesen ist. Der Übermensch bleibt immer auch Mensch, obwohl er über sich hinaus schaffen möchte, diese Erkenntnis rückt den Übermensch-Gedanke damit ins rechte Verhältnis der Lebensgestaltung. Der Mensch muss sich aus überlieferten Konventionen befreien und sich für das entscheiden, was er will, so zeigte es sich in den drei Verwandlungen in Zarathustras Reden.[695] Dort wird auch eine Veränderung angesprochen, die den Menschen vom überkommenen ‚Du sollst' hin zu einem ‚Ich will' führen kann, gleichzeitig lässt sich damit Freiheit erwirken, die die Heteronomie überwinden kann. Dennoch kann diese Befreiung in einer Stigmatisierung münden, weil andere Mitglieder einer Gemeinschaft unbeirrt am Überkommen festhalten und es verabsolutieren. Allerdings ist dieser Weg kein zwingender, denn man kann auch im heteronomen Kontext verharren, wenn man keine Produktivität von neuen Werten generieren kann. Schafft es das Individuum zum Übermenschen, so führt dies nicht nur zum Werte-Schaffen, sondern auch zur Überwindung des Leib-Geist-Dualismus, indem das Ich zum Sinn der Erde wird. Der Begriff des Schaffens – oder besser – Erschaffens ist in diesem Kontext von höchster Tragkraft des nietzscheanischen Denkens. Das Ziel des Übermenschen-Prozesses ist derjenige, der sich als eine Norm seiner selbst erfahren kann; er ist der Tugend der Redlichkeit ein beträchtliches Stück näher gekommen. Dies war von Nietzsche als ein Herausarbeiten (im Bild des Meißeln des selbst als Kunstwerk) seiner selbst beschrieben worden. Dazu bleibt anzumerken, dass das Selbstbestimmungskonzept Nietzsches keinesfalls ein Geschichtsgesetz oder eine Fortschrittsidee verkörpert, sondern auf die Intentionen „eines handelnden Subjekts im Blick auf

---

[695] Vgl. dazu Kapitel 4.2.ff dieser Arbeit.

ihm obliegende veränderbare kulturelle und gesellschaftliche Phänomene"[696] gerichtet ist und somit zu einer individuellen Ethik tendiert. Wenn die innere Befreiung mehr bedeuten soll, als ein situationsbedingtes Innehalten, Willensüberprüfung und Selbstbewertung, so stoßen wir an unsere eigenen Grenzen, auch dies hatte sich in diesem Kontext gezeigt.[697] Um in den Genuss der Freiheit zu kommen müssten wir „aus einer Perspektive heraus ... wirken, die sich prinzipiell außerhalb unserer selbst befände, einer Perspektive, aus der wir uns für alles uns Betreffende, auch für unsere eigenen Entscheidungskriterien selbst entscheiden könnten – wodurch wir uns sozusagen aus dem Nichts selbst erschaffen würden."[698] Freiheit wäre dann für uns obsolet geworden. Es wird problematisch, wenn man sich an ein Autonomieverständnis hält, was außerhalb unserer Reichweite liegt und letztlich der Blickpunkt eines Gottes sein würde.

2. Möglichkeit einer individuellen Ethik

Der Versuch einer Individualethik wandte sich zunächst an die französische Moralistik, die weitgehend praktisch orientiert ist und sich nach der so und so beschaffenen Welt richtet, um das Verhalten daraufhin anzupassen. Im Mittelpunkt stehen dabei nicht die Begriffe der Ethik, sondern die Motive menschlichen Handelns. So erkannten die Moralisten, dass sich hinter der Tugend etwas verbergen kann, was gar nicht moralisch ist. So ist ein tiefer Blick in die (Moral)-Psychologie gelungen, den La Rochefoucauld gar nicht beabsichtigt hatte und der ihm in pathologischer Absicht auch gar nicht interessierte, sondern mehr wie sich der Mensch im Austausch mit anderen verhält. Handlungsgrundsätze im Kontext einer Normativität sind gerade nicht die Absicht, die La Rochfoucauld verfolgt. Gefördert werden durch die Moralistik diejenigen Situationen, die im Lebenskontext entstehen und entsprechend beurteilt werden müssen. Dazu dient eine Weltklugheit, die vor allem die Wirkungen von Handlungen antizipieren kann. Entscheidend dafür ist, die Korrelation des einzelnen mit der Gesellschaft, in der er sich verhalten muss. Verhält er sich sozialverträglich, so stützt er damit auch die Gesellschaft, die ihn dann wiederum "trägt".

Als ein Fremdkörper innerhalb der Lebenskunst würde sich die kantische Moralphilosophie erweisen, die die Eudämonie, also das Streben nach Glückselig-

---

[696] Niemeyer, Christian: Nietzsche verstehen. S. 174.

[697] Vgl. Kersting, Wolfgang; Langbehn, Claus (Hg.): Kritik der Lebenskunst. S. 20.

[698] Nagel, Thomas: Der Blick von nirgendwo. Frankfurt am Main 1992. S. 204.

keit als zu neigungsbehaftet aus der Sittenlehre streicht. Ist damit ein Gegenpol zu der lebensgestalterischen Philosophie gesetzt, so zeigt sie andererseits auch Momente, die dem Projekt der Lebensgestaltung durchaus zuträglich sind, denn Geschicklichkeit und Klugheit versteht Kant als Grundformen der Praxis.

Nietzsches Moralphilosophie dreht sich sozusagen, denn der Mensch wird sich am Anfang seiner Handlung als Problem bewusst. Das Individuum schreitet zu einer Dividualität, in der sich ein Maßstab ergibt, der vom eigenen Leben scheidet und die Lebensführung erst möglich macht, weil das Leben erst daran gemessen werden kann. Gerade dadurch erscheint aber die Individualität. Diese Dividualität gestattet einen Standpunkt von dem her der Mensch andere Menschen und Dinge überschauen kann; in der Weise, dass es zwar Dinge und Situationen sind, die sein Leben nichts angehen, die aber als nützlich, gut und ehrenvoll anzuerkennen sind, was aber nicht von anderen oder der Gemeinschaft vorgegeben wird, sondern vom einzelnen hervorgebracht wird. Mit dieser Fähigkeit, die weder egoistisch noch willkürlich ist, verwirklicht der Mensch sein Leben in eine Unzerteiltheit. Gegen die Gefahr der Selbstzerteilung hilft nur immer währendes philosophisches Durchdringen bis hin zur Weisheit.

Der Wille zur Macht tendiert in Richtung einer Interpretation moralischer Werte, die als Phänomene nicht für sich selbst bestehen. Diese Aufgabe fällt Philosophen zu, die bereits nicht mehr aus dem Übermenschen-Konzept entspringen, sondern als völlig neue Denker die Bühne der Morallehren betreten, was sich als ganz neue Forderungen Nietzsches zeigte. Auch hier kommt die bereits herausgearbeitete Redlichkeit zum Einsatz, allerdings nicht als moralische Tugend.

Bei Georg Simmel steht das Leben im Mittelpunkt der moralphilosophischen Reflexionen. Er kritisiert die Moralkonzepte, in denen logische und keine vitalen Begriffe Anwendung finden. Das Sollensideal wurde dabei nur auf die Vernunft eingegrenzt. Daher leitet sich bei ihm das Sollen aus dem je individuellen Leben ab, es entsteht sozusagen im Menschen selbst. Pflichten, die dem Individuum aufgegeben sind, muss es praktisch als die „seinen" anerkennen und entsprechend in sein Leben integrieren.

Paul Ricœur sieht das Leben, welches auch im Lebensplan vorkommt nicht rein biologisch, sondern versteht es ethisch-kulturell. Der ganze Mensch wird als Leben angesehen und nicht nur der Teil der Praktiken vorsieht. Der Begriff des Lebensplans umfasst die Absichten, Ursachen, Zufälle, Hoffnungen usw. und mündet in die Bezeugung, einer Gewissheit und Überzeugung, sich mit seinem Urteilen und Handeln dem guten Leben anzunähern. Bei Ricœur bleibt die kantische Moralphilosophie bestimmend, indem die Befolgung des kategorischen

Imperativs auch immer ein Zeichen für die Autonomie des Handelnden bildet. Die Maxime kann dabei sogar verhindern, dass eine schlechte Handlung erfolgt. Da sich in bestimmten, einzigartigen Situationen und Konflikten keine allgemeine Regel in Anwendung bringen lässt, möchte Ricœur hier das Situationsurteil zur Geltung bringen, was die Handlungsfähigkeit des Menschen gewährleistet. Mit dem Situationsurteil geht die Weisheit einher, die eine Selbstgesetzgebung erfordert, die in der Perspektive des eigenen Lebens praktiziert werden muss. Man unterstellt sich dem eigenen und damit selbstgegebenem Gesetz und handelt danach. Tut man dies nicht, so lebte man in tiefem Sinne inkonsistent und wäre somit in Widersprüche verwickelt, was zum Verlust der Identität führen würde. Eine Zurechnung von Taten ergibt sich aus der Handlung und ihrem Vollzieher, der Lob und Tadel unterworfen sein muss.

Im Bereich der Individualethik ist sicher die Intention derselben etwas evidenter geworden: in allen vorgestellten Konzepten geht es um das Selbst, welches sich Gesetze (im Sinne einer Norm) aufgibt. Die Moralisten schilderten im Wesentlichen eine Lebensgewandtheit, die durch Klugheit unterstützt wird. Bei Nietzsche entwickelt sich der Wille zur Macht, um individuell moralisch handeln zu können. Simmel leitet das Sollensideal aus dem Leben ab und Ricœur wahrt im Grunde die kantische Ethik, ergänzt sie aber um das Situationsurteil, weil Situationen auch je anders beurteilt werden müssen.

Allen diesen Entwürfen wohnt sicherlich die Unsicherheit der je eigenen Gesetzgebung inne. Ein Leben wäre gestaltet, wenn sich das Selbst hinsichtlich seines konsistenten Lebensgangs immer wieder neu prüfen und berichtigen würde. Ein aus dem Selbst heraus entwickeltes und gegebenes Gesetz hätte dann auch die stärkste Verbindlichkeit und wäre höchster Ausdruck von Autonomie.

Wie verhält sich diese Untersuchung zu den 90 bzw. 10 möglichen Prozent, die Nozick in seiner Arbeit angesetzt hatte? Der letzte Teil, der sich auf die individuelle Ethik bezog, kann im Grunde unter dem Punkt „Handlungen in einem Entscheidungsspielraum fällen zu können" eingeordnet werden, kann und wird somit dem 90-prozentigen Anteil zugeordnet werden müssen. Praktiken fielen dann unter die durch unsere Handlungen beeinflusste Lebensgestaltung, also in dem Bereich der 10 Prozent. Das "Rechenbeispiel" zeigt aber schon wie müßig es ist, Nozick wortwörtlich nehmen zu wollen. Lebensgestaltung lässt sich nicht genau rubrizieren und minutiös vornehmen, denn die letzte Instanz bleibt das Individuum selbst, das sich selbstbestimmt und für sich entscheiden muss, welchen philosophischen Weg es letztlich zu gehen bereit ist.

Literaturverzeichnis

Aristoteles: Philosophische Schriften in sechs Bänden. Bd. 3 Nikomachische Ethik. Übers. v. Eugen Rolfes. Hamburg 1995.

Aristoteles: Rhetorik. Übers. u. hg. v. Gernot Krapinger. Stuttgart 2007

Augustinus, Aurelius: Confessiones/Bekenntnisse, lat.-dt. Eingel., übers. u. erl. v. Joseph

Bernhart. Vorw. v. Ernst L. Grasmück. Frankfurt am Main 1987.

Die Bibel nach der Übersetzung Martin Luthers. Mit Apokryphen. Bibeltext in der revidierten Fassung von 1984. Stuttgart 1985.

Bloch, Ernst: Leipziger Vorlesungen zur Geschichte der Philosophie. Bd. 1 Antike Philosophie. Frankfurt am Main 1985.

Böhme, Gernot: Platons theoretische Philosophie. Darmstadt 2000.

Brenner, Andreas; Zirfas, Jörg: Lexikon der Lebenskunst. Leipzig 2002.

Brusotti, Marco: Die Leidenschaft der Erkenntnis: Philosophie und ästhetische Lebensgestaltung bei Nietzsche von Morgenröthe bis Also sprach Zarathustra. Berlin, New York 1997.

Bundschuh, Adeltrud: die Bedeutung von gelassen und die Bedeutung von Gelassenheit in den deutschen Werken Meister Eckharts unter Berücksichtigung seiner lateinischen Schriften. Frankfurt am Main 1990.

Butzer, Günter: Soliloquium. Theorie und Geschichte des Selbstgesprächs in der europäischen Literatur. München 2008.

Danto, Arthur: Nietzsche als Philosoph. A. d. Englischen von Burkhardt Wolf. München 1998.

Descartes, René: Regeln zur Leitung des Geistes. Regulae ad directionem ingenii. Übers. und hg. von Artur Buchenau. Unveränd. Abdr. d. 2, durchges. Aufl. 1920. Hamburg 1966.

Descartes, René: Discours de la Méthode/ Bericht über die Methode. Frz./Dt. Übers. u. hg. v. Holger Ostwald. Stuttgart 2001.

Descartes, René: Meditationes de prima philosophia. Lat./Dt. Hg. v. Lüder Gäbe. 3. Aufl. Hamburg 1992.

Dihle, Albrecht: Die goldene Regel : eine Einführung in die Geschichte der antiken und frühchristlichen Vulgärethik. Göttingen 1962.

Dilthey, Wilhelm: Gesammelte Schriften. unveränd. Aufl. Göttingen 19XX.

Diogenes Laertios: Leben und Meinungen berühmter Philosophen. Ungek. Sonderaus. Übers. v. Otto Apelt. Vorw. v. Hans G. Zekl. Hamburg 1998.

Duden. In zwölf Bänden. Bd. 7: Etymologie der deutschen Sprache. Das Herkunftswörterbuch. Bearb. Von Günther Drosdowski.2. n. d. neuen dt. Rechtschreibung überarb. Aufl. Mannheim u. a. 1997.

Ebeling, Hans: Einleitung: das neuere Prinzip der Selbsterhaltung und seine Bedeutung für die Theorie der Subjektivität. In: Hg. u. eingel. v. ders.: Subjektivität und Selbsterhaltung. Beiträge zur Diagnose der Moderne. Frankfurt am Main 1996. S. 7-40.

Epiktet: Handbüchlein der Moral (Encheiridion). Lat./Dt. Übers. u. hg. v. Kurt Steinmann. Stuttgart 1992.

Epictetus : The discourses as reported by Arrian, the Manual and fragments : in two volumes. With an English transl. by W. A. Oldfather. Repr. Cambridge, Mass.: Harvard Univ. Press [u.a.], 1967.

Fellmann, Ferdinand: Philosophie der Lebenskunst zur Einführung. Hamburg 2009.

Figal, Günter: Nietzsche. Eine philosophische Einführung. Stuttgart 1999.

Forschner, Maximilian: Oikeiosis. Die stoische Theorie der Selbstaneignung, in: Stoizismus in der europäischen Philosophie, Literatur, Kunst und Politik. Bd. 1. Hrsg. B. Neumeyr, J. Schmidt, B. Zimmermann., Berlin-New York 2008. S. 169-191.

Foucault, Michel: Hermeneutik des Subjekts: Vorlesung am Collège de France (1981/82). Frankfurt 2009.

Foucault, Michel: Ästhetik der Existenz: Schriften zur Lebenskunst. Hg. v. Daniel Defert u. a. Frankfurt am Main 2007.

Foucault, Michel: Sexualität und Wahrheit. 3 Bde. Frankfurt am Main 19XX.

Foucault, Michel: Technologien des Selbst. Frankfurt am Main 1993.

Foucault, Michel: Archäologie des Wissens Frankfurt am Main 1981.

Frank, Manfred: Selbstbewußtsein und Selbsterkenntnis. Essays zur analytischen Philosophie der Subjektivität. Stuttgart 1991.

Gadamer, Hans-G.: Wahrheit und Methode. Grundzüge einer philosophischen Hermeneutik.
Gesammelte Werke Bd. 1. 6. Aufl. Tübingen 1990.

Gadamer, Hans-G.: Sprache und Verstehen. In: ders.: Hermeneutik II. Wahrheit und Methode.
Ergänzungen, Register. Gesammelte Werke Bd. 2. Tübingen 1986.

Gerhardt, Volker: Selbstbegründung. Nietzsches Moral der Individualiät. In: Nietzsche-Studien 21 1992. S. 28-49.

Gerhardt, Volker: Selbstbestimmung. Das Prinzip der Individualität. Stuttgart 1999.

Haas, Alois M.: Kunst rechter Gelassenheit. Themen und Schwerpunkte von Heinrich Seuses Mystik. 2. Aufl. Bern 1996.

Habermas, Jürgen: Erkenntnis und Interesse. Mit einem neuen Nachwort. Frankfurt am Main 1973.

Hadot, Pierre: Exercices spirituels et philosophie antique. Paris 1981. Dt.: Philosophie als Lebensform. Antike und moderne Exerzitien der Weisheit. 2. Aufl. Frankfurt am Main 2005.

Hardy, Jörg: Was wissen Sokrates und seine Gesprächspartner? Überlegungen zu perfektem Und menschlichem Wissen bei Platon. In: van Ackeren, Marcel (Hg.): Platon erstehen. Darmstadt 2004.

Heidegger, Martin: Phänomenologische Interpretationen zu Aristoteles. Einführung in die phänomenologische Forschung, Gesamtausgabe Bd. 61. Frankfurt am Main 1985.

Heidegger, Martin: die Grundprobleme der Phänomenologie. Gesamtausgabe, Bd. 24. Frankfurt am Main 1975.

Heidegger, Martin: Sein und Zeit. 17. Aufl. Tübingen: Niemeyer 1993.

Heidegger, Martin: Gelassenheit. 14. Aufl. Stuttgart 2008.

Henrich, Dieter: Bewußtes Leben. Stuttgart 1999.

Henrich, Dieter: Denken und Selbstsein: Vorlesungen über Subjektivität. Frankfurt am Main 2007.

Henrich, Dieter: Selbstverhältnisse. Gedanken und Auslegungen zu den Grundlagen der klassischen deutschen Philosophie. Stuttgart 2001.

Hobbes, Thomas: Leviathan. Übers. v. Jacob P. Mayer. Stuttgart 2010.

Hobbes, Thomas: Vom Menschen. Vom Bürger. Eingel. u. hg. v. Günter Gawlick. 2. verb. Aufl. Hamburg 1966.

Jamblichos: Pythagoras: Legende, Lehre, Lebensgestaltung. Eingeleitet, übers. und mit interpretierenden Essays vers. v. Michael von Albrecht. Darmstadt 2002.

Jonas, Hans: Das Prinzip Leben. Absätze zu einer Philosophischen Biologie. Frankfurt am Main 1994.

Kant, Immanuel: Werkausgabe in zwölf Bänden. 12. Aufl. Hg. v. Wilhelm Weischedel. Frankfurt am Main 1992.

Kemmerling, Andreas: Ideen des Ichs. Studien zu Descartes' Philosophie. Frankfurt am Main 1996.

Kersting, Wolfgang: Über ein Leben mit Eigenbeteiligung – Unzusammenhängende Bemerkungen zum gegenwärtigen Interesse an der Lebenskunst. In: ders.: Gerechtigkeit und Lebenskunst. Philosophische Nebensachen. Paderborn 2005.

Kersting, Wolfgang; Langbehn, Claus (Hg.): Kritik der Lebenskunst. Frankfurt 2007.

Kersting, Wolfgang: Platons "Staat". 2. Durchges. u. korrig. Aufl. Darmstadt 2006.

Kersting, Wolfgang: Theorien der sozialen Gerechtigkeit. Stuttgart, Weimar 2000.

Kessler, Herbert: Philosophie als Lebenskunst. Sankt Augustin 1998.

Klages, Ludwig: Sämtliche Werke in acht Bänden. Bd. 3 Philosophische Schriften. Bonn 1966.

Klein, Manfred: Zwischen Vorsehung und Freiheit - Lebenskunst in christlichem Kontext. In: Giessener Hochschulgespräche und Hochschulpredigten (GHH). Band XX. WS 2011/12.

Kobusch, Theo: Apologie der Lebensform. In: Allgemeine Zeitschrift für Philosophie 34/1 (2009) S. 99-115.

Kondylis, Panajotis (Hg.): Der Philosoph und die Macht. Eine Anthologie. Hamburg 1992.

Kuhn, Helmut: Der Weg vom Bewußtsein zum Sein. Stuttgart 1981.

La Rochefoucauld, François: Maximen und Reflexionen. Übertr. und Nachw. v. Konrad Nußbächer. Stuttgart 2009.

Lee, Chang-Uh: Oikeiosis. Stoische Ethik in naturphilosophischer Perspektive. Alber-Reihe Thesen Bd. 21, Freiburg/München 2002, Zugl.: Erlangen, Nürnberg, Univ. Diss. 1999.

Lee, Yen-Hui: Gelassenheit und Wu-Wei – Nähe und Ferne zwischen dem späten Heidegger und dem Taoismus. Freiburg 2001. In: URL: http://www.freidok.uni-freiburg.de/volltexte/441/pdf/Dissertation.pdf. Zugr. 30.11.2010.

Luckner, Andreas: Martin Heidegger: „Sein und Zeit'. Ein einführender Kommentar. Paderborn 1997.

Marc Aurel: Selbstbetrachtungen (Τὰ Εἰς ἑαυτόν). 12. Aufl. Übers. u. m. Einl. V. Wilhelm Capelle. Stuttgart 1973.

Marcus Tullius Cicero: De finibus bonorum et malorum. Über das höchste Gut und das größte Übel. Lat./Dt. Übers u. hg. v. Harald Merklin. Stuttgart 1989.

Marquard, Odo: Das Über-Wir. Bemerkungen zur Diskursethik. In ders.: Individuum und Gewaltenteilung. S. 38-63.

Martens, Ekkehard: Das selbstbezügliche Wissen in Platons „Charmides". München 1973.

McGuiness, Brian: Wittgensteins frühe Jahre. Frankfurt am Main 1988.

Meister Eckhart: Predigten. Sämtliche deutsche Predigten und Traktate sowie eine Auswahl aus dem lateinischen Werken. Kommentierte zweisprachige Ausgabe. Übers. V. Josef Quint. Hg. u. komm. v. Nikolaus Largier. 2 Bde. Frankfurt am Main 1993.

Montaigne, Michel de: Essais. Hg. v. Albert Thibaudet. Paris 1958.

Montaigne, Michel de: Essais = [Versuche] I-III: nebst des Verfassers Leben. Nach der Ausg. von Pierre Coste ins Dt. übers. von Johann D. Tietz. Zürich 1996.

Müller-Lauter, Wolfgang: Nietzsches Lehre vom Willen zur Macht. In: Salaquarda, Jörg (Hg.): Nietzsche. 2. Aufl. Darmstadt 1996. S. 234-288.

Nagel, Thomas; Der Blick von nirgendwo. Frankfurt am Main 1992.

Nehamas, Alexander: The Art of Living. Socratic Reflections from Plato to Foucault. Berkeley 1998. Dt.: Die Kunst zu Leben. Sokratische Reflexionen von Platon bis Foucault. Hamburg 2000.

Niemeyer, Christian: Nietzsche verstehen: Eine Gebrauchsanweisung. Darmstadt 2011.

Nietzsche, Friedrich W.: Sämtliche Werke, Kritische Studienausgabe. 15 Bde. Hg. v. Giorgo Colli und Mazzino Montinari. München 1999.

Nozick, Robert: The Examined Life. Philosophical Meditations. New York 1989. Dt.: Vom richtigen, guten und glücklichen Leben. A. d. Amerikanischen v. Martin Pfeiffer. München, Wien 1991.

Ottmann, Henning (Hg.): Nietzsche Handbuch. Leben-Werk-Wirkung. Stuttgart; Weimar 2000.

Pieper, Annemarie: Ein Seil geknüpft zwischen Tier und Übermensch. Philosophische Erläuterungen zu Nietzsches erstem 'Zarathustra'. Basel 2010.

Platon: Werke in acht Bänden; griechisch und deutsch. Hg. von Gunther Eigler. Übers. von Friedrich Schleiermacher. Bd. 3. Phaidon u. a. Darmstadt 1974.

Plotin: Enneaden. Bd. 1. Übers. s. Hermann F. Müller. Berlin 1878.

Plutarch: Moralia. Hg. v. Christian Weise u. Manuel Vogel. 2 Bde. Wiesbaden 2012.

Pohlenz, Max: Grundfragen der stoischen Philosophie. Göttingen 1940.

Pohlenz, Max: Die Stoa. Geschichte einer geistigen Bewegung. 2 Bände. 5. Aufl. Göttingen 1978.

Rabbow, Paul: Seelenführung: Methodik der Exerzitien in der Antike. München 1954.

Rehbock, Theda: Gelassenheit und Vernunft. Zur Bedeutung der Gelassenheit für die Ethik. In: Demmerling, Christoph u. a. (Hg.): Vernunft und Lebenspraxis. Philosophische Studien zu den Bedingungen einer rationalen Kultur. Für Friedrich Kambartel. Frankfurt am Main 1995.

Ricoeur, Paul: Das Selbst als ein Anderer. München 2005.

Ries, Wiebrecht: Nietzsches Werke. Die großen Werke im Überblick. Darmstadt 2008.

Ritter, Joachim (Hg.): Historisches Wörterbuch der Philosophie. Darmstadt 1974. (CD-ROM)

Röska-Hardy, Luise: „Cogito" – „Ich"-Gebrauch und Solipsismus. In: Descartes im Diskurs der Neuzeit. Hg. v. Niebel, Wilhelm F. u. a. Frankfurt am Main 2000. S. 259-285.

Ruffing, Reiner: Der Sinn der Sorge. Freiburg/München 2013.

Ruoff, Michael: Foucault-Lexikon. 2. durchges. Aufl. Paderborn 2009.

Safranski, Rüdiger: Ein Meister aus Deutschland. Heidegger und seine Zeit. Frankfurt am Main 2001.

Schalk, Fritz (Hg. u. Übers.): Französische Moralisten. La Rochefoucauld – Vauvenargues – Montesquieu -Chamfort. Zürich 1995.

Schlimgen, Erwin: Nietzsches Theorie des Bewußtseins. Berlin, New York 1998.

Schmid, Wilhelm: Philosophie der Lebenskunst. Eine Grundlegung. Frankfurt am Main 1998.

Schmid, Wilhelm: Auf der Suche nach einer neuen Lebenskunst. Die Frage nach dem Grund und die Neubegründung der Ethik bei Foucault. Frankfurt am Main 2000.

Schopenhauer, Arthur: Werke in fünf Bänden hg. v. Ludger Lütkehaus. Zürich 1988.

Seel, Martin: Sich bestimmen lassen. Studien zur theoretischen und praktischen Philosophie. Frankfurt am Main 2002.

Seneca, Lucius A.: Philosophische Schriften. Vollständige Studienausgabe in 4 Bdn. Übers. mit Einl. u. Anm. vers. v. Otto Apelt. Hamburg 1993.

Seuse, Heinrich: Das Buch der Wahrheit. Mhd./dt. Hg. v. Loris Sturlese übers. v. Rüdiger Blumrich. Hamburg 1993.

Shusterman, Richard: Practicing Philosophy: Pragmatism and the Philosophical Life. NewYork, London 1997. Dt.: Philosophie als Lebenspraxis. Wege in den Pragmatismus. Berlin 2001.

Simmel, Georg: Gesamtausgabe in 24 Bänden. Hg. v. Rüdiger Kramme u. Angela Rammstedt. Frankfurt am Main 2001.

Stackelberg, Jürgen von: Französische Moralistik im europäischen Kontext. Darmstadt 1982.

Steinmann, Michael: Martin Heideggers ‚Sein und Zeit'. Darmstadt 2010.

Tugendhat, Ernst: Selbstbewusstsein und Selbstbestimmung. Frankfurt am Main 1979.

Wittgenstein, Ludwig: Werkausgabe in acht Bänden. Frankfurt am Main 19XX.

Wolf, Ursula: Die Suche nach dem guten Leben. Platons Frühdialoge. Reinbek bei Hamburg 1996.

Wulf, Christoph (Hg.): Der Mensch und seine Kultur. Hundert Beiträge zur Geschichte, Gegenwart und Zukunft des menschlichen Lebens. Köln 2010.

Xenophon: Erinnerungen an Sokrates [Memorabilien]. Griechisch/Deutsch. Hg. v. Hans Färber u. Max Faltner. München: Heimeran 1962.